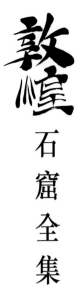

石窟全集

敦煌石窟全集

敦煌研究院 主編

3

本生因緣故事畫卷

本卷主編 李永寧

商務印書館

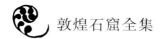

敦煌石窟全集

主編單位 …………… 敦煌研究院

主　　編 …………… 段文杰

副 主 編 …………… 樊錦詩（常務）

編著委員會（按姓氏筆畫排序）
主　　任 …………… 段文杰　樊錦詩（常務）
委　　員 …………… 吳　健　施萍婷　馬　德　梁尉英　趙聲良

出版顧問 …………… 金沖及　宋木文　張文彬　劉　杲　謝辰生
　　　　　　　　　　羅哲文　王去非　金維諾　周紹良　馬世長

出版委員會
主　　任 …………… 彭卿雲　沈　竹　劉　煒（常務）
委　　員 …………… 樊錦詩　龍文善　黃文昆　田　村
總 攝 影 …………… 吳　健
藝術監督 …………… 田　村

本 生 因 緣 故 事 畫 卷

主　　編 …………… 李永寧

攝　　影 …………… 宋利良
綫　　圖 …………… 呂文旭

封面題字 …………… 徐祖蕃

出 版 人 …………… 陳萬雄
策　　劃 …………… 張倩儀
責任編輯 …………… 後　錄　李德儀
設　　計 …………… 呂敬人
出　　版 …………… 商務印書館（香港）有限公司
　　　　　　　　　　香港筲箕灣耀興道 3 號東滙廣場 8 樓
　　　　　　　　　　http://www.commercialpress.com.hk
製　　版 …………… 中華商務分色製版公司
　　　　　　　　　　香港新界大埔汀麗路 36 號中華商務印刷大廈三字樓
印　　刷 …………… 中華商務彩色印刷有限公司
　　　　　　　　　　香港新界大埔汀麗路 36 號中華商務印刷大廈
版　　次 …………… 2000 年 12 月第 1 版第 1 次印刷
　　　　　　　　　　©2000 商務印書館（香港）有限公司
　　　　　　　　　　ISBN 962 07 5278 3

前　言
本生因緣故事畫的盛衰

　　本生，梵語作Jataka，音譯多伽。佛教認為，釋迦在過去無數世，與眾生相同，也處於六道輪迴之中。他之能成佛道，是因其在無數輪迴之世能堅定信念作捨身救世、施物濟人的菩薩行以及堅持修行、精進求法的個人歷煉，並修滿“六度”（即佈施、持戒、忍辱、精進、禪定、智慧）的緣故。“本生”就是講述佛上述事迹的故事。有一部分是佛講述弟子及傍類（動物）過去世的故事，謂之本事，梵語作itivrttaka，音譯伊帝曰多迦。其特點是在故事結尾加“某某即是我也”，因此亦歸入佛的本生。

　　因緣，梵語作nidana，音譯尼陀那。即人世事物形成的因由和機緣，指佛向大眾講述生死輪迴、因果業報的種種事例以渡化眾生。

　　還有一種，謂之譬喻，梵語作avadan，音譯阿波陀那，它以譬喻解說本生、因緣經義，使眾生易於領悟。後亦歸於本生或因緣。

　　在早期佛教的傳播中，除本生、因緣外，還有佛傳。他們之間既有前後相接的聯繫，但又各自獨立。佛傳講釋迦今世從入胎、降生、成長到菩提樹下悟道成佛的俗人生平。敦煌石窟佛傳畫因有另卷專述，故在此不贅。

　　本生和因緣，大量擷入古印度的先賢故事、民間傳說、遺聞稗史和醒世箴言、處世格言、啟智寓言。它們故事性極強，能深深地吸引讀者、聽眾。佛教把這些生動的故事，串以因果業報、輪迴轉世的思想和慈憫眾生、拯世濟民的道德規範，作為釋迦過去、現在的業績，以宣傳佛理，教育世人。在中國則可達到“成教化，助人倫”的目的。本生、因緣故事散見於很多經典中，據傳印度巴利文記載的本生故事就有500餘則。這些本生故事很快就傳遍南亞和東南亞地區，並傳入中國新疆和中原地區。現在印度還有公元2世紀巴爾湖特（Bharhut）、山奇（Sanchi）、摩陀羅（Mathura）、犍陀羅（Gandhara）、阿旃陀（Ajanta）等古塔及石窟中的本生、因緣故事的藝術遺迹。傳入中國

後，在新疆的克孜爾、庫本吐拉等多處石窟，敦煌地區各石窟，大同雲
岡、洛陽龍門、天水麥積山等多處石窟都彩繪和雕刻了大量的本生、因
緣故事畫。上述石窟中雖不乏藝術很高的精品，但經全面考察，上述佛
教藝術遺迹中的本生、因緣故事畫的刻繪作品，都不及敦煌的故事畫。
首先，敦煌的本生、因緣故事畫，從4～6世紀（十六國到隋）延續了約
200年，此後又在8～10世紀（晚唐到宋）的200多年間再次出現，在藝
術上有連續性，保存了十分豐富翔實的資料。其次，敦煌的本生、因緣
故事畫，本質雖屬佛教，但它入壁繪畫的題材，卻反映了一定時期的歷
史情景、社會狀況、政治變化及傳統思想，具有較強烈的時代精神和民
族特點。再者，在晚唐、五代、宋的本生、因緣故事畫中，可以見到它
與中國古代文學中的變文、講經文相輔相成，從而推動中國文學藝術發
展的關係。總之，敦煌的本生、因緣故事畫，具有反映歷史的重要形象
資料。

在敦煌石窟中，本生、因緣故事畫主要繪於早期的北涼、北魏、西
魏、北周、隋等洞窟和晚期的晚唐、五代洞窟。按現存畫面所能識別
者，共涉及53個故事、124幅畫。由於壁畫殘毀、漫漶不清和色綫隱退
以及限於篇幅等原因，本卷只介紹其中的25個故事、48幅畫，內容多為
佛陀生前無數世的捨身求法、犧牲救世、無盡施捨、孝親愛民和釋迦成
佛後化渡有緣之人的故事。它與印度和中國新疆各石窟所刻繪的本生、
因緣故事畫，除了藝術風格不同外，還在於敦煌石窟中的本生、因緣故
事畫，只一幅以旁類（九色鹿）為主角，餘皆以人為主角。這在一定程
度上反映了漢族傳統的儒家重人事的思想。北周以前，敦煌被北方少數
民族統治，他們篤信佛教，但並不重義理而重禪行，因此，這個時期敦
煌最初的部分石窟主要是為坐禪觀像而鑿的；石窟中所繪壁畫，自然也
主要是義理不複雜、適於禪修觀像的本生、因緣（也包括佛傳）等故事
畫。至於初唐、盛唐和中唐時期，則全然沒有這方面內容的壁畫。究其

原因，一是因為隋統一全國後，佛教內部"破斥南北"，消除壁壘，歸於一統，改變了北重禪行，南重義理的偏頗形勢，提倡禪理並重，"定慧雙修"。而"壁壘"的消失和提倡"並重"、"雙修"，只是給予人們修行方式上更多的選擇和在信仰上不單一化，並不要求北方民眾保持禪修觀像的方式。尤其是南北統一以後，戰亂平息（或減少），生活較為安定，使人們願意選擇的，已不是那種苦修、禁欲、忍辱、施捨的本生因緣故事中的行為準則；大乘教義所述的美好天堂和解除人們苦難的經義更適合現實需要，有更大的吸引力。這時，本生、因緣故事，在大乘經義衝擊下，日漸式微。在隋代敦煌壁畫中，大乘經變增多，本生、因緣故事畫減少，而且在洞窟中也由過去佔據南北正壁的顯要位置，被擠到窟頂人字坡和中心柱腰沿等不起眼的位置。二是唐代經濟日漸繁榮，社會思想日趨活躍，在意識形態領域中，能反映大唐帝國統一、昌盛的大乘"淨土"、"華嚴"、"法華"等信仰盛行起來，而那些宣揚苦行禁欲、累世修行、無盡佈施、捨命犧牲的本生、因緣故事，有悖於人們求生於世的需要，不合時宜。因此，人們的信仰轉向能更便捷地登上天堂之路的淨土宗。所以，無論本生、因緣在內容上、藝術上多麼動人，多麼優美，但大勢所趨，都順理成章地被流行的大乘經變所取代。那麼，為甚麼到了晚唐、五代，本生、因緣故事畫又大量入壁，甚至在故事數量、畫幅的規模都大於早期洞窟呢？其原因在於初、盛唐時期淨土宗具有強大的勢力，法華、觀音、華嚴、維摩、涅槃等經變大量入壁標誌着只有幾個佛教宗派在敦煌起主導作用；而到晚唐，經變類別增多，漢密、藏密盡皆入壁繪畫，標誌着人們對佛教信仰的多元化。或者說無所謂信仰某一宗派，而只是"信佛"。這種信仰的"多元化"和"不定性"，以及信仰上的寬鬆環境，使銷聲匿迹200年的故事畫有再次出現的社會條件。還有，此時佛教為仰附社會民風的興趣而日趨世俗化，寺廟中俗講發展，寺僧演繹、加工佛經，以曲折離奇的情節取悅世人而成俗講變文。晚唐以後俗講在敦煌也盛行起來，這些俗講變文具有故事性、娛樂性、戲劇性、文學性的優勢，對聽者信眾有着強大的吸引力，宣傳效果超出照本宣科的佛經。而《賢愚經》中的本生、因緣故事就具有這"四性"，所以在晚唐、五代洞窟中將其塗壁入畫，使本生、因緣故事再次"盛行"起來，不足為怪。當然，寺僧原是想以此"四性"吸引更多信徒，擴大佛教宣傳，但始料未及的是恰恰因為加強了這"四性"，而使信徒、聽眾更不重教義而重"四性"中表現出的世俗生活。它們就像一柄雙刃劍，在促使佛教普及化、世俗化，擴大佛教影響的同時，也傷了佛教自身。

目　錄

前　言　本生因緣故事畫的盛衰　　　　　　　　005

第一章　漢化的開始
　　　　北涼、北魏（公元 386 ～ 534 年）
　　　　　序　論　吸收與創新　　　　　　　012

第一節　捨身施頭　以求佛法
　　　　　　毗楞竭梨王本生·月光王本生　　024

第二節　捨己救世　終升佛境
　　　　　　尸毗王本生·薩埵太子本生　　　030

第三節　持戒禁欲　遠避女色
　　　　　　難陀出家緣·沙彌守戒自殺緣　　048

第四節　弘揚佛法　降服外道
　　　　　　須摩提女因緣　　　　　　　　062

第五節　歌頌善良　貶斥貪邪
　　　　　　九色鹿本生　　　　　　　　　073

第二章　多種風格匯於一窟
　　　　西魏（公元 525 ～ 556 年）
　　　　　序　論　秀骨清像現敦煌　　　　084

第一節　改惡從善　誠心向佛
　　　　　　五百強盜成佛緣　　　　　　　090

第二節　捨身聞偈　得證大法
　　　　　　婆羅門聞偈捨身本生　　　　　108

第三節　守戒絕淫　竟至自殺
　　　　　　沙彌守戒自殺緣　　　　　　　113

第三章 從內容到形式的進一步漢化

北周、隋（公元 557 ～ 618 年）

序　論　時局巨變與本生因緣故事畫 _____ 120

第一節　孝悌為本　濟世救民

須闍提太子本生・善事太子入海本生・睒子本生 _____ 133

第二節　無盡施捨　得登佛境

須達拏太子本生・薩埵太子本生・快目王本生・
虔闍尼婆梨王本生・尸毗王本生 _____ 157

第三節　戒淫戒貪　求得正果

微妙比丘尼因緣・獨角仙人本生・
梵志夫婦摘花墜命因緣 _____ 186

第四章 本生因緣故事畫的復興

晚唐、五代、宋（公元 781 ～ 1036 年）

序　論　《賢愚經》屏風畫的出現 _____ 198

第一節　善有善報　惡有惡報

海神難問船人緣・波斯匿王女金剛緣・無惱指鬘緣 _____ 205

第二節　誠心向佛　必得善緣

恒伽達緣・象護緣 _____ 219

第三節　捨身濟世　終成正果

虔闍尼婆梨王本生・薩埵太子本生・善事太子入海本生 _____ 225

第四節　心地純正　佛必賜福

檀膩䩭緣 _____ 240

附錄 敦煌本生因緣故事畫時代及洞窟位置分佈表 _____ 246

圖版索引 _____ 250

敦煌石窟分佈圖 _____ 251

敦煌歷史年表 _____ 252

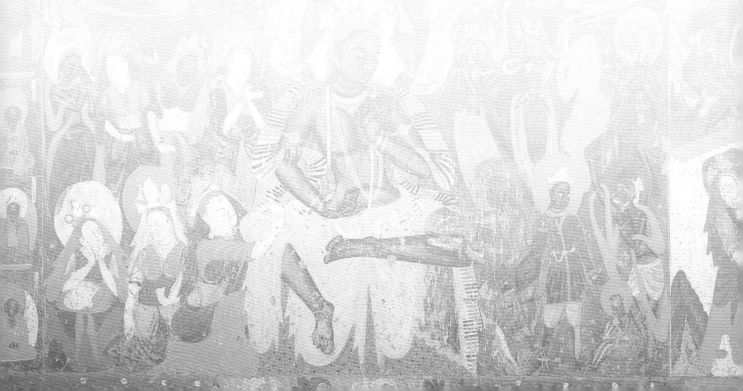

漢化的開始

北涼、北魏 （公元386~534年）

序論 **吸收與創新**

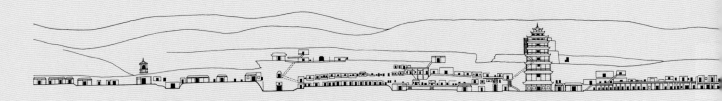

　　樂僔和尚在前秦建元二年（公元366年）於莫高窟鑿建第一個洞窟和法良
禪師開鑿第二窟的時候，漢朝在敦煌設郡已470餘年了。雖然佛教傳入早於莫

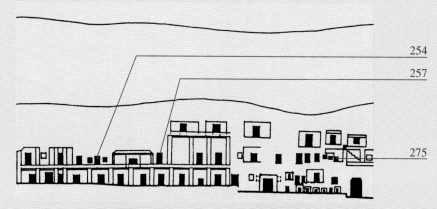

北涼北魏第 254、257、275 窟位置圖

高窟建窟約300年，而且在敦煌已有捐資建廟、譯經造像等佛事活動，但植根
很深的漢文化，早已成為敦煌民眾思想的主流意識。佛教與之相比，畢竟資歷
淺。不過，這個時期及其後的數十年，敦煌相繼處於各少數民族的統治之下。
這些統治者視釋迦為“戎神”，以佛教為少數民族的正統宗教，大力提倡。這
樣，佛教在敦煌有了新的發展。北涼沮渠蒙遜統治敦煌時，莫高窟已因君臣締
構而興隆，道俗信仰而具一定規模。

　　由於千餘年來崖壁崩塌和後代開窟的破壞，樂僔、法良所建洞窟是否還存
在，已無據可考。但可以肯定這兩位都是禪僧，而且都是為了“禪居”觀像而
鑿此“仙窟”的。莫高窟現存最早的洞窟——北涼第267～271等5窟均為禪
窟，稍後一點的第262、275窟的壁畫塑像亦為觀像而作，可以為證。隨着時
代的變遷，比北涼晚一些的北魏洞窟，坐禪觀像的純宗教功能已有所變化，逐
漸滲入了對僧俗徒眾有針對性的“成教化、助人倫”的內容。

　　莫高窟的北涼、北魏洞窟，基本上都開鑿於窟區中段的第二層。這裏崖面
規整，高低適度，屬開窟的最佳地段。

　　在莫高窟，這個時期的本生、因緣故事畫，集中在北涼第275、北魏第

254、257等3窟，共10個故事，11幅畫（其中尸毗王本生故事畫有兩幅）。

北涼第275窟本生故事畫有毗楞竭梨王以身釘千釘求法、虔闍尼婆梨王剜身燃千燈求法、月光王施頭求法、快目王施眼、尸毗王割肉救鴿等故事。它們都反映了捨身求法、救世的思想。

北涼時期，莫高窟才初創不過幾十年。這時的石窟，無論技法、人物造型、環境配置、藝術形式、風格等方面，都帶有很深的西域烙印。但是，這些佛畫畢竟是進入了一個當時已有數千年高度文明和燦爛文化，而且在思想觀念、倫理道德、繪畫風格等諸多方面都已積澱了深厚的傳統內涵的民族和國度，而這個民族和國度，又具吸取外來文化有益成分的胸懷，和強力融合、消化外來文化的底蘊和經驗；因此，進入北魏，對西域藝術形式及風格的融合、改造的過程就在加速進行。在這個此消彼長的過程中，創造了以漢族形式和漢族思想、倫理道德規範為基礎的獨特的敦煌藝術。

北魏太武帝太平真君七年（公元446年），曾大規模廢佛，莫高窟開窟也處於低潮；文成帝興安元年（公元452年），北魏再次興佛，佛事活動也有較大發展。其後，孝文帝推行漢化政策，敦煌石窟更有發展，石窟形制、藝術風格以及佛教信仰都受中原影響；儘管畫中人物還是印度衣飾，技法還是用西域凹凸染色法和鐵線描，但構圖、佈局和人物形象已逐漸漢化；石窟性質也不單是或主要不是為了坐禪觀像，而是集觀像、巡禮、參拜、祈福功能於一體。

北魏第254窟有薩埵太子本生、尸毗王本生、難陀出家緣等故事畫，主要是宣揚捨己身、救眾生的佈施度和棄情慾、修禪果的禁慾思想。第257窟有九色鹿本生、沙彌守戒自殺緣、須摩提女因緣等故事畫。九色鹿本生歌頌正義、貶斥貪邪；沙彌守戒自殺緣則是為警誡僧徒、淨化佛寺而作；須摩提女因緣就其原意是反映降服古印度96種外道、宣揚佛法無邊的故事，但在此時出現似乎是隱喻在儒、釋、道辯爭中，佛家的無尚法力的意思。

優美的構圖、合理的情節安排，和對以皇權思想為核心的主次序排等的認同，以及符合漢民族習慣的變化和審美觀念的提高，都是形成敦煌本生、因緣故事畫表現形式多樣性的主要原因。

　　印度和中國新疆現存的本生、因緣故事畫，絕大多數是單情節單幅畫；傳到敦煌，北涼第275窟還保留這種構圖形式，該窟北壁的本生故事畫，整體似是一條橫幅畫，實則由5個獨立的本生故事畫組成，顯然不脱印度或中國新疆石窟單幅畫的窠臼。也就是説，敦煌的早期藝術，在還沒有來得及同自己的民族文化融合時，有一個襲用西域傳來的畫式的階段。

　　到北魏，敦煌藝術已漸趨成熟，本生、因緣故事畫的構圖有了新發展，既借西域舊式又對其進行改造，開始用漢畫傳統形式來表現外來的佛教內容，探索出一條適應漢族民眾欣賞習慣的構圖新路。

　　這種新的構圖形式大體分為兩類，第一類保持單幅構圖，但繪有多個情節。如第254窟薩埵太子本生故事畫，它以飼虎為中心，其他情節圍繞中心環繪。同窟尸毗王本生和難陀出家緣故事畫則各以尸毗和釋迦為主體，故事情節配置於主體兩側。畫中，以尸毗、釋迦居主位，上有飛天，兩旁列繪戒僧、金剛、菩薩、天人、禪僧、婆羅門的對稱佈局，也可以説是漢族左昭右穆，天下定於一尊的皇權思想的體現。在唐以後出現的大幅經變畫，以佛為中心，兩側配列菩薩、侍從，上有飛天、前有水樹寶池，下有大量故事情節的畫面佈局，不能説沒有這類本生、因緣故事畫構圖形式的影響。

　　第二類是橫幅式連續畫，如北魏第257窟。這對莫高窟壁畫而言，是開窟以來的全新構圖形式。在九色鹿本生、沙彌守戒自殺緣、須摩提女因緣等故事畫中，畫家抓住故事的幾個主要情節，按漢畫像石鋪陳敘事的方式，把臃繁拖沓的長篇經文，通過幾個畫面，有條不紊、清晰明瞭地表現出來。畫中的山石、樹林、屋舍，既是人物活動的場景，又是情節之間的間隔，這正是繼承漢畫像石構圖形式而來的。畫中山石與人物大小比例不相稱，具有畫史所述中國早期繪畫人大於山的特點。而漢畫像石上，通常左邊為圖像（單情節，一人持劍刺另一人），右邊的長方形框內有字説明畫的內容（"荊軻刺秦王"），這種表達形式沒有一個定名，在此以"左圖右史"稱之。而北魏時期的壁畫，在每個情節的右上方書寫榜書，也是借鑑漢畫左圖右史的形式演變而來的。顯然，這種構圖形式與情節安排，已完全擺脱了西域影響。

綜上所述，北涼、北魏時期的本生、因緣故事畫，在構圖與情節佈局上，經歷了由單情節到多情節，由單幅畫到連續畫，由西域式到漢化的發展過程。

人物形象的塑造同樣具有從西域式到漢化的轉變過程。北涼時期的人物，面相橢圓、直鼻大眼，具有西域人物臉型和遊牧民族的剽悍偉岸體型的特點。時到北魏，畫中人物體形修長而略顯豐滿，已融入了河西、敦煌地區人物的特點。

敦煌石窟北涼至隋唐的本生、因緣故事畫，是為教化僧徒信眾禪修觀像而作的，因此，是以敘述故事為主，重視情節描繪，不重人物性格和神態的塑造。畫中人物，都根據其身份而具有類型化的特點：佛莊嚴凝重；菩薩、弟子、天人沉靜穩持；國王、王子、長者、高僧虔誠、肅穆、平和；外道、婆羅門和其他修行者，形容枯槁，面相詭譎，姿態怪異，或身材矮小，情貌猥瑣。這種類型化的原則，一直影響着各時代的經變畫、佛像畫的創作。

但是，所有畫家都生活在五光十色的大千世界中，他們的人生閱歷、個人好惡、對佛理的領會以及來自不同地域和民族的藝術審美習慣，或多或少、有意無意地影響到他們的佛畫創作。從這個意義上講，畫家在情節取捨、人物形象設計、性格塑造的創作上，就有可能忽視佛經的某些內容，在特定情節中突破類型化的制約，通過身姿，手勢，俯首揚頭，合目睜眼等的描繪，表現出人物的性格特徵和思緒情結，創造出與佛經相悖的畫圖和千人千面的傳神作品來。同是悲情，尸毗王的三位后妃就各不相同。薩埵太子飼虎中母后的無聲悲痛，和沙彌守戒自殺故事的少女號啕大哭更是強烈對比。佛教主張禁欲，畫家卻描繪難陀與妻子難捨難分的繾綣戀情，把出自情欲勾引沙彌的少女描繪成情竇初開。九色鹿本生故事畫雖然充滿童話意味，但對九色鹿的善良，國王的慈悲和正義感，溺人的忘恩負義，以及王后的貪婪冷酷等的誇張描繪，都具有現實社會中不同人物的性格特徵。

假如說，薩埵太子和尸毗王本生故事是歌頌捨身救世，顯示人類面對死亡而勇於自我犧牲的崇高、偉大的悲壯美的話；那麼，九色鹿本生故事則恰恰是從另一方面表現了人的心地善良、充滿友愛的明朗童話美。兩者在內容和社會色調上的強烈反差,正是人間現實與理想的反差。作為起中間色作用的,我們看到的是難陀出家、須摩提女這類令人沉溺其間的世事俗務;這種中間色,就是芸芸眾生生活於其中的大千世界。

探討宗教藝術,常常會遇到形象與義理之間矛盾的課題。一件事物,一個道理,往往會因為畫家的經歷、好惡而產生形象大於義理,或小於義理,甚至悖於義理的情況。在難陀出家和沙彌守戒自殺兩幅因緣故事畫中,畫家對愛情所表現出的同情與寬容,完全悖於經文中禁欲與苦禪的義理。在九色鹿本生故事畫中,九色鹿挺胸昂首而立,面對國王痛斥溺人,表現了尊嚴和正義的力量,毫無經文中跪膝叩首的卑屈之態。這些都是形象大於義理、悖於義理的實例。這種形象與義理的矛盾,在其他本生、因緣和別的經變畫中都有所反映。這種現象,正說明敦煌的畫家具有善良的心靈和分明的愛憎,以及對生活的熱愛,對藝術的忠誠。從這裏,我們也可以看到敦煌佛畫並不是佛經經文的簡單圖解,也不是佛教思想的如實註釋。它是經過畫工深刻思考之後,用飽蘸情感的彩筆創作出來的;它是畫家社會實踐的體驗,是畫家生活意念的表述,也是他們藝術情感的昇華。

敦煌北涼北魏本生因緣故事畫分佈表

故事畫名稱		內容	北涼	北魏
本生故事	毗楞竭梨王本生	以身釘千釘求法	莫 275	
	月光王本生	施頭求法	莫 275	
	尸毗王本生	割肉貿鴿	莫 275	莫 254
	快目王本生	施眼	莫 275	
	虔闍尼婆梨王本生	剜身燃千燈求法	莫 275	
	薩埵太子本生	以身飼虎		莫 254
	九色鹿本生			莫 257
因緣故事	難陀出家緣	棄情欲修禪果		莫 254
	沙彌守戒自殺緣			莫 257
	須摩提女緣	佛法無邊降服外道		莫 257

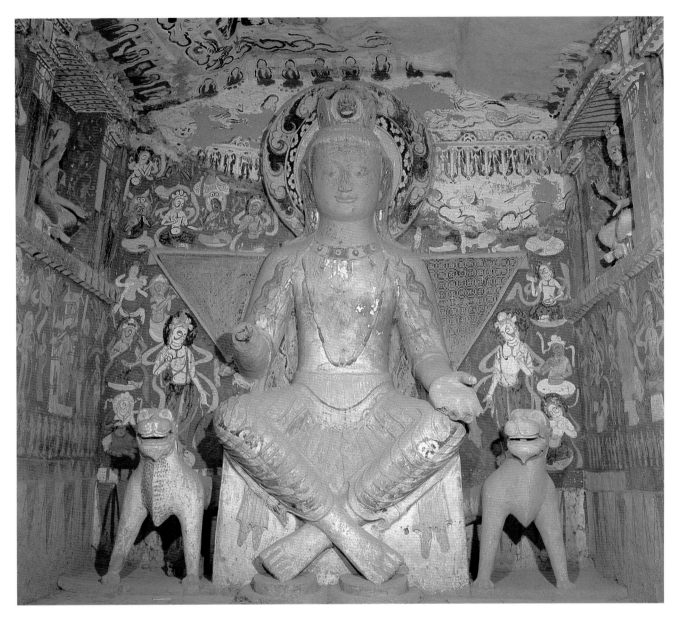

1 第 275 窟內景

西壁為交腳彌勒菩薩，兩側塑獅子。南
北壁上層各開三龕，內塑交腳菩薩，其
中四龕為闕形龕，象徵兜率天宮。龕下
南壁為佛傳出四門圖，北壁為本生故事
聯幅畫。莫高窟現存故事畫最早者即上
述各畫圖。

北涼 莫275

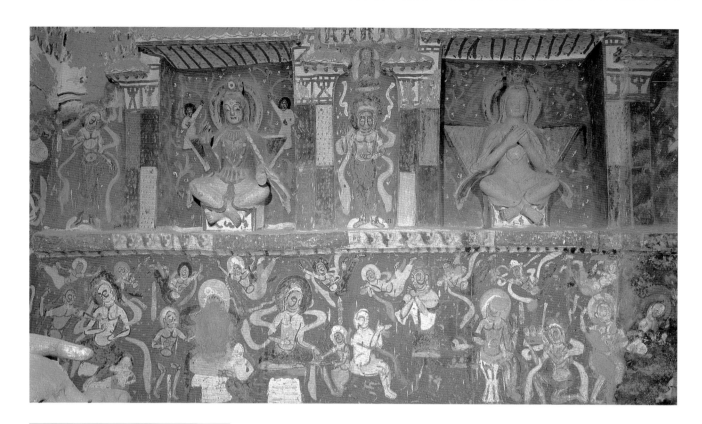

2　本生故事聯幅畫

由5個本生故事畫組成。圖右至左為毗楞
竭梨王本生、虔闍尼婆梨王本生、尸毗
王本生、月光王本生。但快目王本生故
事因畫面已殘，故並未入畫。此聯幅
畫，總體看是一個整體，分解看則為各
自獨立的5幅畫，既受新疆石窟單幅畫的
影響，又有向漢畫像石式組合故事畫轉
化的新意。聯幅畫上方為兜率天宮，闕
形龕內坐交腳菩薩。

北涼　莫275　北壁

3　對稱佈局圖式

釋迦於正中央，右面是戒僧，左面是金
剛。

北魏　雜寶藏經·佛弟子難陀為佛所逼出家得
道緣　莫254　北壁

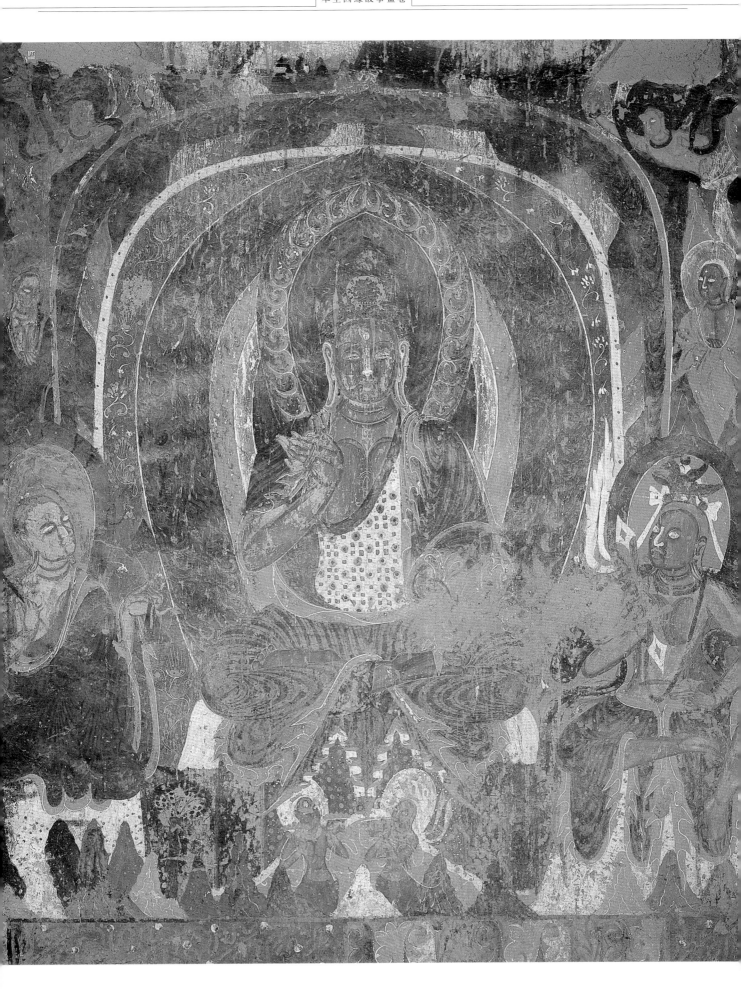

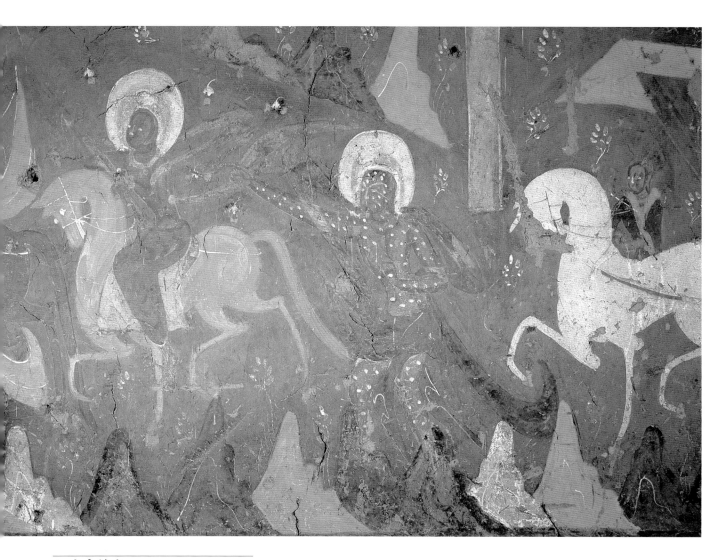

4 人大於山

北魏畫圖中以人為主，山石房舍多為說
明所處環境的"道具"。畫中鹿、馬、人
均大於山石。符合畫史"人大於山"的論
述。

北魏 佛說九色鹿經 莫257 西壁

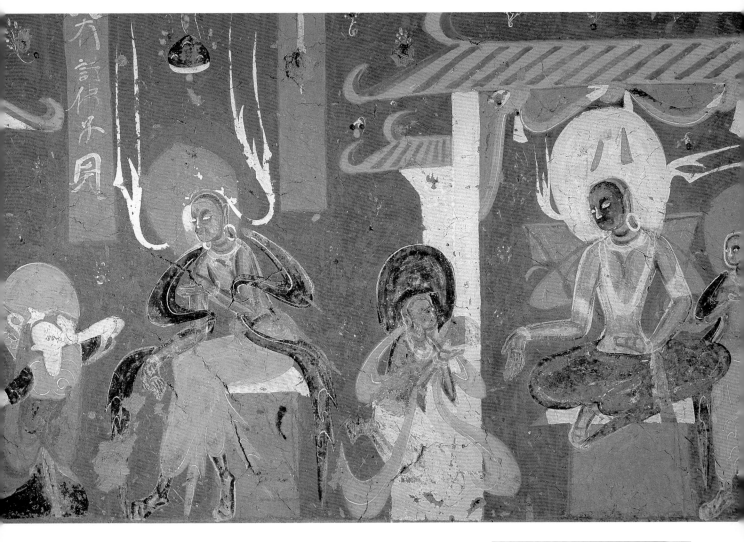

5 榜題

畫之左上方有2條榜題，原畫榜題已隱
沒，現所見文字是後加，與本畫無關。
榜題沿用了漢畫像磚中的格式。這也是
佛畫逐步漢化的反映。

北魏 賢愚經·沙彌守戒自殺品

莫257 南壁

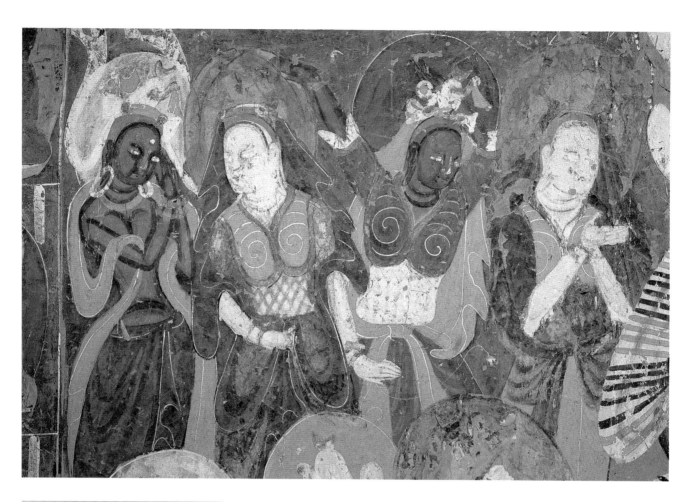

6 天人

圖中天人因見尸毗王割肉救鴿或雙手合
十，或高舉雙手，或回首沉思。他們的
表情雖異，但作為神，仍具類型化的特
點。

按原尸毗王本生故事，當尸毗王坐上秤
盤時，"色界諸天"，"諸天世人"歡喜踴
躍，所畫應是天人。此圖前3身穿西域女
裝，最後1身披帛着裙，為菩薩裝，相信
是畫師所加。

北魏 賢愚經·梵天請法六事品 莫254 北壁

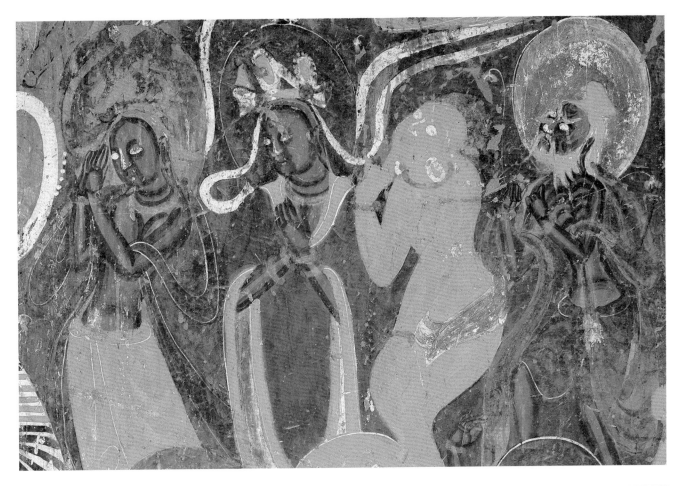

7 天人與婆羅門

圖左的兩天人站於尸毗王旁，一上身
裸、披帛、着裙、戴冠，雙手合十，腰
向左前方微扭，姿態優美。其右另一天
人着紅色袈裟，披帛繞肩臂，雙手合
十，意態虔誠。其後的兩身婆羅門見尸
毗王割肉時慘烈而又鎮靜的情狀，一人
驚詫地捂着下巴，一人雙手拱奉以示折
服。圖中婆羅門在經文中沒有，是畫家
為烘托尸毗王的功德和情操而創造的。
北魏 賢愚經‧梵天請法六事品 莫254 北壁

第一節　捨身施頭　以求佛法

公元420年匈奴族酋長沮渠蒙遜滅
西涼，統領河西及其所屬7郡，擴大了北
涼國的統轄範圍。重禪行，輕義理，鑿
仙窟以禪居，是當時河西僧人修煉的主
要方式之一。沮渠蒙遜父子篤信釋佛，
故沮渠氏在河西開窟造像亦多。莫高窟
現存最早的洞窟第267~271及272、275
等7窟，即鑿建於此時。其中第275窟是
北涼現存的7窟中，繪有本生故事畫的唯
一的一個洞窟。此窟北壁中部是由5則本
生故事畫聯成的橫幅畫。此時莫高窟建
窟還不足60年，佛徒心境純正，虔誠追
求佛法，故這5則本生故事畫都以捨身求
法、犧牲救世為主題。其中，捨身救鴿
的尸毗王本生故事畫，將在第二節中與
第254窟同內容故事畫一起介紹；本窟的
剜身燃千燈求法的虔闍尼婆梨王本生及
施捨雙眼以求正法的快目王本生等故事
畫，因畫面殘破或被煙熏，不收入畫
集，故略而不述。本節所述的是以刻意
修為、捨身求法為主旨的毗楞竭梨王和
月光王兩幅本生故事畫。

毗楞竭梨王本生故事畫

第275窟北壁聯幅畫西起第一幅便
是毗楞竭梨王本生故事，本畫據《賢愚
經‧梵天請法六事品》繪製。

故事説古時有國王毗楞竭梨，喜好
佛法，外道勞度又説，若王能以身釘千
釘，即有大法宣示；王允諾而得人生空

苦無常之法義精髓，證得佛法。

壁畫只有一個全身釘釘情節，為
單幅單情節畫。

新疆克孜爾石窟第38窟亦繪此故
事，年代較莫高窟早；與莫高窟的這幅
一樣，也是取釘釘這個主要情節表現整
個故事。圖中，毗楞竭梨王站立，一人
坐於地上以釘刺他的腹部。兩幅都收到
構圖簡明，重點突出的效果。但莫高窟
所繪較生動，如國王安詳自若，釘釘人

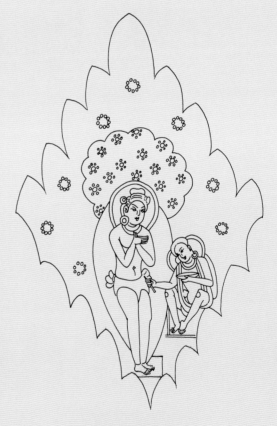

克孜爾石窟第38窟
毗楞竭梨王本生故事畫

兇眼怒目，勞度叉驚駭蹲地，以手護臉，並透過指縫窺視釘釘場面等都極具個性。

月光王本生故事畫

第275窟北壁聯幅畫西起第4幅則是月光王本生故事。這故事在《六度集經·布施度無極章·乾夷王本生》、《菩薩本緣經·月光王品》、《賢愚經·月光王頭施緣品》等多部佛經有記載。

故事說古時有大國王名月光，好施捨、愛百姓。一個小國國王妒其能，欲害死他，於是招募婆羅門去求月光王施頭，王應其請。大臣大月為保國王性命，造七寶頭向勞度叉換王頭。月光王說：我施頭為求佛法，不能以寶頭替代。於是繫髮於樹，婆羅門砍掉國王頭顱，攜之而去。

公元5世紀名僧法顯撰《佛國記》載，法顯在印度曾見此故事畫。該書今已不存。

新疆克孜爾石窟第17、178窟均繪此故事，年代早於莫高窟，兩圖均為單情節構圖，以第178窟較佳。第178窟月光王俯首彎腰，雙足一前一後，一腳尖

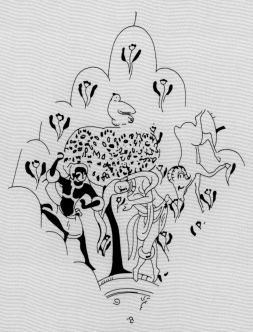

克孜爾石窟第178窟
月光王本生故事畫

點地支立，一腳橫掌踏地；操刀手一腳抬起，一手高揚。兩人姿態優美，不似即將殺頭的血腥場面，而似一齣優美的芭蕾。

第275窟的壁畫繪大臣獻頭和砍頭兩場景，已具有連環畫性質。從畫中有大臣獻七寶頭和刀手砍王頭時王用手接頭的畫面，應當是據《賢愚經·月光王頭施緣品》繪製。

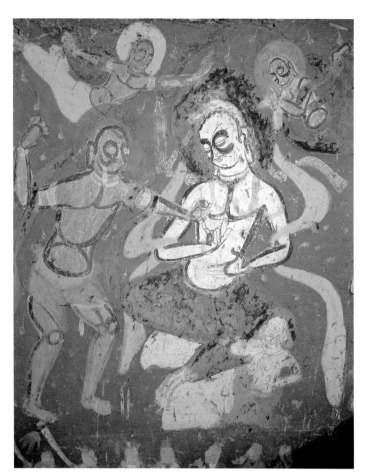

8 毗楞竭梨王本生全圖

毗楞竭梨王作遊戲坐(即一腿下垂,一腿曲盤)於座上。右有一人舉錘釘釘。左下,勞度叉蹲於地。

北涼 賢愚經・梵天請法六事品 莫275 北壁

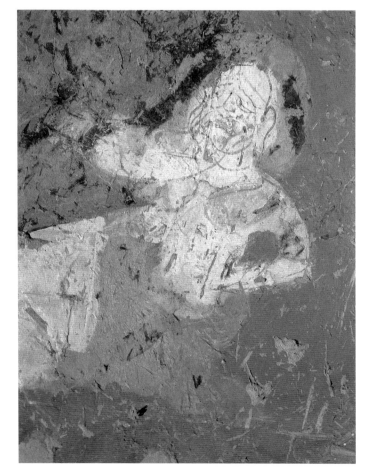

9 驚恐的勞度叉

勞度叉以手托腮遮臉,斜眼窺視釘釘場面,驚恐萬狀。

此圖勞度叉以反面人物出現,其形象矮小猥瑣,又以手遮臉,顯現出深藏害人之心的恐懼與卑劣,與鎮定自若的國王相比,更見其人格之低下。

北涼 賢愚經・梵天請法六事品 莫275 北壁

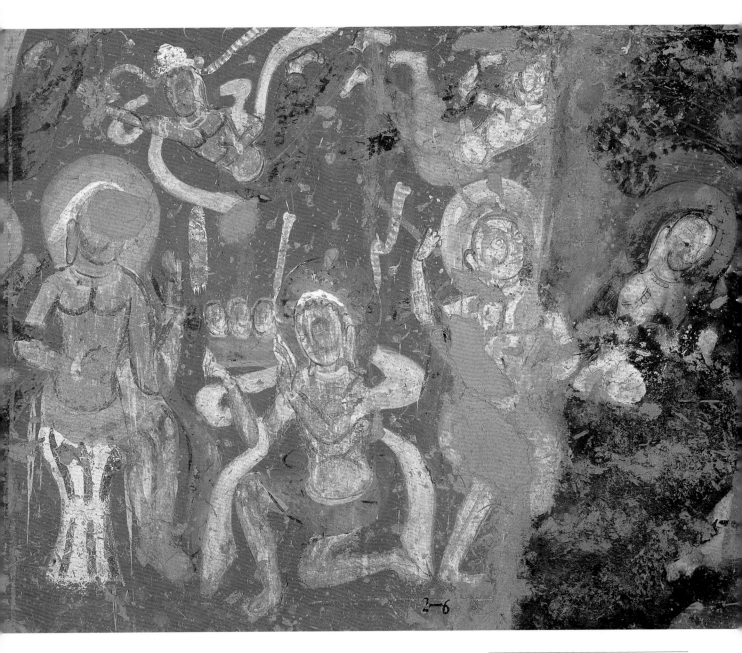

2—6

10 月光王本生全圖

月光王本生故事為聯幅畫的第四幅,內
繪兩個場景:一、大臣大月呈七寶頭,
月光王揚手拒絕。二、月光王俯首樹
前,樹上一人 (僅見頭部,餘被煙熏黑)
牽王髮;王前為勞度叉 (僅見兩腿,餘被
煙熏黑),王身後一人舉刀砍頭。構圖上
已有漢地連環畫的雛形。

北涼 賢愚經·月光王頭施緣品 莫275 北壁

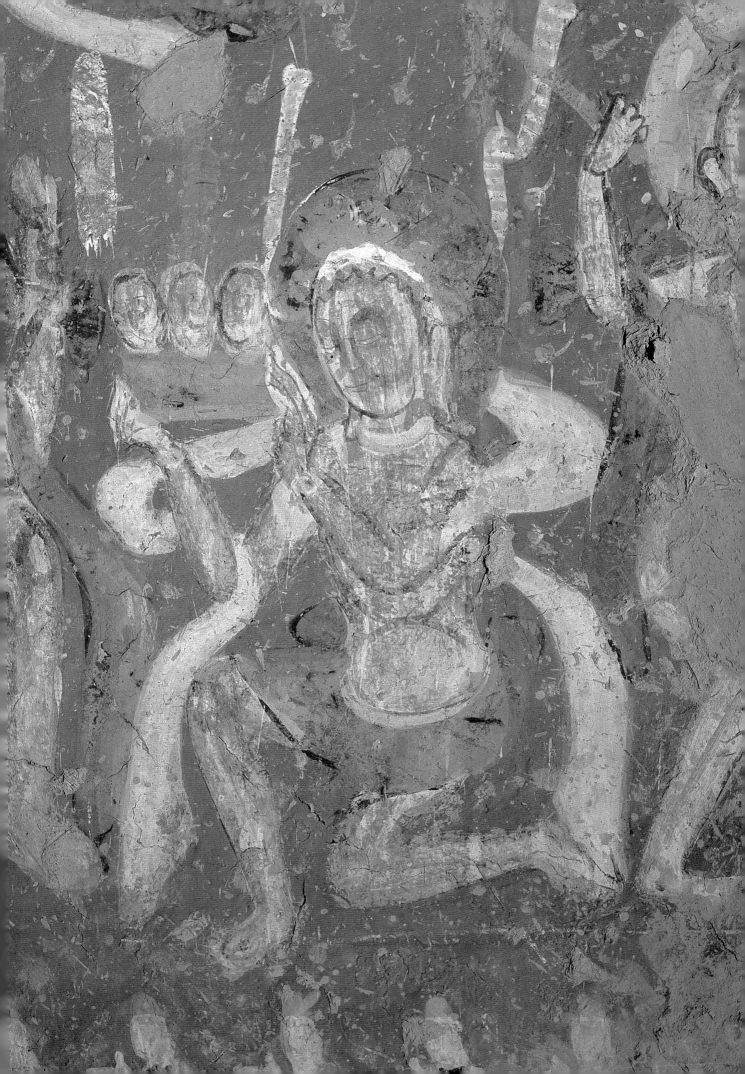

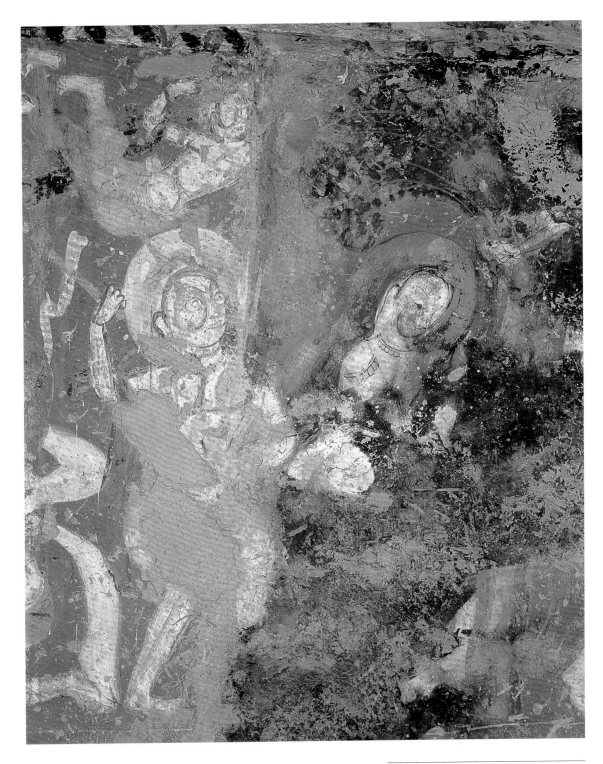

12　月光王和操刀手

操刀手圓眼外突，狀甚兇狠，正準備揮
刀砍頭。在這被砍頭前的一刻，月光王
以雙手捧合接頭；對將會發生的事處之
泰然，表達了求法的決心。

北涼　賢愚經‧月光王頭施緣品　莫275　北壁

11　大臣大月呈七寶頭

圖中畫三頭以示七寶頭。此畫增強了對
人物表情的描繪，神情皆合經義。圖中
的大臣跪呈寶頭，舉盤齊眉，雙眼下
視，狀貌謙恭、傷悲而又無可奈何。

北涼　賢愚經‧月光王頭施緣　莫275　北壁

第二節 捨己救世 終升佛境

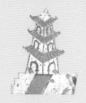

北涼時期，河西地區雖然由於政權多次更迭而時有紛爭，但比之中原仍相對安定。地處敦煌兩側的柔然、吐谷渾又踞勢爭雄、刀兵不斷；夾居兩強之間的敦煌時受其擾。而當北魏揮軍西進，統一河西的時候，河西和敦煌民眾又處於戰禍的苦難之中。在這個極不穩定的爭戰環境中，各階層民眾都期望有愛民救世的偉大人物出現，以解人民於倒懸。北涼第275窟、北魏第254窟著名的尸毗王本生及同在第254窟的薩埵太子捨身飼虎本生，兩幅故事畫所體現的犧牲救世精神，正符合人們的期盼。它們在一定程度上對人們那種驚懼不安的心靈，起到撫慰和穩定的作用。本節所及共2個故事，3幅畫。

並稱至死不悔。帝釋等敬佩其志誠，恢復原形；尸毗王身體亦恢復如故。經文最後說，尸毗王是今日的佛。

北涼此畫繪割肉、稱肉兩個情節，簡單明瞭，突出了尸毗王的犧牲精神。北魏畫面呈方形，以尸毗王為主體，兩側人物事件對稱安排，人物情態漸具個性。

此故事在印度阿瑪拉瓦特（Amaravati）及其臨近的古迹，其西北的龍樹丘（Nagarjunaknda）的遺迹，秣菟羅（Mathura）、犍陀羅（Handhara）、阿旃陀（Ajanta）石窟都有雕刻或壁畫。

其最佳者屬現藏大英博物館的犍陀羅石雕。中國新疆克孜爾石窟第114、

尸毗王本生故事畫

北涼第275窟和北魏第254窟北壁各繪一幅。在《菩薩本生鬘論·尸毗王救鴿緣起》、《大智度論·初品菩薩釋論》、《賢愚經·梵天請法六事品》中均有此故事。第275、254窟所繪均據《大智度論·初品菩薩釋論》繪製。

故事說過世有一位國王名尸毗，"行菩薩道，志堅精進"。帝釋及首羯摩天欲試其行菩薩道救世的篤志，變鷹逐食小鴿，讓小鴿求庇於王。王為救眾生，願以己肉施鷹，但盡割身肉亦不及鴿重。王決心以全身骨肉和性命相施，

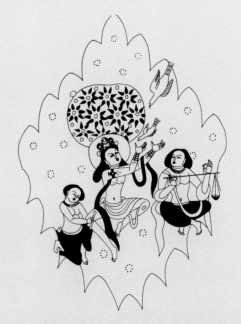

克孜爾石窟第114窟尸毗王本生故事畫

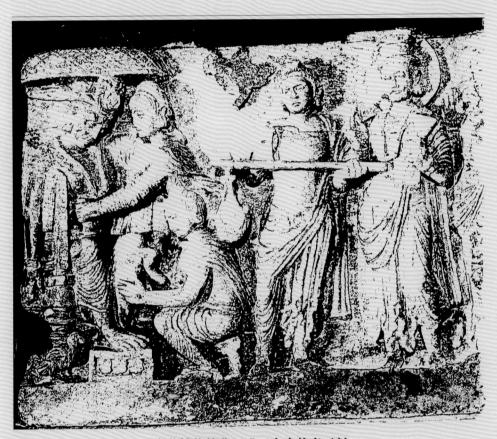

大英博物館藏尸毗王本生故事石刻

178窟均繪此故事畫，時代也早於莫高窟。

　　大英博物館藏的尸毗王本生石刻的浮雕十分精美，人物形象及貼身衣披均為犍陀羅風格。石刻中所表現的故事情節共分3部份，從左至右：1.尸毗王俯首忍痛，座下立一鷹，夫人關切擁扶，刀手輕刃割肉；2.司秤無可奈何；3.天神冷眼旁觀。人物刻畫深刻而有新意。浮雕中人物身份各異，無一多餘，周全而簡煉地反映了佛經內容，是不可多得的藝術珍品。

　　克孜爾第114窟的壁畫也一共畫了3個情節：1.尸毗王坐壇上伸雙手接鴿，刀手割肉；2.鷹逐鴿；3.司秤拿秤。所選的三個情節主要表現尸毗王急切救鴿的慈憫心情。

　　北涼時期第275窟的尸毗王本生故事畫，構圖簡單，明顯受新疆石窟影響。北魏第254窟的畫圖則無論情節、構圖都更接近漢畫傳統。畫中人物情態，如妃嬪苦勸、悲切、茫然的傷情，天人

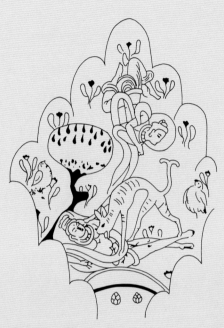

克孜爾石窟第178窟薩埵太子本生故事畫

的贊嘆，婆羅門的驚愕，都烘托出中心
人物尸毗王的堅定意志。畫家似乎要以
主人公的安詳、鎮定，感召信眾以堅
韌、平和的心態面對人生的不幸。

三個地區的藝術品，具有三種完全
不同的風格，即犍陀羅式、西域式、漢
式，它們之間既有差別，又有聯繫。雖
然重點各自不同，表現方式繁簡殊異，
但都緊緊抓住割肉救鴿這個主題，這反
映出中外畫家對佛經的共同理解。

薩埵太子本生故事畫

薩埵太子捨身飼虎是有名的本生故
事，在《菩薩本生鬘論·投身飼虎緣
起》、《金光明經·捨身品》、《賢愚經

·摩訶薩埵以身施虎品》等佛經中都有
記述。這故事是頗受歡迎的繪畫題材。
早在東晉，高僧法顯曾在印度見王子投
虎本生圖。莫高窟北魏、北周、隋、晚
唐、五代的壁畫中均繪此畫。由於各時
代繪圖所據經典不一，故畫面情節的繁
簡也不盡相同。現綜合《金光明經》及
《賢愚經》所載介紹其內容。

故事說古印度舍衛國有一母二子，
因偷盜犯死罪，被釋迦所救。梵天、阿
難不理解釋迦為何要救他們，佛便告訴
他說：過去無量劫，國王大車有3個兒
子。一日，國王和王后率子出遊，行到
山崖，3位王子見崖下母虎產3子（《金光
明經》說有7子），即將餓死。三王子摩
訶薩埵決心以身救虎。待兩位長兄先行
後，隨即下崖飼虎，但虎母子已無力食
其肉。薩埵再次爬上山崖，刺頸出血，
縱身崖下，虎始盡吸其血，食其肉。兄
長久等三弟不至，急返崖邊，只見一片
屍骨狼藉。王及母后聞訊，哀傷至極。
薩埵升天後見父母悲情，即在空中以善
言勸慰；王及后頓時醒悟，撿拾骨骸，
起塔供養。釋迦說，今日的母子即昔日
的母虎幼子，昔日的薩埵太子即今日的
我。我曾於過去救餓虎母子，故今再救
盜賊母子。

第254窟此畫據《金光明經》繪製，
沒有釋迦救母子、國王與王后出遊及薩
埵升天後勸父母的情節，母虎所產為7隻

幼虎。圖為方形，位於壁畫中央，是平視觀賞的最佳位置。構圖已與新疆壁畫和北涼莫高窟第275窟的單情節單幅畫不同，而是異時同圖的漢畫傳統形式。

中國新疆克孜爾石窟第38、47、114、178等窟均繪此故事，時代比莫高窟早；天水麥積山石窟第127窟的同一故事畫，時代同為北魏，雖殘，但規模大於莫高窟。

克孜爾石窟第178窟畫面簡明扼要，只有跳崖、虎食薩埵兩個情節，一目了然。莫高窟第254窟畫面情節完整，故事

性強。畫中施虎這一個畫面，包含第一、二次投身虎側以及群虎撕食薩埵3個情節。這種以同一畫面表現不同時空內容的方法，加深了觀者印象，突出了堅定捨身的精神。這種超越時空界限的藝術思維方法是一種創新，並對以後創作大幅經變故事畫有一定影響。畫面上沒有群虎噬咬、撕扯的血淋淋場面；兩兄撿拾殘骸，也不見驚悸噁心的狼藉屍骨；王后懷抱的是一個靜靜入睡的兒子，沒有恐怖氣氛，沒有號啕大哭，一切都處於無聲的哀痛之中。震憾人心的

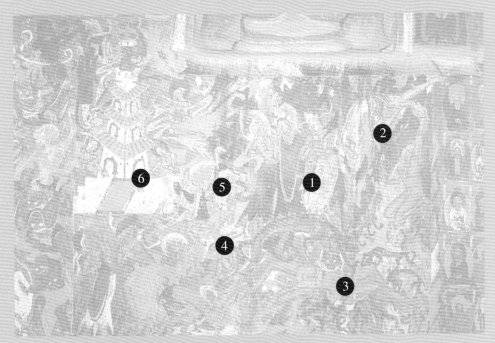

第254窟薩埵太子本生單幅多情節示意圖
(1～3) 薩埵見虎母子及捨身飼虎；
(4～5) 薩埵兄長及父王王后見屍身，悲慟不已；
(6) 起塔。

犧牲場面，在變成褐黑色的冷峻畫面上，更顯出濃厚的悲壯氣氛。

有關哀痛感情的描繪，在莫高窟北魏的薩埵太子和尸毗王本生故事畫中，都有其獨到之處。

尸毗王以身施鷹，作為后妃，她們人人都難以面對這個事實。但因地位身份不同，所表現的悲情也各異。

在薩埵太子本生故事畫中，關於悲慟的描繪，則有更為深切的表現。當王后見到薩埵太子的屍體後，兩眼呆直地凝望前方，臉頰輕輕的依偎着心愛兒子的頭，深怕擠壓和吵醒了熟睡的愛子；在這雙欲哭無淚的眼睛裏，充滿母愛的悲傷深情。她與尸毗王本生故事畫中后妃的飲泣不同，她所表現的是深深埋在心裏的、內在的、無聲、無淚的悲。這種悲更令人動情，更扣人心弦。

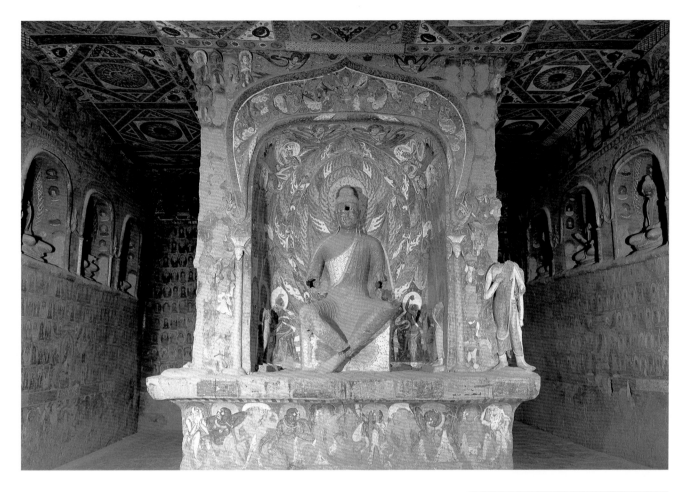

13 第254窟內景

中心柱正面龕內塑交腳彌勒佛像，龕兩
側塑脅侍菩薩各一，薩埵太子本生故事
畫即繪於此窟南壁前半部中段。

北魏 莫254

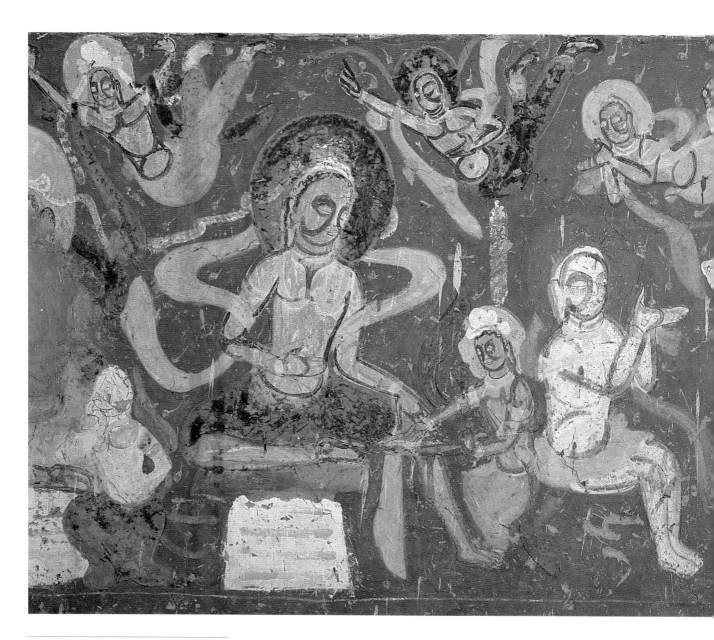

14 尸毗王本生全圖

此畫是第275窟本生故事聯幅畫的第3
幅,圖中分兩部份,左面見尸毗王盤
坐,刀手正跪割王肉;右面是司秤提
秤,兩個秤盤內分別盛尸毗王及鴿,秤
桿高度相若,表示兩者的重量相等。

北涼 大智度論‧初品菩薩釋論 莫275 北壁

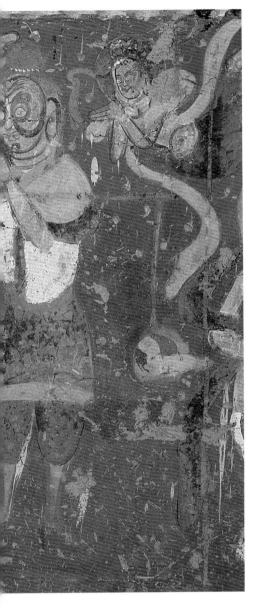

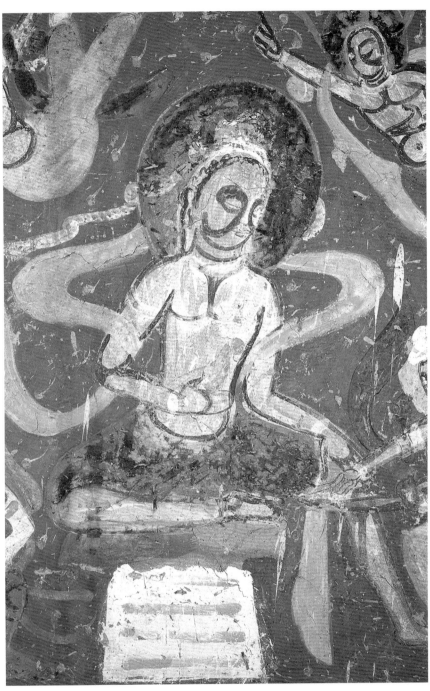

15 尸毗王

尸毗王體壯偉岸，具有北方游牧民族的
體形特徵。尸毗王右手托鴿，盡顯憐惜
眾生之情。

北涼 大智度論·初品菩薩釋論 莫275 北壁

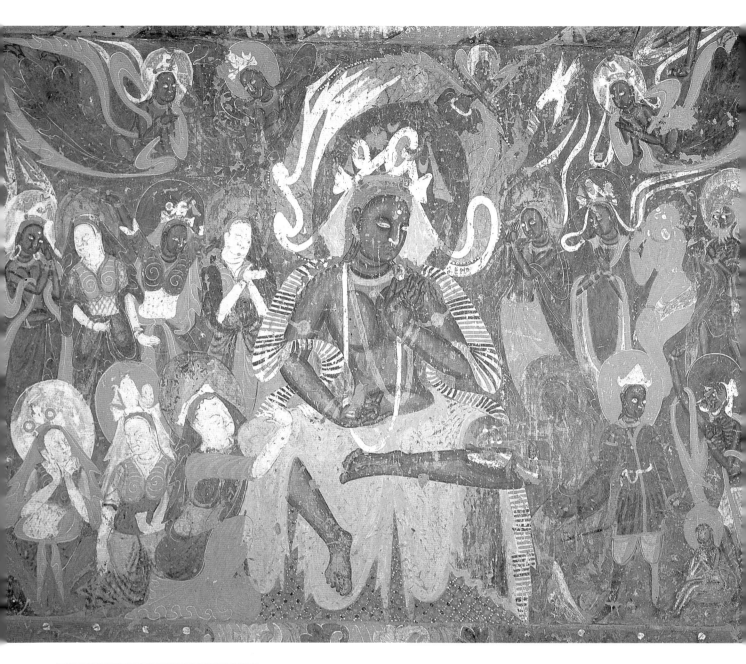

16 尸毗王本生全圖

畫面尸毗王位於中心為主體,各情節及
人物在四周,與同窟的薩埵太子本生故
事畫同是一畫多情節的構圖方式。在一
圖之內,把尸毗王本生故事的各細節,
完整地表達出來,尸毗王的右上方是鷹
追鴿,及右下角是割肉和稱肉,天秤兩
端盤內盛尸毗王及鴿。畫內妃子及勞度
叉等人物,可以烘托全畫的氣氛。

北魏 大智度論‧初品菩薩釋論 莫254 北壁

17 尸毗王像

尸毗王戴菩薩冠,微微俯視,右掌托
鴿。雖然處於被剔骨割肉的極度痛苦
中,但表情寧靜和平,顯示了堅定的捨
身決心。這是佛教藝術捨身救眾生常用
的表現方式。

北魏 大智度論‧初品菩薩釋論 莫254 南壁

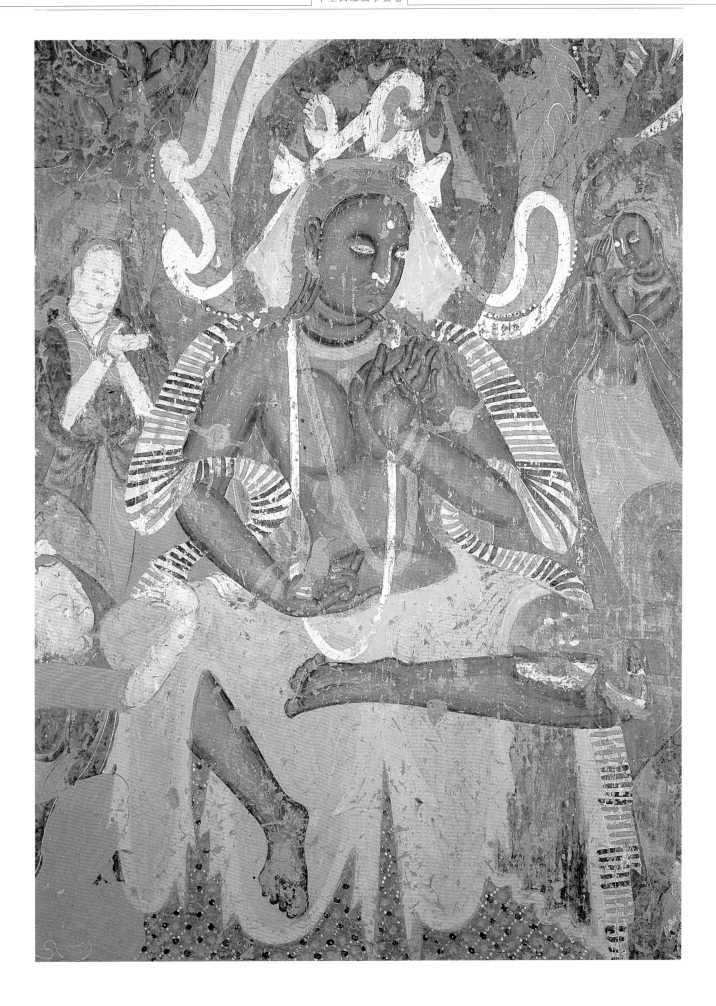

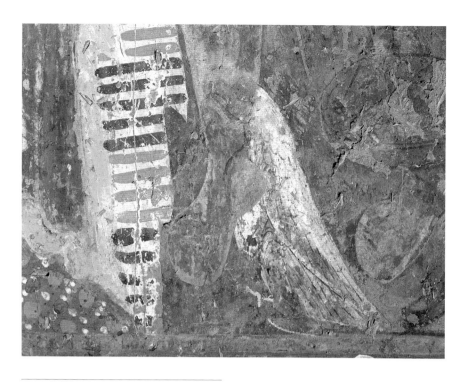

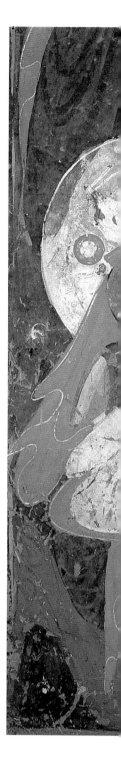

18 白鷹

在尸毗王的座下有一白鷹,羽翼豐滿,
胸肌挺突;牠立於尸毗王座下,揚首昂
視,有檢驗尸毗王捨身決心的意味。神
情含蓄,暗合經義。

北魏 大智度論‧初品菩薩釋論 莫254 北壁

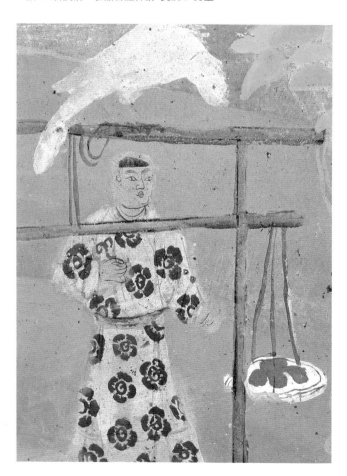

19 第85窟尸毗王本生故事畫中
的餓鷹

第85窟所繪餓鷹雄踞秤架,鋼爪緊抓,
居高臨下,一雙利眼直視秤盤中的鮮
肉,貪婪兇殘。畫得較直露,未得佛經
的義韻。

晚唐 楞伽經 莫85 窟頂東坡

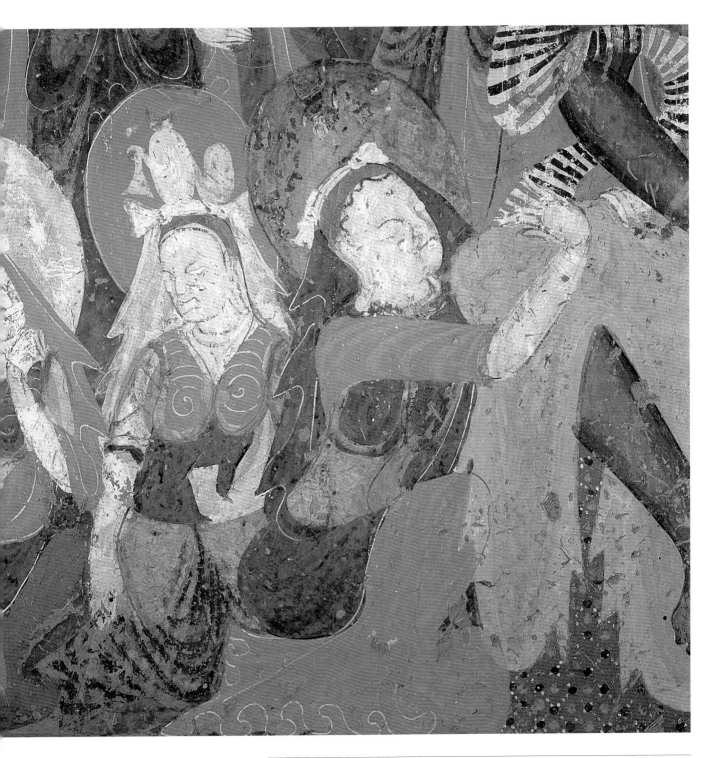

20 尸毗王的三位后妃

尸毗王身邊的第一位是王后,最不願尸
毗王捨身,她緊挽王腿,力阻其餵鷹;
第二位是深受寵幸,並且也深愛着尸毗
王的王妃,她對國王的捨身,雖最為悲
痛,但囿於地位,她既不能像王后那樣
力阻,又不敢失聲痛哭,她不忍目睹這
令人心碎的場面,只能回轉頭去低聲飲
泣;第三位似乎也是一位王妃,她尚年
幼,入世不深,對突然發生的重大變故
迷惑不解,不知所措。佛經中並沒有提
及后妃,應是畫家所加。
北魏 莫254 北壁

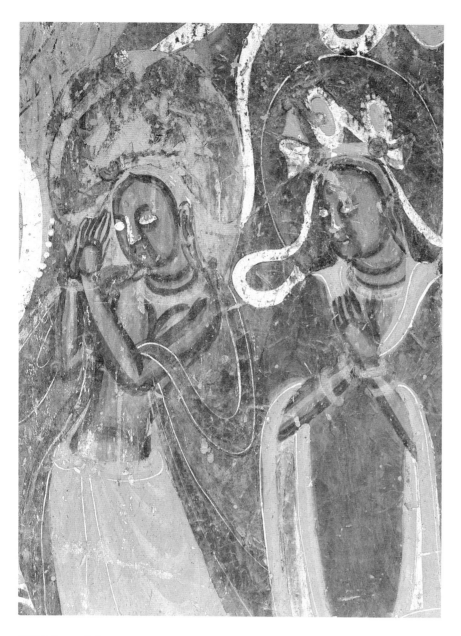

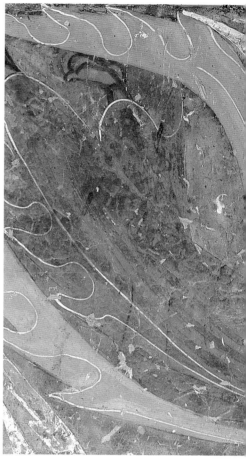

22 飛天

第254窟尸毗王本生故事中的飛天，舞於
天際，以示讚美。敦煌早期飛天有健壯
樸拙的時代風格。畫內上方的兩個飛
天，前者回首顧盼，後者以目相接，相
互照應。

北魏 大智度論·初品菩薩釋論 莫254 北壁

21 二天人

北魏 大智度論·初品菩薩釋論 莫254 北壁

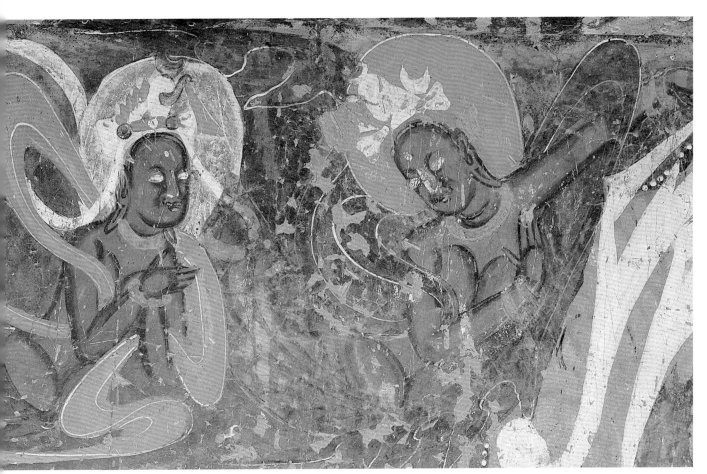

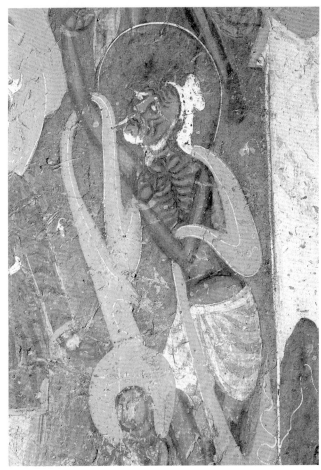

23 婆羅門

見割肉而嚇得目瞪口呆的婆羅門。

北魏 大智度論·初品菩薩釋論 莫254 北壁

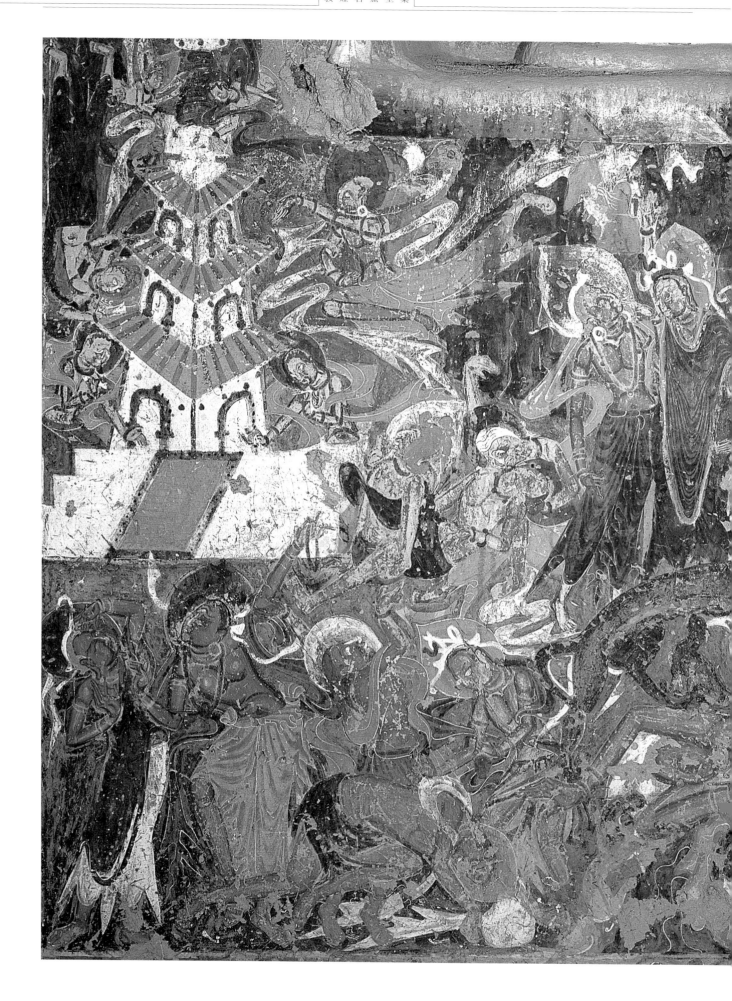

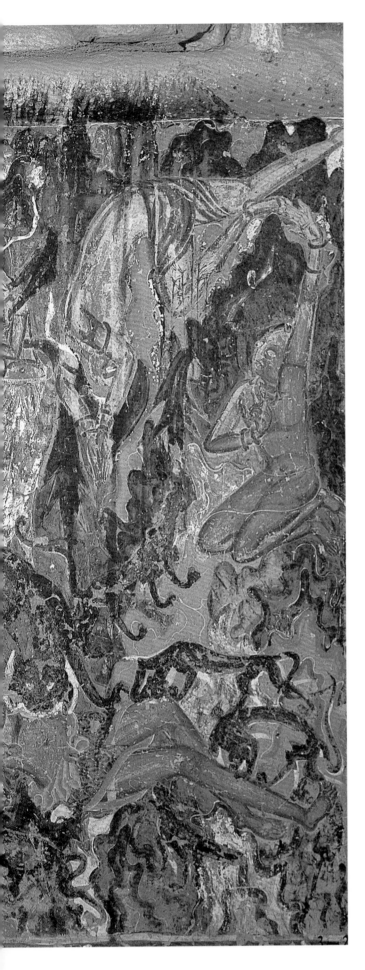

24 薩埵太子本生全圖

本故事畫把不同場景合繪於一圖，飼虎
及國王王后撫屍始終放在顯要的位置，
突出了故事的主題和人間的親子之情。
構圖受到巴爾胡特九色鹿本生故事圖浮
雕的影響。（參見本章第五節插圖）

北魏　金光明經・捨身品　莫254　南壁

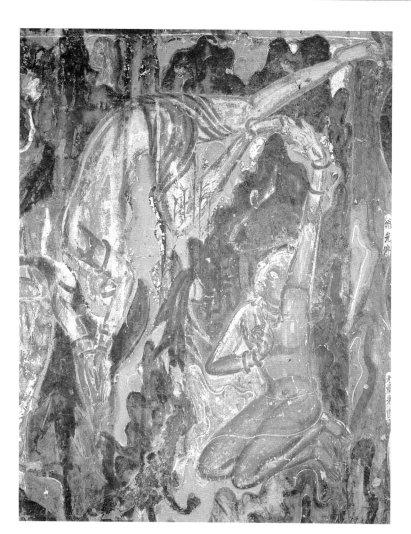

25 刺頸、跳崖

北魏 金光明經‧捨身品 莫254 南壁

26 飼虎

母虎及虎子撲在薩埵身上啖食其肉。

北魏 金光明經‧捨身品 莫254 南壁

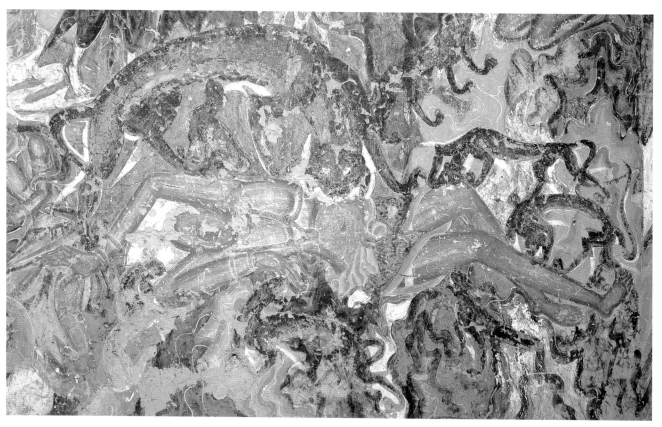

27 二兄長

薩埵兄長見屍骨，悲慟哀號。

北涼 金光明經‧捨身品 莫275 南壁

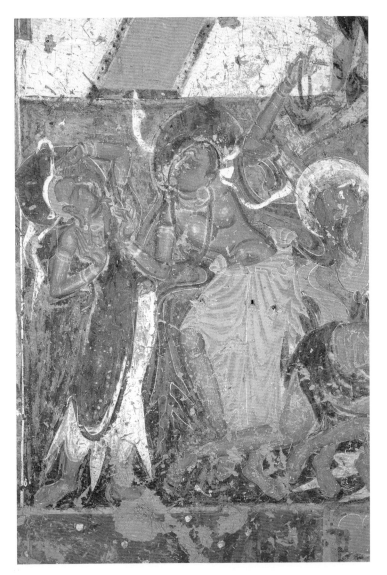

28 王后與薩埵頭部特寫

沒有痛哭，也沒有號啕，只有無淚的悲切。於無聲勝有聲之中，更見其喪親之痛。

北魏 金光明經‧捨身品 莫254 南壁

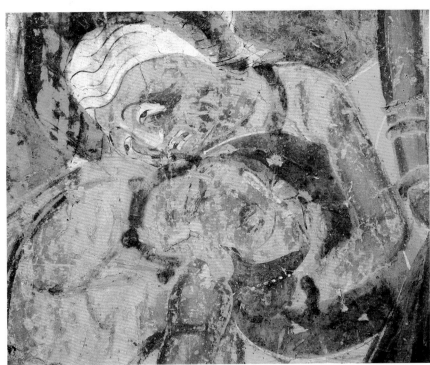

第三節　持戒禁欲　遠避女色

　　北魏的難陀出家及沙彌守戒自殺兩幅因緣故事畫，是為宣傳佛教誡諭僧眾、持戒防淫的教義而作的。

　　十六國和北朝時期，北方少數民族統治者與佛教高僧勾結，不遵戒律，淫亂佛寺成風。《高僧傳》卷二記名僧鳩摩羅什就曾與美妓10人同居一室。曇無讖自稱能令婦人多子，並與鄯善王妹曼頭陀林淫通。北涼沮渠蒙遜慕其名，竟送公主、兒妃去寺廟受法生子。北魏僧尼人數激增，戒律更加鬆弛，沙門與貴室女私行淫亂更多。在洛陽瑤光（尼）寺，還常引誘椒房嬪御、掖庭美人及名族處女前去投心，此事件可見於《洛陽伽藍記》卷一的"瑤光寺"條。寺僧淫亂之風靡及各地，敦煌自難禦其勢。為重振佛綱，操持戒守，在莫高窟選繪上述內容壁畫，以教育寺僧嚴守戒律就不足為奇了。

難陀為佛所逼出家得道緣》與本畫相符較多。現僅綜合各經內容介紹如下。故事說釋迦從弟難陀迷戀愛妻孫陀利。一日，與妻閨房戲樂，點額畫眉，被釋迦派使者強令出家修行。為斷其難捨愛妻的塵念，釋迦攜難陀上天堂見500美女，並許以修行功德圓滿後即可升天盡娶為妻。難陀喜而修習佛法，但因動機不純，難成正果。佛又攜其入地獄，見一火熾湯沸的大鑊，鬼卒謂此乃專為"淫欲多情"的難陀而預設的。難陀驚懼，痛悔前愆，精修佛法而成正果。

　　佛徒吉藏（公元549～623年）謂佛教是"逼引之教"。難陀出家故事中，釋迦先以天堂誘之，後以地獄嚇之，將"逼"、"引"兩手集於一。畫面上着意渲染釋迦使者強制難陀出家的情節，但卻無天堂、地獄之行的場景。畫家對情節之取捨及渲染頗耐人尋味。

難陀出家緣故事畫

　　此故事畫繪於第254窟，在中國僅此一見，彌足珍貴。但記載此故事的佛經頗多，如《出普曜經》、《童子問佛乞食經》、《雜寶藏經·佛弟子難陀為佛所逼出家得道緣》等。然而其內容均難與本畫完全吻合，僅《雜寶藏經·佛弟子

沙彌守戒自殺緣故事畫

　　第257窟的沙彌守戒自殺緣故事畫是據《賢愚經·沙彌守戒自殺品》繪製。

　　故事說古印度安陀國受戒沙彌，奉師命去清信士（在家的男性佛教徒）的家中取佈施，恰逢該清信士赴友人家飲宴，只有16歲小女兒在家。少女見沙彌

年少英俊，心生愛慕，"淫慾火燒"，求
與苟合。沙彌數度拒絕不成，刎頸自
殺。少女悔恨不已，待父親返家後如實
相告。按律例，其父需向國王繳付罰
金。國王因見沙彌持戒志堅，大為敬
佩，下令聚骸火化，起塔供養。

　　新疆克孜爾石窟北魏第69窟、莫高
窟北魏第257窟、西魏第285窟（第285
窟畫面將在本文第二章中述及，此不贅）
均繪此故事畫。

　　克孜爾壁畫基本上為單幅雙情節
畫。畫面只表現少女誘惑，沙彌自殺。
圖中少女全裸、豐乳、細腰、肥臀，交
腳而立，扭腰擺臀，作極力勾引沙彌之
浪態，符合佛經作諸妖媚、深現欲相的
描述。而莫高窟第257窟畫面已從第
275、254窟的單幅畫發展為漢地傳統的

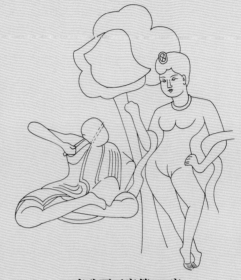

**克孜爾石窟第69窟
沙彌守戒自殺緣故事畫**

連環畫。畫面容量加大，情節完整，故事
性強。這是莫高窟首次出現的新形式。

　　莫高窟壁畫中的少女衣着整齊，無
種種淫蕩之態。從構圖、情節安排、人
物性格塑造，都反映出地域、民族、文

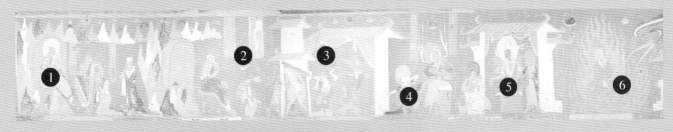

第257窟沙彌守戒自殺緣連幅畫構圖示意圖
（1～2）沙彌受戒後，遵師命外出取佈施。
（3）　　沙彌遇少女在家，少女示愛，沙彌自殺。
（4～5）少女向父親哭訴，其父繳罰金與國王。
（6）　　火化沙彌。

化倫理道德觀念上的差異和特點，以及莫高窟藝術轉向漢式風格的急速變化。

佛教藝術的人性化及中國化

在禁欲主義的佛教藝術中，對愛情的描繪，被視為禁地。但是，在敦煌因緣故事畫中，畫家大膽地衝破視七情六欲為罪惡的佛教清規，在"難陀出家緣"畫中，演繹了一齣恩愛夫妻的活劇。佛經中"難陀出家"的本意是要信徒棄夫妻愛戀，樹空無禪心；但是在畫面上的表現卻大不相同。夫妻繾綣難捨之情至為感人。按照佛經，在這幅畫上應該有釋迦逼難陀出家的天堂和地獄之行的畫面，但是這一切全部被畫家省略了，而把那些毫無生氣、冷面靜坐的禪僧和形容枯槁、面如死灰的修行者的苦行畫面，與繾綣不捨的難陀夫妻的世俗感情畫繪於一圖，形成鮮明的對比。處於戒師的霜刀及密迹金剛的鋼杵緊緊相逼的情勢下，難陀與孫陀利之間的愛情，更加深了這幅畫的悲劇色彩。本來，這個"因緣"故事是以難陀成正果的"正劇"收尾的，但畫家卻以恩愛夫妻被迫分離的濃郁"悲劇"色調來"竄改"了這幕"正劇"，這不能不說是創作者在情節取捨、人物刻畫、彩筆運作上感情的表露。

在沙彌守戒自殺緣畫中，對愛情的描寫又有另一種不同的表現。少女誘惑是這個故事的高潮。按照佛經，嚴格地說，少女對沙彌並不是愛情而是情欲，但是畫面的處理卻減少了情欲的成份：少女喜見沙彌，情不自禁地用手拉扯沙彌袈裟，向沙彌求愛。沙彌圓睜雙眼，驚愕失措，用手急擋這種極不"規範"的無禮行為。此時的沙彌，與剃度時恭敬低頭，聆聽師教的神情迥然不同。畫家在此用眼睛的睜合大小，塑造了人物在不同狀態下的神情。對少女形象的塑造，畫家的精彩之筆在於少女拉扯沙彌袈裟時沒有忠實於經文去着重描繪她"淫慾火燒"，"作諸妖媚，搖肩顧影，深現欲相"的"淫姿"、"浪態"，而是以一種追求愛情的正常心態，描繪一位情竇初開的 16 歲純真少女羞澀、但又較為魯莽的行動。與克孜爾石窟中同內容畫裏的少女相比，前者衣着整齊，後者全裸；前者面含羞澀之態，偷偷用手拉沙彌袈裟，後者，搔首弄肢，極力挑逗引誘沙彌；前者性格內向，極力抑制自己情欲的顯現，不敢超越禮教雷池一步，後者性格開放，無所顧忌地顯露自己對情欲的追求。克孜爾的畫圖如實地

表現了佛經內容，但莫高窟畫圖卻忠實
地反映了漢文化思想所陶冶出來的女
性。在這裏，我們清楚地看到不同的傳
締文化心態，不同的倫理道德觀念和不
同的民族習俗對佛經的理解和表現。

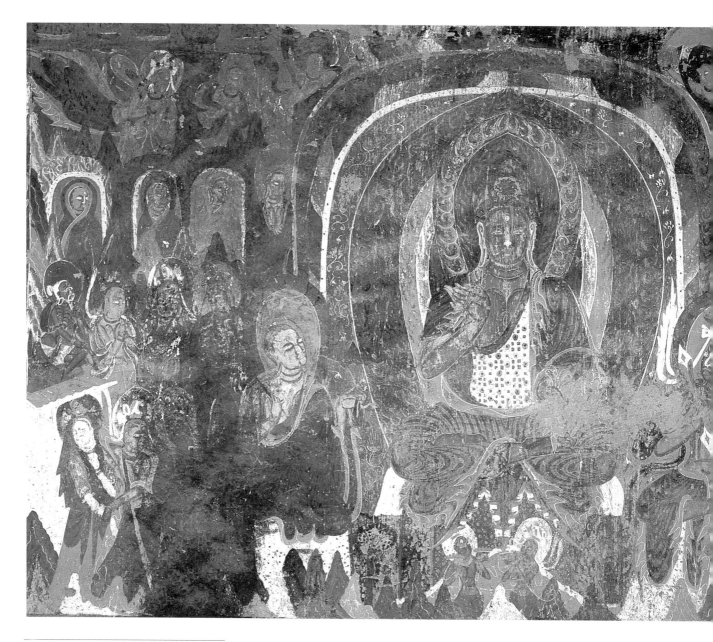

29 難陀出家緣全圖

此畫與同窟的"薩埵太子本生"和"尸毗王
本生"兩畫的風格一致,構圖形式亦同,
似應為同一畫師或流派相同的畫家所
繪。圖中以釋迦像為中心,左右下端繪
難陀與孫陀利難於割捨的款款深情,與
畫面兩側的深山苦修的禪僧恰成對比,
又與釋迦兩旁的戒師、金剛的苦苦威逼
形成難解的矛盾。

北魏 雜寶藏經·佛弟子難陀為佛所逼出家得
道緣 莫254 北壁

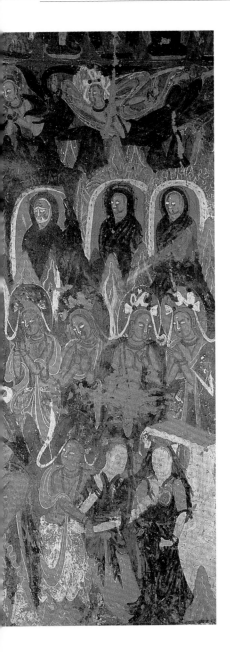

30 釋迦像

佛頭頂為佛固定的螺形髮式,背後有頭光、背光、身光。形態威嚴肅穆,雙目俯視,既有高不可攀的氣概,又有垂憫眾生的意態。莫高窟的佛像基本上都以此造型出現。

北魏 雜寶藏經·佛弟子難陀為佛所逼出家得道緣 莫254 北壁

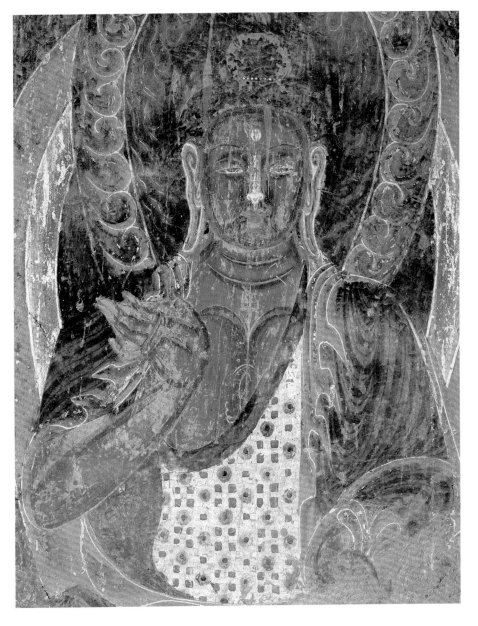

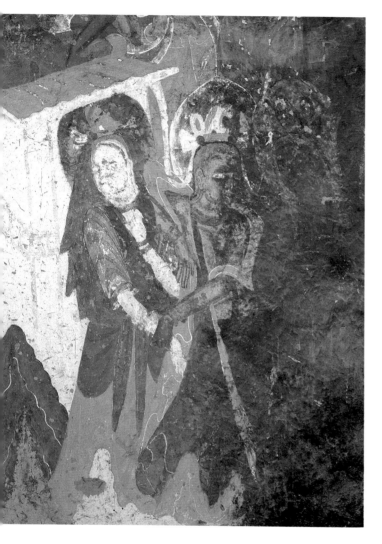

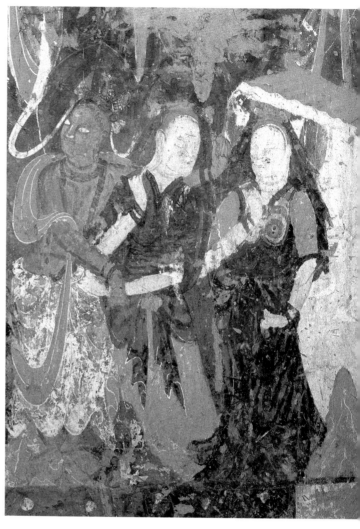

31　難陀夫婦與佛使者

在右下角的屋舍內，表現佛使者拆散戲
樂於閨房的夫妻的場面。難陀一手搭在
愛妻孫陀利肩上，一手與孫陀利合手相
握，閨房嬉戲，夫妻情深，繾綣纏綿；
而釋迦使者卻極不識相，傳達佛旨，令
難陀速去。圖中佛使者被煙熏黑，形象
不清。難陀與其妻孫陀利尚清楚。

北魏　雜寶藏經‧佛弟子難陀為佛所逼出家得
道緣　莫254　北壁

32　難陀與孫陀利別離

畫面左下角的屋舍內，使者一手拉難
陀，一手環繞難陀肩強迫他速去。這
時，難陀和孫陀利大概都預感到這將是
生離死別，難陀回身面對孫陀利，夫妻
相對無言。

北魏　雜寶藏經‧佛弟子難陀為佛所逼出家得
道緣　莫254　北壁

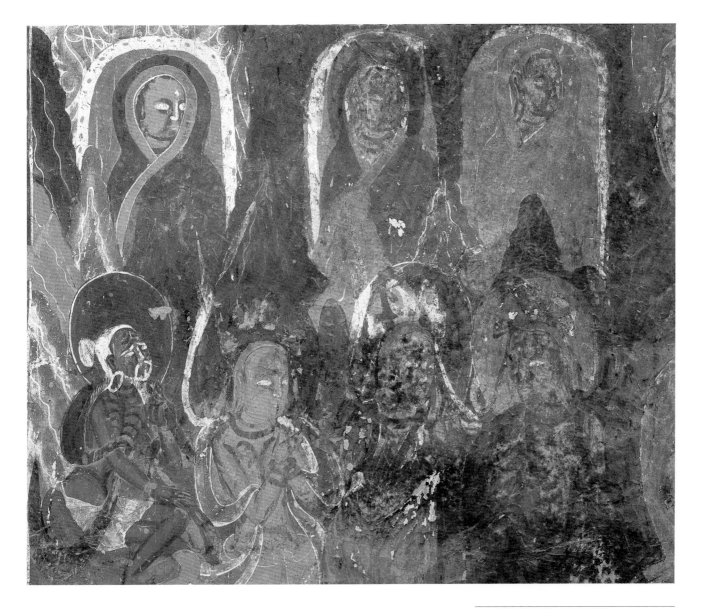

33 菩薩禪僧及婆羅門

在幾位菩薩及禪僧的最左面，有一婆羅
門，此人物可能是畫家增添的；他可能
是已皈依的婆羅門在隨僧修行或聆聽佛
說法。婆羅門都已皈依，說明難陀出家
是理所當然的了。或許，這是一種藉以
說明佛法威力之大的手法。

北魏 雜寶藏經·佛弟子難陀為佛所逼出家得
道緣 莫254 北壁

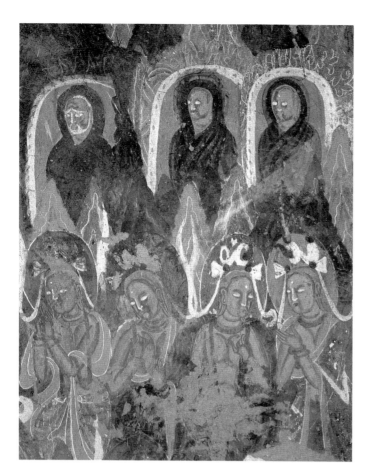

34 菩薩及禪僧

枯容冷面、清心寡欲的禪僧與繾綣難捨
的難陀與孫陀利對比於一圖，悲劇色彩
更濃。

北魏 雜寶藏經‧佛弟子難陀為佛所逼出家得
道緣 莫254 北壁

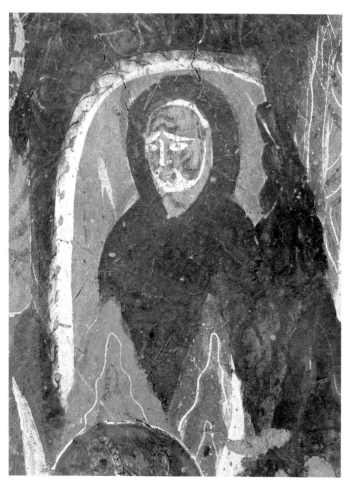

35 禪僧

禪僧面相苦澀，形容枯槁，居深山禪
窟，為一離世索居的苦行者形象。

北魏 雜寶藏經‧佛弟子難陀為佛所逼出家得
道緣 莫254 北壁

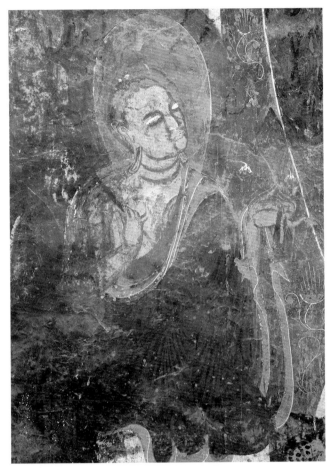

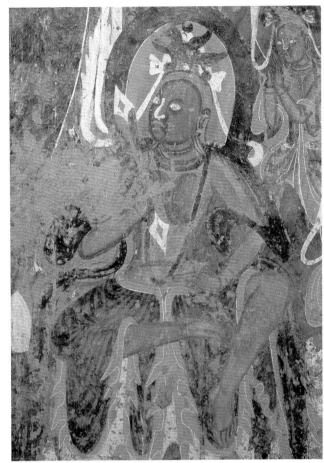

36 戒師

戒師一手持蓮花，一手執戒刀，頭稍
仰，側耳聆聽佛說，神情專注。

北魏　雜寶藏經‧佛弟子難陀為佛所逼出家得
道緣　莫254　北壁

37 金剛

金剛手握降魔金杵，睜大雙眼。戒師與
金剛一文一武齊侍佛側，與逼、誘難陀
出家的手段契合。

北魏　雜寶藏經‧佛弟子難陀為佛所逼出家得
道緣　莫254　北壁

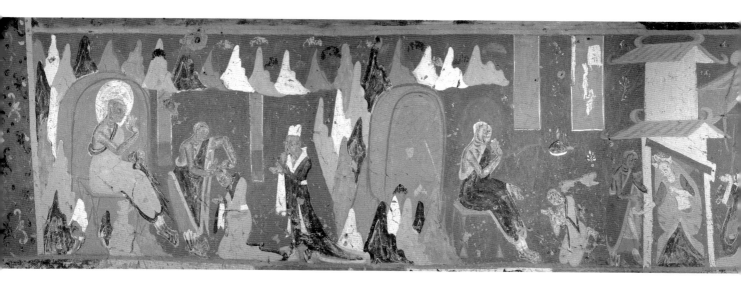

38 沙彌守戒自殺緣全圖

畫面採用這個時期新出現的連續畫形
式，令故事表達得更流暢。

北魏 賢愚經·沙彌守戒自殺品

莫257 南壁

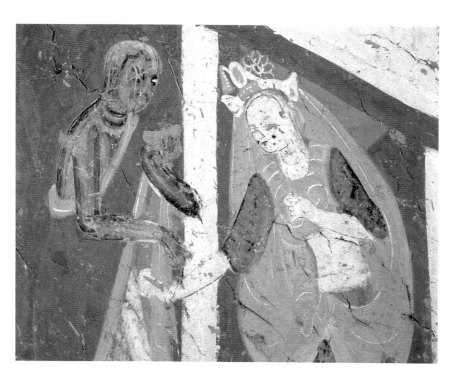

39 沙彌遇少女

此圖為沙彌奉師命來清信士家取佈施，
遇少女求愛的情節。圖中沙彌左手托
缽，右手急擋少女突然拉扯袈裟的行
動。少女一手拉袈裟，頭微俯，雙眼下
視，狀羞怯，表情頗不自然，極現初戀
少女情態。

北魏 賢愚經·沙彌守戒自殺品

莫257 南壁

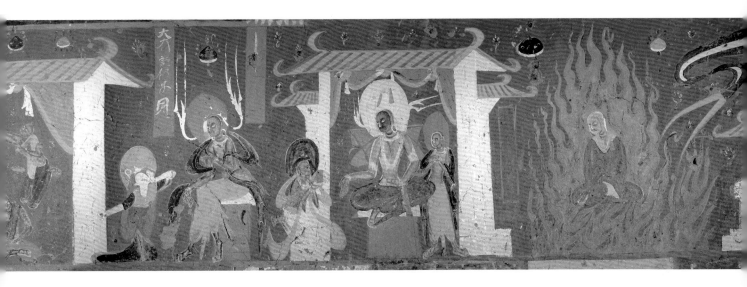

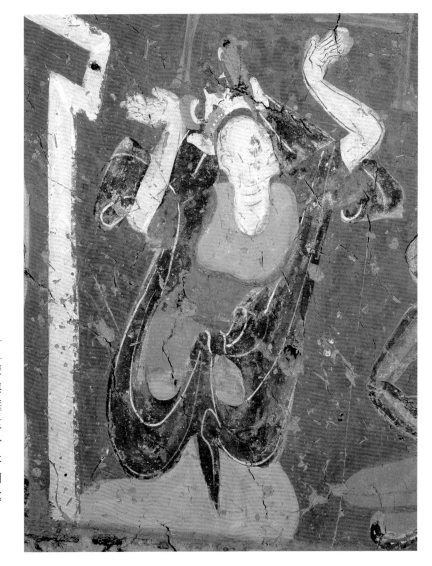

40　悲號的少女

少女見沙彌自殺，既悔又恨，高舉雙
手，大聲呼叫，嚎啕痛哭。她的哀傷與
第二節的薩埵太子本生故事畫中的薩埵
母后截然不同，王后輕撫兒子屍體，哀
傷悲慟而無淚，更無與國王和王后身份
不合的失態哭號。兩者的情態，均合本
人的身分、經歷，在共性中尋找出她們
各自的個性，畫家刻畫人物的高超之處
即在於此。

北魏　賢愚經·沙彌守戒自殺品
莫257　南壁

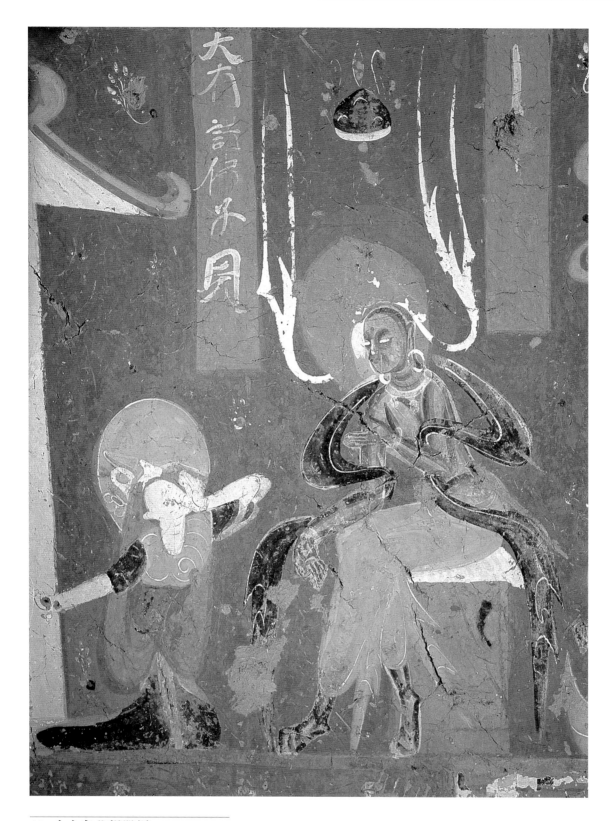

41 少女向父親哭訴

北魏 賢愚經‧沙彌守戒自殺品

莫257 南壁

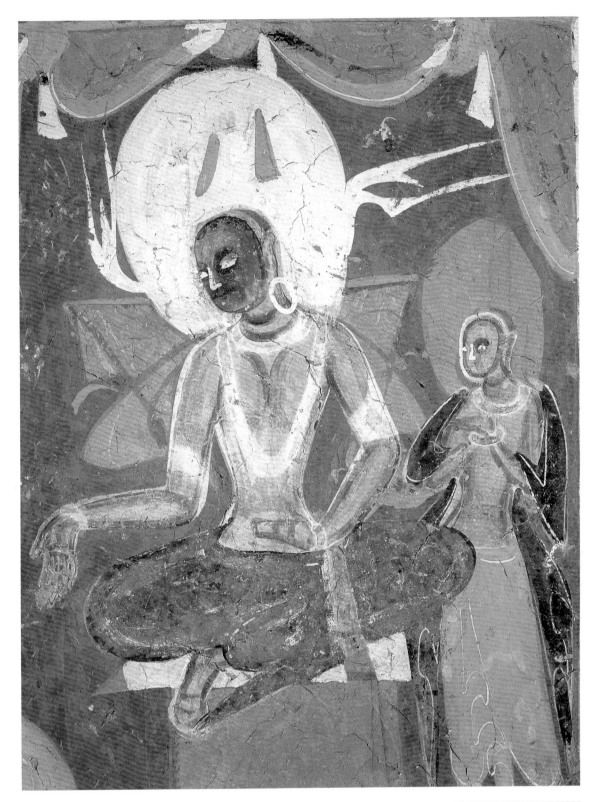

42 國王

國王面無表情，不苟言笑，似為保持王
者之尊嚴，或對佛之虔誠。

北魏 賢愚經·沙彌守戒自殺品

莫257 南壁

第四節　弘揚佛法　降服外道

　　佛經中關於佛教與外道之間的鬥爭，最後佛陀取得勝利，外道或皈依佛門，或狼狽逃竄的記載不少，目的在於宣揚佛法的無窮威力，說明外道的卑劣無能，以引導人們誠心向佛。本節所述的須摩提女故事，就體現了這樣的思想。

須摩提女因緣故事畫

　　新疆克孜爾石窟第205、224等窟均繪此故事。在莫高窟只有一幅，繪於北魏第257窟西壁和北壁。須摩提女因緣在幾種經書中有記述，本畫據三國吳支謙譯《須摩提女經》繪製。

　　故事說，舍衛國須摩提女篤信釋佛，夫家卻崇外道。新婚日，公公滿財請6000外道赴宴。須摩提女因道不同而拒不見客，並詈斥外道形裸狀醜，豬狗不如。滿財多方賠禮周旋才暫息外道問罪。他埋怨兒媳無禮，心氣難平；經友人指點，始知釋迦是正道，法力巨大。因此求兒媳請佛次日來赴宴。次日，釋迦先遣廚師攜炊具凌空而至；隨之，又遣神足比丘各施神通，變化出各為500數之華樹、青牛、孔雀、金翅鳥、七頭龍、琉璃山、鵠、虎、獅、馬、六牙白象騰空而來。最後，佛乘祥雲，在2000護從的簇擁下冉冉而降。盛大場

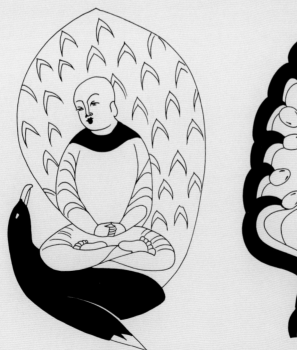
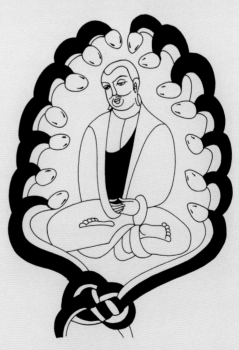

**克孜爾石窟第224窟須摩提女因緣故事畫的
羅雲及孔雀（左）、優毗迦葉及七首龍（右）**

面和無比神力，使6000外道驚服，或降或逃。舍衛國民和滿財一家皆誠服皈依而得正果。

莫高窟、克孜爾所繪均為連環畫，總體形式大致相同，但又各具意趣。兩畫都大量描繪弟子赴會的熱鬧場面。在克孜爾石窟第224窟，此故事畫僅以數畫作對比，這種畫面組成比莫高窟更具圖案的裝飾意味，畫中所繪的孔雀及七首龍似佛光背屏，輕盈而過；而白象及獅子則或似巨石柱礎，步履沉重，震地有聲，如萬鈞戰車隆隆而來。莫高窟的畫面極具動感，樹、山、禽、獸，風馳電掣，掠空而過，氣勢磅礴。青牛的憨實、孔雀的華貴、白鵠的雅潔、獅虎的勇猛、六牙白象的穩拙、琉璃山的凝重都各得其物性神韻。又，畫中外道受辱，揮手頓足，似乎不討得公道決不罷休。須摩提女則支頤臥床，不理不睬，毫不妥協。兩相對壘，氣氛緊張。滿財夾於其間左右為難，既要防止兒媳再出言無狀，又要低聲下氣勸慰糾纏不休的問罪外道，舉手投足都十分尷尬。可看出畫家已開始重視在事件的規定情節中描繪不同人物的情緒、性格和他們之間的相互關係，以及加強故事的戲劇性效果。

畫中的滿財、釋眾與外道形象各異。化乘的禽、獸雖圖案化，但卻生動通靈，各具物性特徵。

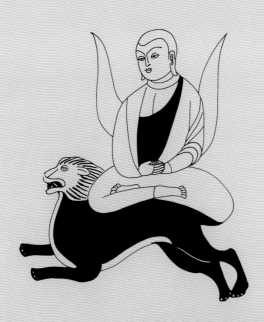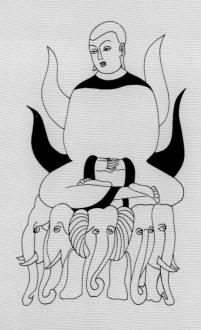

克孜爾石窟第224窟須摩提女因緣故事畫的
阿那律及獅（左）、大目犍連及白象（右）

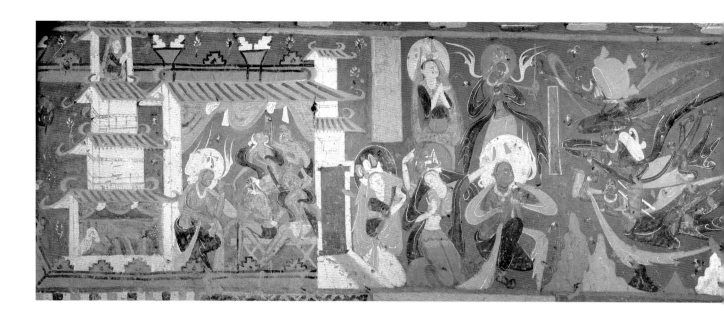

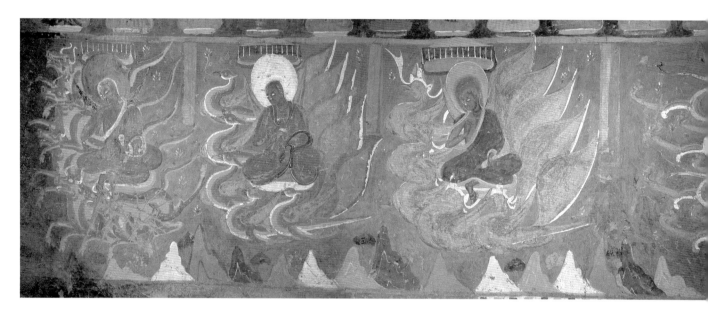

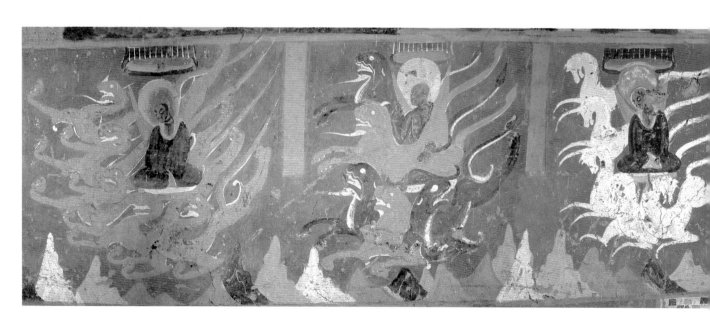

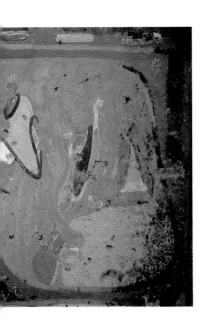

43 須摩提女因緣全圖

本故事採取連幅畫的方式，除開首（上段）繪須摩提女臥床拒見外道，滿財一家迎佛外，往後便是佛弟子及佛陀赴宴的場面，佔了全圖的大部分畫面。先是乾荼伙夫負鍋斧飛來，沙彌及500華樹。中段是般持及500青牛，羅雲及500孔雀，迦匹那及500金翅鳥，優毗迦葉及500七頭龍，須菩提及琉璃山，大迦旃延及500鵠。下段是離越及500虎，阿那律及500獅，大迦葉及500馬，大目犍連及500六牙白象，最後，佛陀在扈從簇擁下壓軸出場。

北魏　須摩提女經　莫257　北壁及西壁

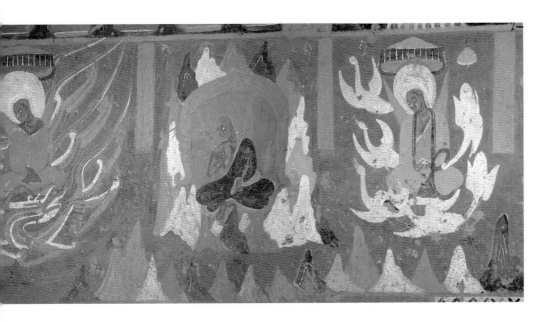

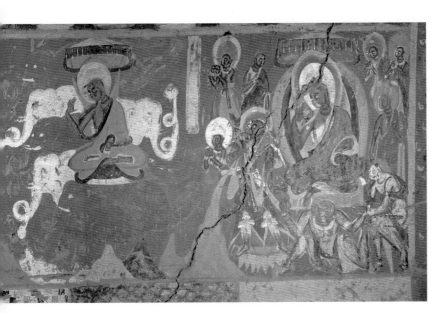

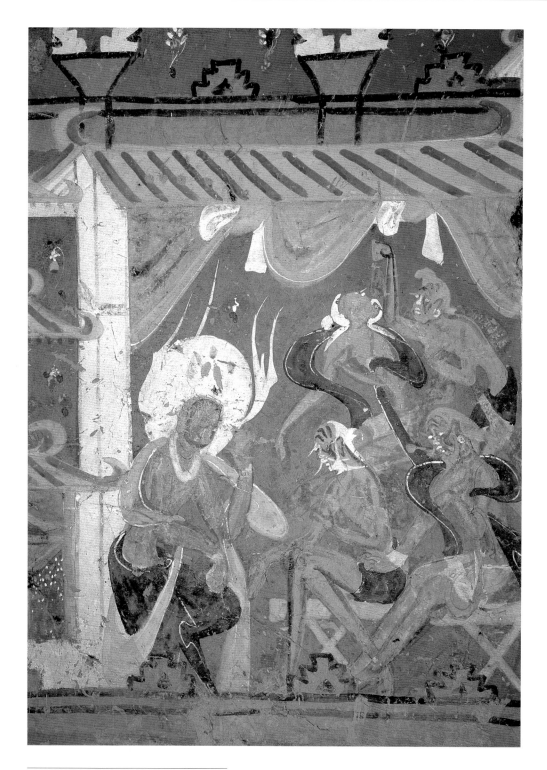

44　滿財長者安撫外道

前樓大廳中，滿財向外道賠禮道歉。在
佛經中，外道、婆羅門屬佛教的對立
面。畫中均以醜陋、怪異、詭譎、猥
瑣、揮臂踢足、大呼小叫表其形；以驚
愕、目瞪口呆、幸災樂禍、不可理喻寫
其神。

北魏　須摩提女經　莫257　西壁

45 須摩提女焚香請佛

須摩提女在最頂的樓閣焚香請佛赴宴。

北魏 須摩提女經 莫257 西壁

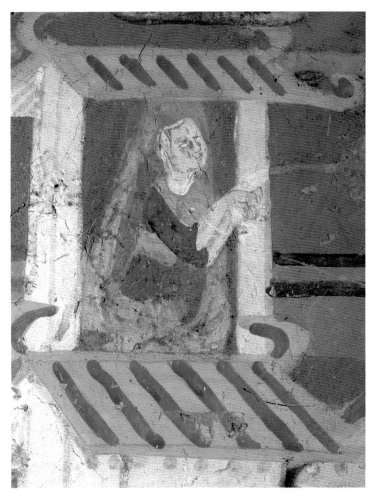

46 滿財長者及眾人迎佛

滿財、眷屬及舍衛國城民在門前守候迎佛。

圖中下排第一人為滿財長者，胡跪於地雙手合十，虔敬地仰望空中飛來的天人、羅漢、佛祖。其上二人，前者手持香爐，後者為持花供養之眷屬，恭敬迎佛。滿財身後著西域婦女裝之二人，似為年青眷屬，她們尚不失少女的無知與天真，突見釋迦弟子飛空而至，皆驚訝不已；兩人手指長空，前者回頭提示或詢問後者飛來的一批又一批釋氏高足，表露好奇、驚喜和歡欣情態。

北魏 須摩提女經 莫257 西壁

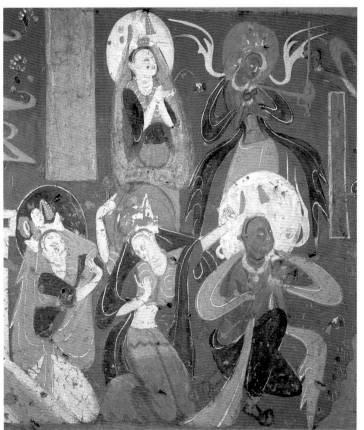

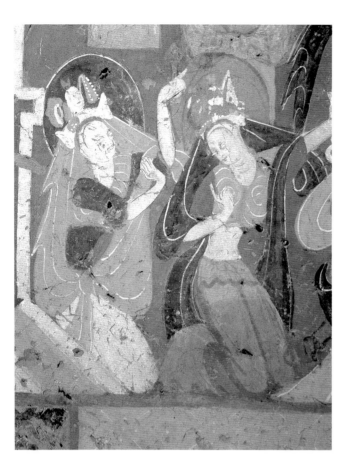

47　滿財長者的眷屬

莫高窟早期壁畫的婦女，多是身材修
長，體態婀娜，膚色白晰，形象類型
化。

北魏　須摩提女經　莫257　西壁

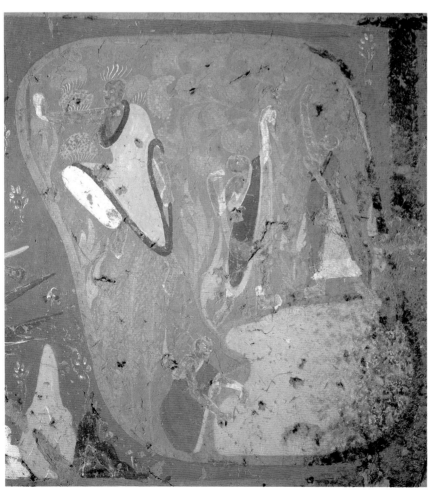

48　水池

圖中不規則長方形中，右下是雪山水
池，池邊釋迦的最小弟子舍利弗的小沙
彌均頭在持衣浣洗。據滿財友人指點，
說池中因有雪山天龍，無人敢在池中汲
水，但均頭洗衣時，天龍竟恭敬侍立一
旁，可見佛神通廣大。水池上方大樹是
沙彌均頭變化出來的，前方一人即沙彌
均頭，後兩天人伸手於樹上隨意摘取生
滿的天花。

北魏　須摩提女經　莫257　西壁

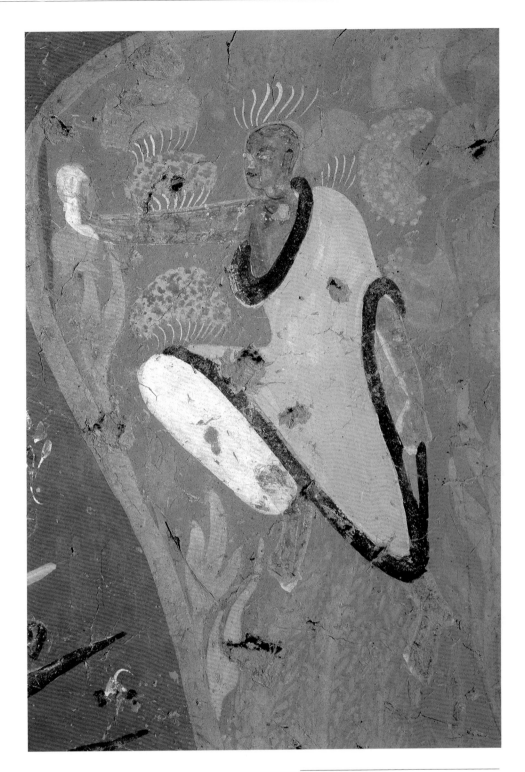

49 沙彌均頭乘樹來

北魏 須摩提女經 莫257 西壁

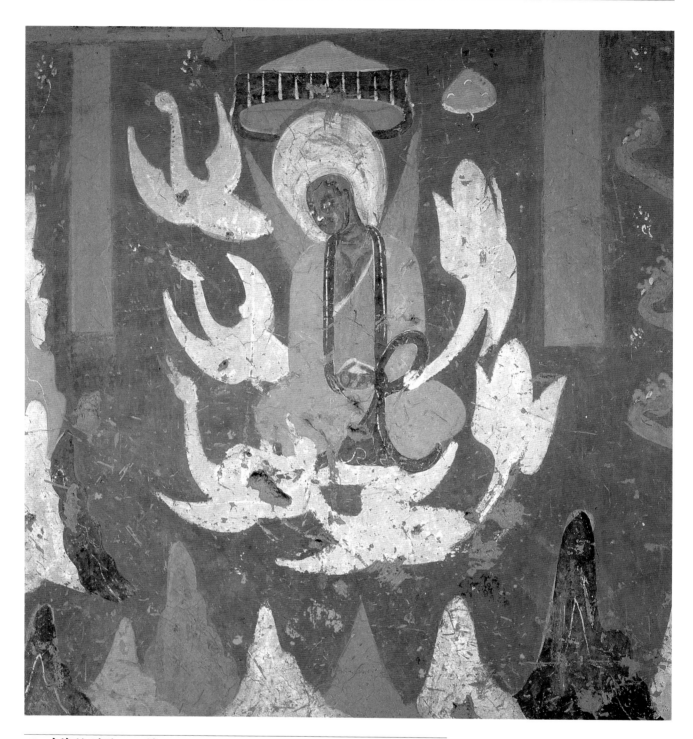

50 大迦旃延及 500 鵠

圖案式的構圖中，白鵠如身着白衣的天
女，環繞大迦延輕盈飛舞，緩緩滑行。
潔白的鵠有聖潔之意。須摩提女中所述
各羅漢所化乘的馬、龍、雁鵠、獅、虎
等都以5個代替500。在五百強盜故事中

也是以5盜賊代表500賊。在佛經故事畫
中大都以1代100。佛經所記是500隻白
鵠，這裏却以6個代表500，看來是畫家
為構圖之美觀而作此安排。

北魏 須摩提女經 莫257 北壁

51　阿那律及 500 獅

獅在佛教中代表勇猛。

北魏　須摩提女經　莫257　北壁

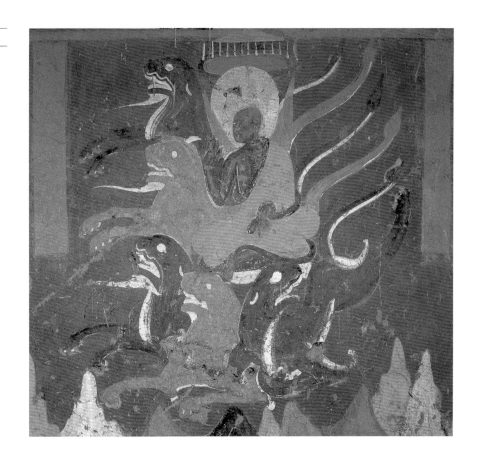

52　大目犍連及 500 六牙白象

佛教故事中所稱的六牙白象,在壁畫中
都沒有畫出六牙。在500白象行列中,有
一頭反其道而行之的小象,他依偎母象
裏行於象羣之中,但又難耐嚴整行列的
紀律。牠將象鼻挽兩個圈,鼻孔朝上,
這種天真頑皮的孩提稚趣,給整個笨
拙、嚴肅的大象方陣平添了幾分情趣和
靈氣。與克孜爾石窟第224窟相比,莫高
窟所畫帶有生氣,克孜爾所畫沉穩健
壯。

北魏　須摩提女經　莫257　北壁

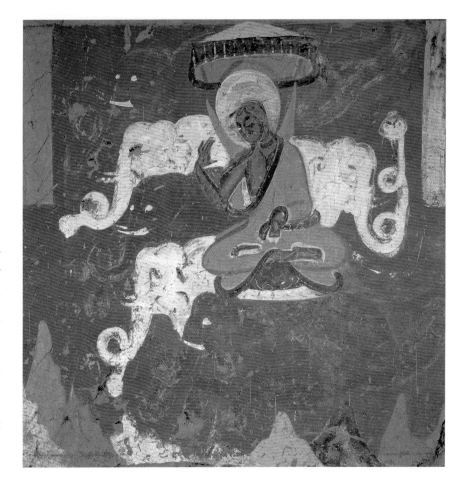

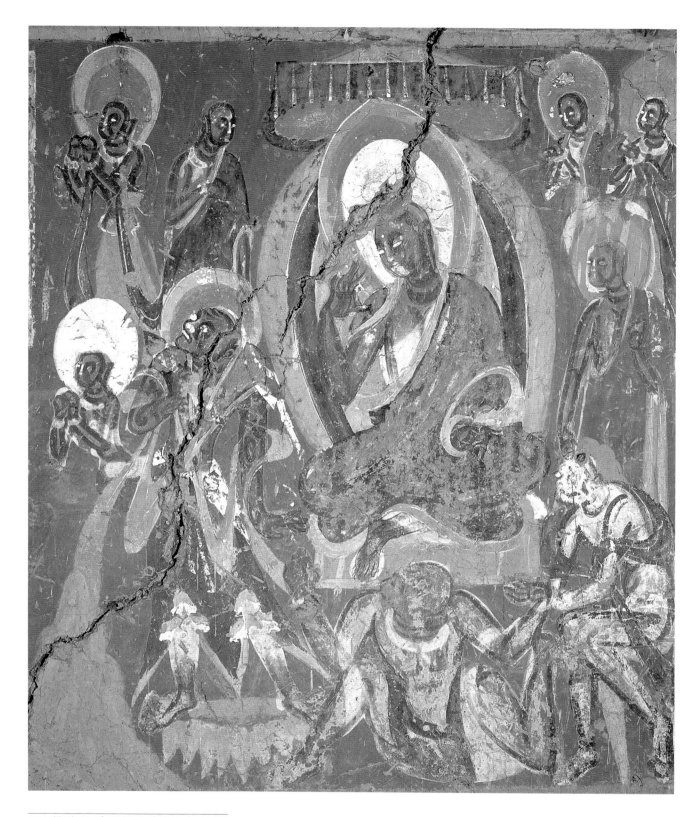

53 佛陀及扈從赴齋會

佛陀及隨行菩薩、弟子、天王、力士，
表情各異。佛穩重、端嚴，弟子循規蹈
矩，侍立於側。菩薩虔敬合十前行，天
王雄健威武，力士承座侍佛，都表現了
各自不同的身份。

北魏　須摩提女經　莫257　北壁

第五節　歌頌善良　貶斥貪邪

施恩行善必得好報，忘恩為惡必遭嚴懲，這是佛教宣揚的重要思想觀念。本節所述的九色鹿本生故事畫，就是凸現這一主題思想的美麗動人的佛陀本生故事畫。

九色鹿本生故事畫

敦煌壁畫中僅在北魏第257窟繪有一幅九色鹿本生，是據三國吳支謙所譯的《佛說九色鹿經》繪製。此畫從內容、構圖、形象塑造、色彩運用方面都有獨到之處，是一幅繪工精妙、構思奇巧的童話畫，十分珍貴。

故事說若干世前，釋迦為鹿，毛有九色，角白如雪。一日，鹿在恆河邊遊玩，從水中救出一溺人，溺人感恩願意為奴，鹿婉拒，並囑溺人勿洩其行蹤。溺人應允而去。與此同時，該國王后夜夢九色鹿，要求國王獵鹿取其皮角為衣飾。國王出重賞獵鹿，溺人貪財，引王師前去。此時九色鹿熟睡未醒，而王師已重圍數匝，張弓拔弩，引箭待發。九色鹿臨危驚覺，迅速跑到國王前跪地叩頭。當知是溺人出賣自己後，鹿向國王陳述救溺人的情況，並怒斥溺人見利忘義。國王敬其德而罷獵，並詔示全國任鹿覓食，不得傷害。溺人出賣恩人而遭惡報，遍體生瘡，口出惡臭。國人都鄙視他。王后亦因未得鹿之皮角，恚恨而死。

在印度巴爾胡特（Bharhut）古塔的石欄楯柱上刻有屬於公元前150年此故事的圓形浮雕。中國新疆克孜爾石窟亦繪此故事畫。

巴爾胡特浮雕集多情節於一圖，情節是：1. 鹿救溺人。2. 溺人抬手指鹿、武士引箭待發。3. 群鹿奔逃。4. 鹿向國王跪地陳詞。克孜爾壁畫為單情節構圖，表現國王騎在馬上舉劍欲下，鹿俯首跪地。莫高窟壁畫是漢式橫幅連環畫形式。儘管在構圖上全然不同，但都緊扣故事重點，並在畫面中心部位表現故

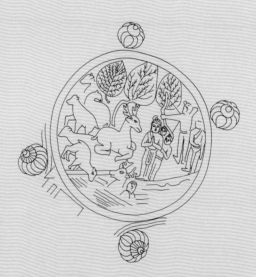

印度巴爾胡特九色鹿本生故事圓形浮雕

事高潮。巴爾胡特和克孜爾畫面，或引箭待發，或舉劍欲下，充滿危急感和緊張氣氛，給人千鈞一髮的懸念，都忠實地表現了佛經內容。唯獨莫高窟壁畫，既看不見刀光劍影，又聽不到箭嘯弦

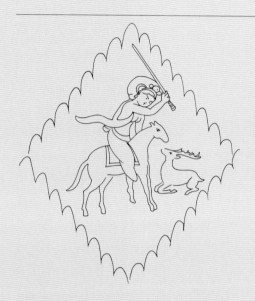

克孜爾石窟第175窟九色鹿本生故事畫

聲，而是主人公九色鹿面對國王，昂首直立，不亢不卑，慷慨陳詞。國王則以通情達理，慈憫眾生，主持正義的面目出現。這不能不說是漢地畫家結合漢地時代社會背景，對佛經內容總體精神的獨到理解。

由於故事中九色鹿救溺人、王后要國王取鹿皮角兩個情節是同時發生的。故此莫高窟畫家將它們分別畫於橫幅畫的兩端，讓情節的發展由兩端向中央聚集，從而把故事推向高潮。

這是一幅賦予人們一種特殊的審美情趣，昇華心靈的童話美的童話畫。故事中對九色鹿善良淳美的心靈，國王的慈悲和正義，溺人的忘恩負義遭報應生瘡，王后的貪婪冷酷等的誇張描述，本身就具有童話人物的性格特徵。九色鹿在恆河邊天真無慮遊玩，從河裏奮力救人的形象，表現了人性中的美與善；而在面對國王和武士的威力面前，她不像佛經中所說的卑屈叩拜，跪地陳情，而是昂首挺立，理直氣壯地陳述自己的功德並痛斥溺人忘恩負義，又表現了人性中不畏強暴與命運抗爭的一面。王后是畫家所塑造的一個性格鮮明的反面人物。雖然由於變色，無法看清她的面部表情，但是，從她的身姿手勢上，多少能領略到她是一個嬌媚而又自私並善於運用自己姿色、身份、權勢的美女。她身材修長，體態婀娜。在需要的時候，她能耍盡各種手段媚惑國王，以滿足自己的慾望，如畫中她媚態十足地將一手搭在國王肩上。當國王應其所求，並從溺人處得知九色鹿行蹤後，她裙裾下露

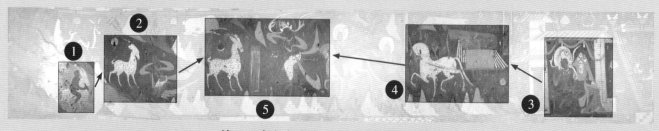

第257窟九色鹿本生向心式構圖示意圖

出了腳，兩手的中指食指點點輕叩，似乎九色鹿定將被獵取，鹿皮、鹿角勢在必得。一叩指，一點腳，就將她洋洋自得之情形之於表，沾沾自喜之態露之於神，其靈魂的驕劣醜惡，暴露無遺。畫家描繪物性傳神精要，皆見於細微處。又，畫中黑、藍、白三匹駿馬，不僅有中國古代畫馬喙尖腹細的特徵，而且蹄、腿、體、喙都有很大的想象成分，有別於現實中的馬。尤其是藍色的馬，在現實中根本就不存在。馬的腿蹄似無關節，但我們決不會認為它不是一匹馬，而且還會認為它是在人們幻想中的一匹追風駿騎，是一匹更矯健、更俊美、蹄筋富有彈性的千里駒。假若畫家再賦予它們兩隻雄勁的翅膀，它們定將凌空展翅，追風逐月，翱遊天際。畫中的屋宇、山石、花草，真實又不真實，似又不似；土紅底色壁面上，重疊起伏，連綿不斷的山巒和既像生於山石之間，又像穿行於晴空的飛螢流星的朵朵花蔓、野草，以及流淌於恆河的急流都給畫面增添了活力和生機。它們不僅填補了土紅襯底的空檔，而且給人以充分的想像而又神往的意境。總之，畫面上所描繪的情節、人物、神鹿、駿馬、清流、小山、飛花，所展示的是一幅抑惡揚善，歌頌心靈美，充滿愛心的童話畫。

這類童話性質的畫，在莫高窟不多，僅在晚唐五代時期的賢愚經屏風畫中有海神難問船人品故事畫、象護品故事畫等少數幾幅。但都不及九色鹿本生故事畫生動活潑，令人情抒意展，並引發人們對生活、對生命的熱愛，對善的追求，對惡的鄙棄。

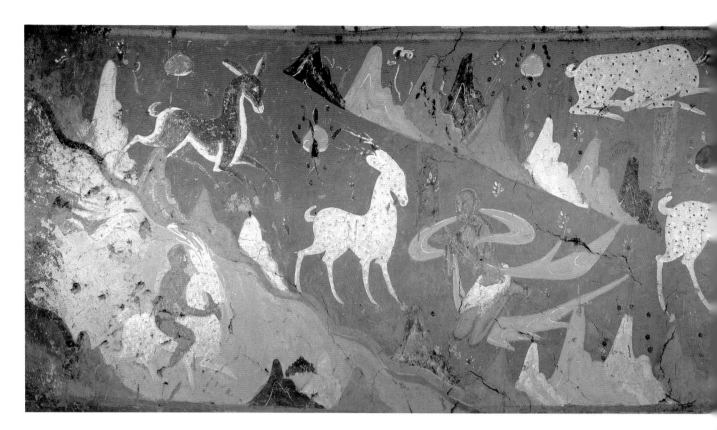

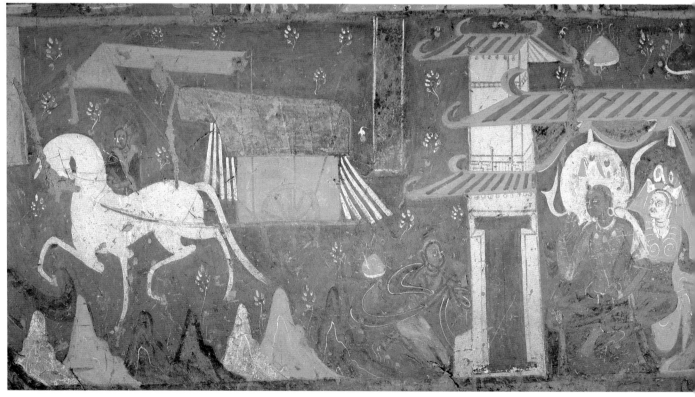

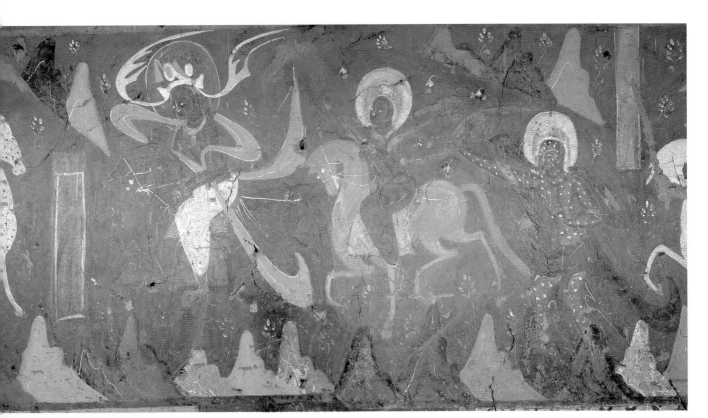

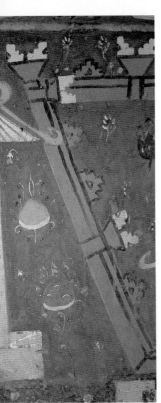

54 九色鹿本生全圖

故事最左面是九色鹿（已變為黑色者）在河邊跳躍遊玩，遇見溺人，讓他騎在背上脫險。在畫的另一端，王后在宮殿內要求國王獵鹿，溺人向國王洩露九色鹿行蹤，於是國王乘馬出獵。故事的結局繪於畫的中心，九色鹿向國王陳述溺人見利忘義，溺人則遭報應生瘡。

北魏　佛說九色鹿經　莫257　西壁

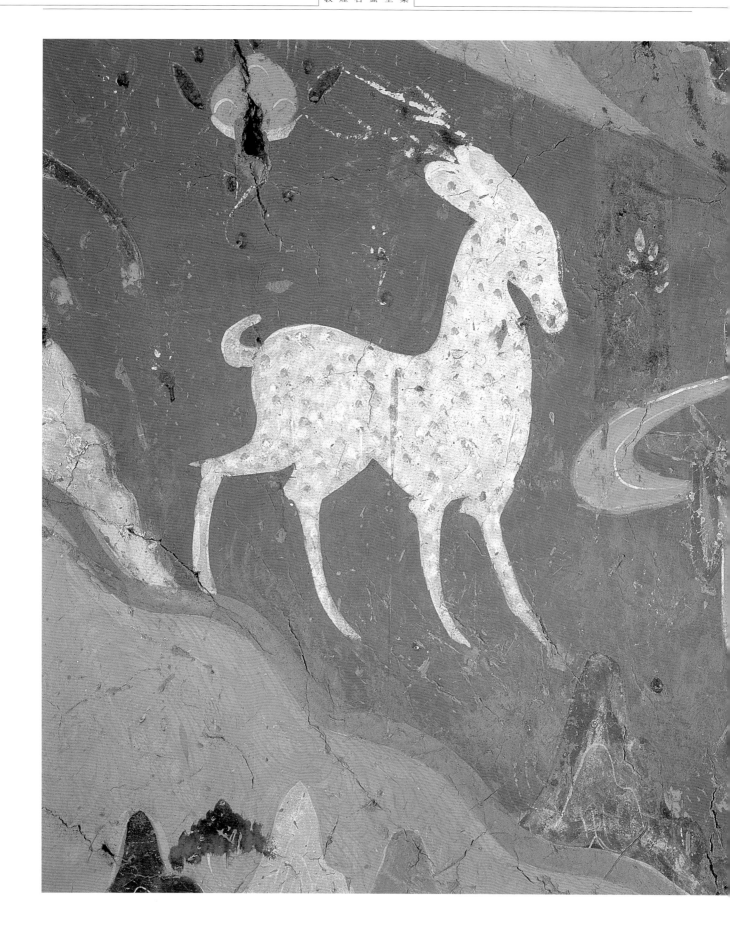

55 溺人跪謝九色鹿
九色鹿在恆河邊遊玩和救溺水人。
北魏 佛說九色鹿經 莫257 西壁

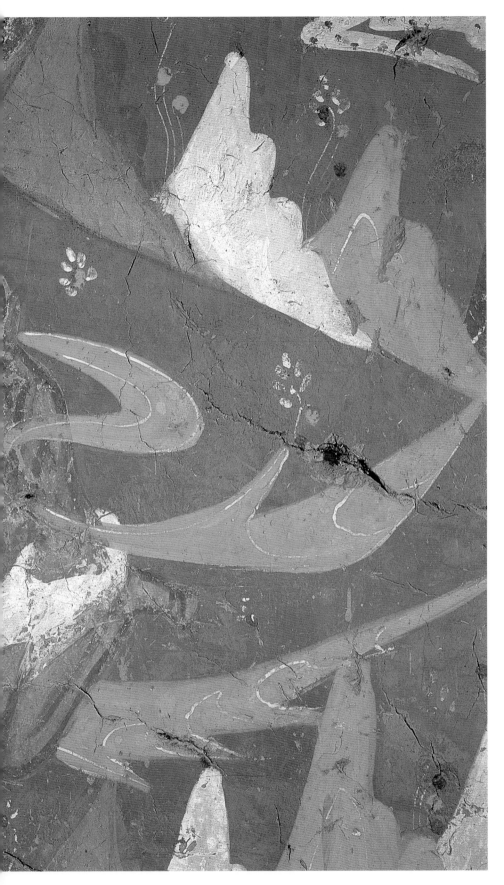

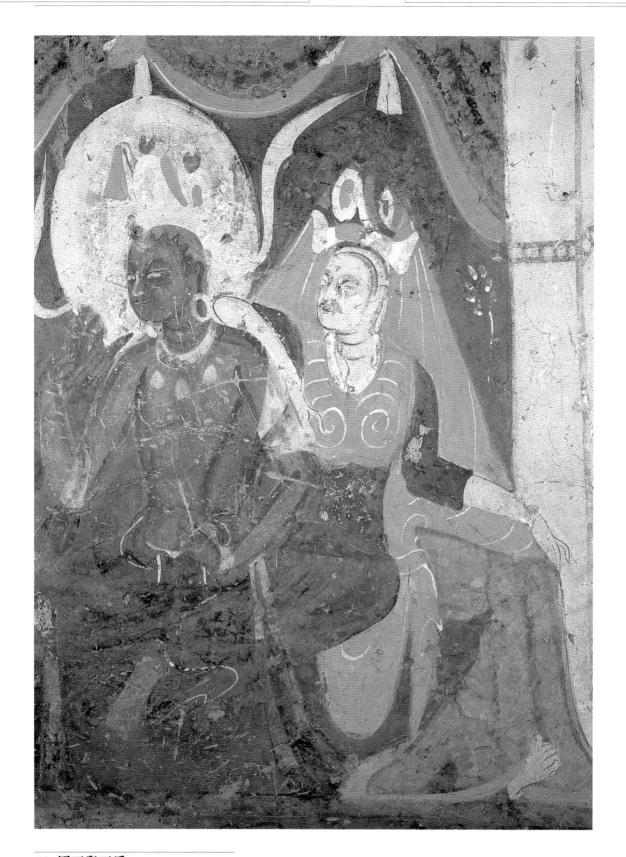

56 國王與王后

王后手搭王肩,媚態畢現。左手放膝
上,手指翹起,腳掌露出裙外,上下翹
擺,洋洋自得。

北魏 佛說九色鹿經 莫257 西壁

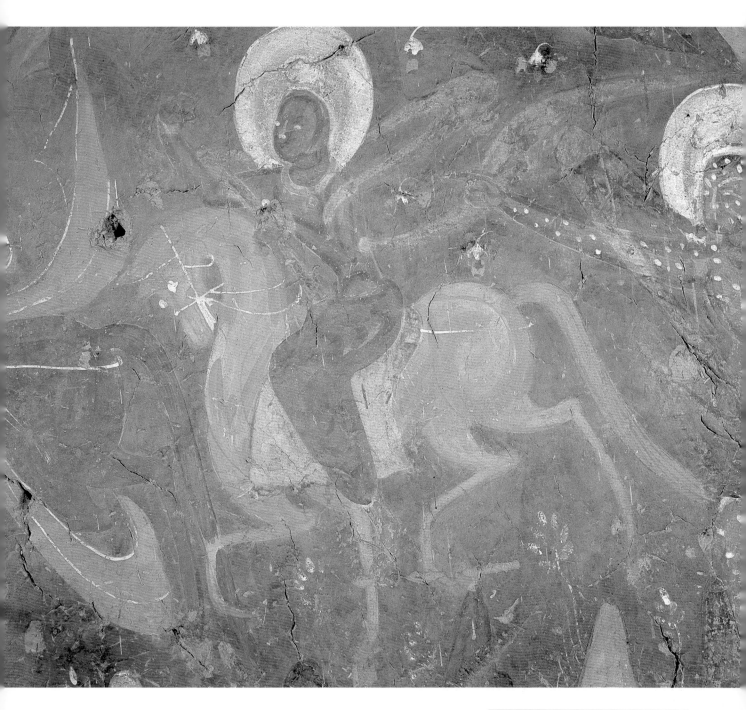

57　藍色馬

體形高大修長，喙尖腹細，彎腿細蹄，
似無關節，但卻筋骨勁健，富有彈力。
馬頭緊勒胸前，雙耳直豎，似在噴鼻刨
蹄，欲脫羈絆而昂首騰飛。雖經畫家圖
案化加工，與現實乘騎有異，但更具雄
俊、矯健的神韻，符合骨氣形似之道。

北魏　佛說九色鹿經　莫257　西壁

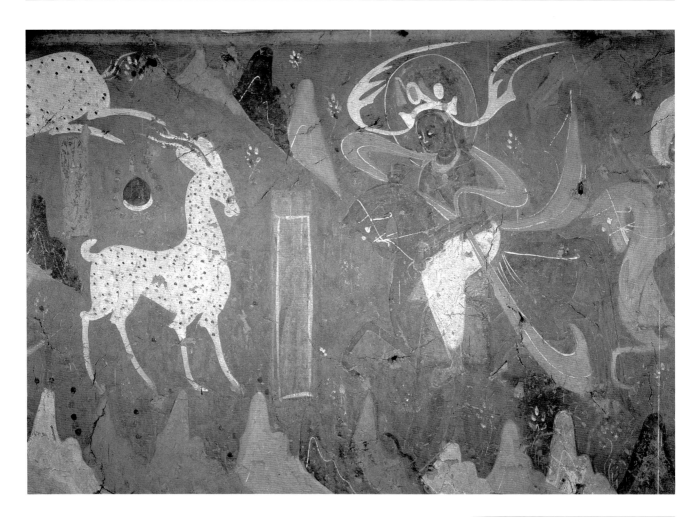

58 九色鹿直對國王

國王低眉俯首傾聽九色鹿陳述原由，表現出慈憫和關懷之情。九色鹿挺胸直立，毫無卑屈之態。

北魏 佛説九色鹿經 莫257 西壁

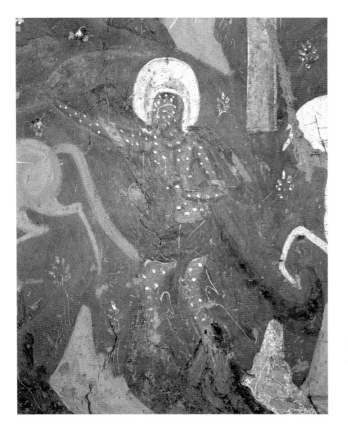

59 溺人遭報應生瘡

溺人抬臂，手指九色鹿所在，立即身長毒瘡(白點)遭惡報。

北魏 佛説九色鹿經 莫257 西壁

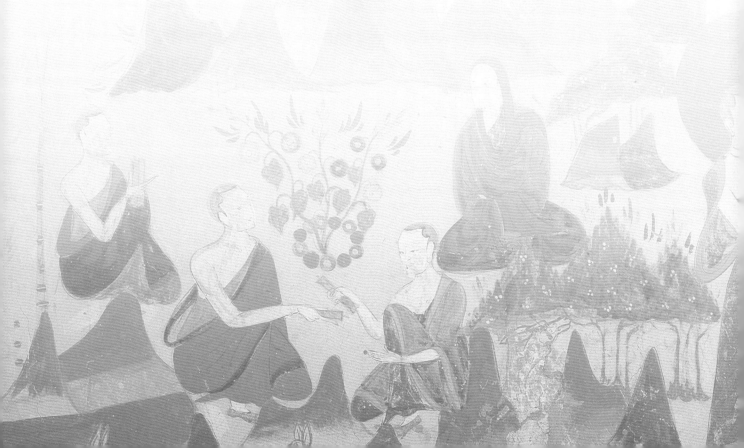

多種風格匯於一窟

西魏（公元525~556年）

序論 秀骨清像現敦煌

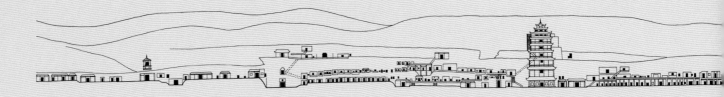

　　北魏孝昌元年（公元525年），宗室元榮任瓜州（敦煌）刺史，永安三年（公元530年），元榮被封為東陽王。這是敦煌歷史上第一位封爵最高的地方長官。永熙三年（公元534年），孝武帝被害，北魏分裂為東、西魏。瓜州歸屬西魏，元榮留任。恭帝三年（公元556年）宇文護廢恭帝，立宇文覺為閔帝，建立北周王朝。

　　東陽王元榮篤信釋佛，在敦煌多有寫經和開窟造像。據唐聖曆元年（公元698年）《李君修慈悲佛龕碑》記載，莫高窟早期的發展多仰賴東陽王"弘其迹"，並曾作為窟主在莫高窟"修一大窟"。

　　元榮從中原到敦煌，在其隨從中有大批中原的畫師、塑匠。風行於中原的南朝陸探微一派的秀骨清像、佈色淡雅、神情睿朗的畫風也隨畫師、塑匠來到敦煌，它與北魏傳承下來的西域畫風同時並存，且成為北魏孝昌元年到西魏滅亡這32年間莫高窟藝術風格的主流。敦煌學學者把這段跨越北魏後期和整個西魏時期的年代統稱為"西魏時期"，把這個時期的敦煌藝術稱為"西魏藝術"。西魏時期，莫高窟共建10窟。它們處於莫高窟羣中段第二、三層的最佳位置，多與北魏、北周窟毗鄰。其最具代表性的洞窟，首推位居第二層的第285窟。西魏時期的本生、因緣故事畫，均集中繪於此窟的南壁。

　　第285窟竣工於西魏大統五年（公元539年），此時元榮已去世2年。有關專家據此窟的型制、規模、年代題記及壁畫內容推斷，它是東陽王元榮在世時主持開工的"一大窟"。

　　第285窟為倒斗型窟。這是莫高窟首次出現的新窟型。此窟南、北兩壁各鑿4個禪窟，供禪僧參禪修習。窟中心有壇城，上刻陰文佛像等（已毀）。這種型制顯然是由漢族墓室型制轉變而來的，它具有坐禪、觀像、巡禮、朝拜的功能。此窟窟頂畫漢族傳說中始祖的人首蛇身、手執規矩的伏羲、女媧和道家神仙思想的混元宇宙，以及雨師、風神、雷公、霹電和朱雀、羽人、烏獲、開明等天體神靈。這正是南朝人士多以黃老道玄思想理解佛教和佛教藝術的典型表現。南壁繪"五百強盜成佛緣"、"沙彌守戒自殺緣"、"婆羅門聞偈捨身本生"等故事畫。此窟的壁畫藝術造型和技法，集中原南朝畫風與西域風格於

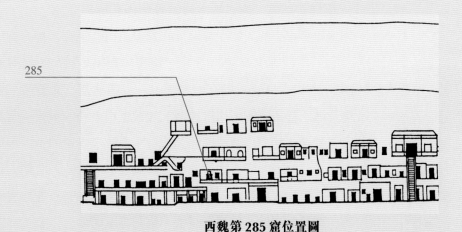

西魏第 285 窟位置圖

一窟。窟頂及東、南、北三壁，屬典型的中原南朝陸探微一派；西壁則屬西域
一派，只是人體和臉型略較敦煌北魏形象修長、清瘦。據專家分析，這種西域
風格，可能從東方的海路傳來，或受南朝"秀骨清像"影響而有所變形，故略
異於新疆傳來的西域畫風。總之，第285窟無論壁畫內容、人物造型、儀容風
度、內在氣質、畫面意境、文化內涵等各方面，都表現了兩種不同的思想和藝
術風格。

　　同時第285窟始建於東陽王元榮時期，竣工於其死後的大統五年，修建時
間很長。此窟初期的畫工屬西域畫派，續繪的畫工屬南朝畫派是可能的，故此
畫風不同。一窟之內，既有漢族傳統神仙思想的內容，又有印度早期婆羅門教
神祇，後被佛教統歸自己屬下的密宗內容，還有三世佛、七世佛信仰，更有阿
彌陀大乘經變，其原因是此窟窟主雖為東陽王元榮，但出錢繪畫者並非東陽王
一人，因此出錢施主想畫甚麼內容，畫工就畫甚麼內容，於是集多種內容、兩
種風格幾個畫派作品於一窟是不奇怪的，這種情況（尤其是不同繪畫風格）在
西魏其他窟，甚至唐代都是存在的。

　　第285窟的三幅本生、因緣故事畫，是三種構圖形式。五百強盜成佛緣故
事畫是橫幅連環畫形式；婆羅門聞偈捨身本生故事畫是多情節單幅畫形式；沙
彌守戒自殺緣故事畫則是新出現的構圖形式，它採取從上到下，又從下到上走

向的連續畫形式；這種新形式，對以後的故事畫創作有所影響。

這些本生、因緣故事畫中的人物，無論外在形象或內在氣質，都具有中原南朝人物的特徵。其外形瘦削、清癯、額寬、眉楞、顴突、頜窄，具有典型的"秀骨清像"特點。其內在氣質，則有南朝稽阮一派喝藥酒，尚清談，論黃老，辯玄機，放蕩形骸，落拓不羈，憤世嫉俗，超脱世俗事務的氣質；還具有洞悉人生一切的睿智神情。其中以婆羅門聞偈捨身本生故事畫中的帝釋形象及沙彌守戒自殺緣畫中的清信士向國王繳納罰金一圖最為典型。這個時期人物形象的塑造，還注重區別同一人物在不同情況下的不同表現，在五百強盜成佛緣故事畫中，盜賊們在撕殺、被俘、行刑、皈依、修行等不同場合、表情都隨當時的遭遇而異。環境，在這幅畫中，已不是靜止的道具，而是隨着情節發展而不斷變化，它給人物在規定情節中以較為典型的活動空間，使故事更具真實性。

還值得一提的是在當時那種動盪的社會狀況下出現這些故事畫，它所反映的佛教思想及教化功能都有其獨特之處。尤其是五百強盜成佛緣故事畫，更形象地表現了"人人皆可成佛"的思想和"逼引"之術，顯然是為統治者對盜賊強硬鎮壓與懷柔招安並用的兩手政策提供輿論環境。

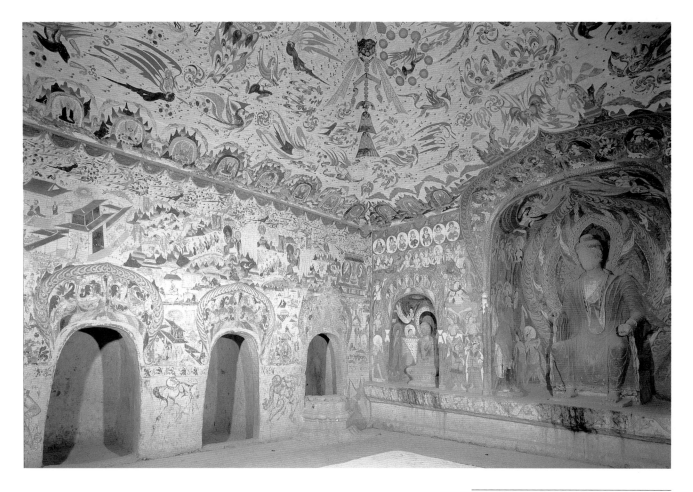

60 第285窟西、南壁

圖右是西壁，是本窟的主壁，佛龕內有
說法佛及脅侍菩薩塑像，並繪有火焰佛
光及供養菩薩。圖左是南壁，是本窟繪
有本生因緣故事畫的位置。

西魏 莫285

第285窟立體圖

本立體圖正面是第285窟的南壁,可見下
部有4個禪窟,高1米餘,北壁另有4個禪
窟。北朝修禪流行,禪窟是供修禪僧人
所用。本生因緣故事畫則供修行者作禪
觀,禪窟上繪"五百強盜成佛緣故事
畫",在4禪窟間及金剛力士圖像之上是
"沙彌守戒自殺緣故事畫",近西壁處則
繪有一幅"婆羅門聞偈捨身本生故事
畫"。

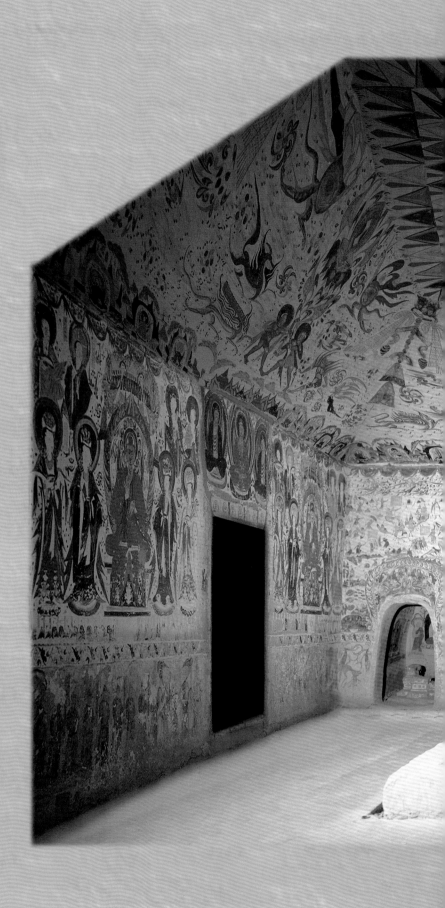

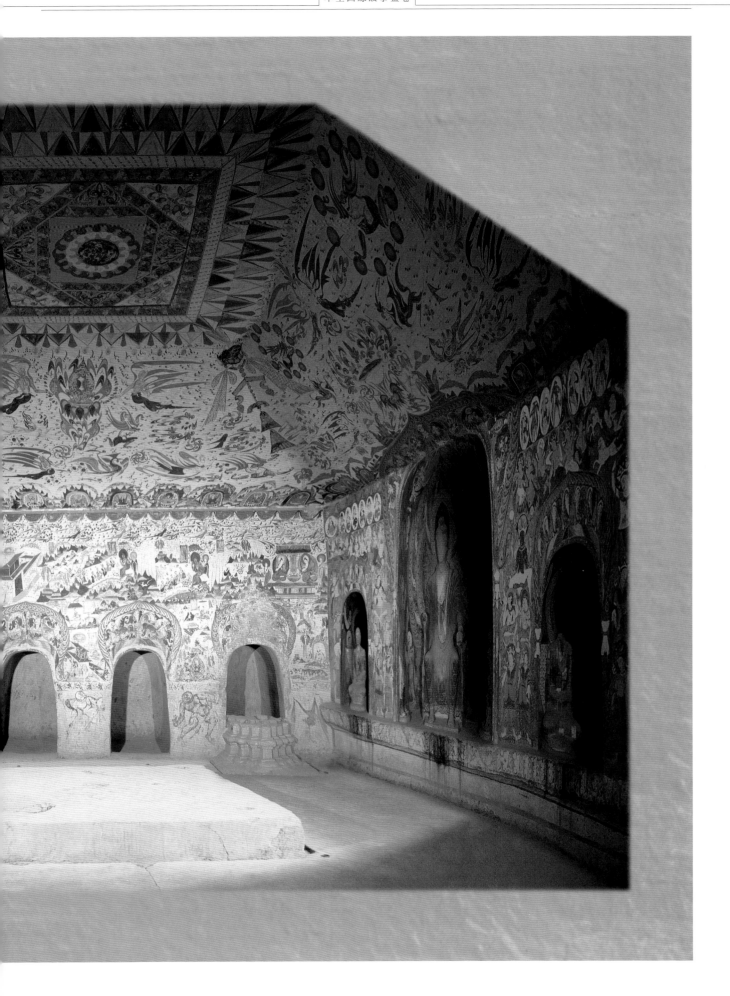

第一節　改惡從善　誠心向佛

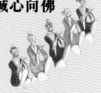

元榮任期內，河西地區盜賊四起，王路阻塞，民族矛盾加劇，內部紛爭不已。元榮在普泰二年 (532年) 所寫的《大智度論》題記中，乞釋佛"保祐"得滅"盜賊"。此時壁繪五百強盜成佛緣故事畫，就佛教而言，是為宣傳人人皆有佛性，皆可成佛的大乘思想。就世俗而論，則有緊密結合現實的不可低估的警誡作用。

五百強盜成佛緣故事畫

五百強盜成佛緣故事畫除莫高窟外，在中外各佛教遺迹中均未見刻繪。即使是莫高窟也僅有兩幅，故較為珍貴。

在莫高窟早期本生、因緣故事畫中，第285窟的五百強盜成佛緣故事畫，無論在構圖、形象塑造、環境配置以及藝術表現和思想內涵等方面，都達到了早期藝術的最高水平。此畫繪於南壁上段，長5米餘，高1米左右。據《大般涅槃經》〈梵行品〉繪製。

故事說，古印度憍薩羅國有五百賊"羣黨抄劫"，波斯匿王派兵征剿，擒賊審判，五百強盜遭剜眼挑目，放逐荒野。其中一賊念佛呼救，佛吹雪山香藥入他們的盲眼內，眾賊復明後立見佛陀。佛陀為他們說法後，五百強盜皆皈依佛門，潛心修行，成就阿耨多羅三藐三菩提（即無上正覺）而登佛境。

圖中以五人代表五百賊，故事情節從東到西繪官兵征剿，擒押盜賊返王城，審判，剜眼，深山呼救，復明皈依，佛陀説法，深山修行等畫面。故事主要情節表現完整，無一遺漏。每情節之間繪樹、石、竹等作間隔。

對於畫中的五百強盜的描繪尤見用心。在戰場上，面對數量和裝備都處於優勢的官兵，他們拼死相抗。被俘後，雖雙手被反縛，但仍桀驁不馴，不肯低首彎腰。行刑挖眼時，尚未受刑的二人，則腿彎膝屈，心情忐忑不安。放逐深山後，痛苦奔號。獲救後，雙手合十，胡跪懺悔。皈依後，意態虔誠，聆聽佛教。最後復歸山林，悍匪之氣全無，已是一羣禪心靜慮，潛思辯對，深究佛理的高僧。這種隨着情節的變換，勾畫人物的不同情態的手法，是莫高窟故事畫中的首創。

對於環境的描繪，五百強盜成佛緣故事畫也有新的發展。環境在這裏已不再是情節的點綴、裝飾或象徵性的道具，而是事件發生、情節發展、人物遭遇的真實現場——官、匪鏖戰在曠野，審訊盜賊在官衙，賊匪逐放在荒山，在柳竹之間皈依聽法，在幽靜山林修行悟道等等，都符合情節的需要。環境的典型性，增強了故事所述內容的真實性、可信性與感染力。而且，這種由曠野、府衙、荒嶺，到寧靜山林的發展，還隱喻佛教對人生及其歸宿所持的思想，即由鬧到靜，由爭鬥廝殺的險惡人世到離世索居歸隱山林，由入世到出世。畫中的環境已具有思想內涵和生命，是人們活動的依存體。

在五百強盜皈依佛門後，深山修行的場面，畫了兩種不同情況：一是結跏趺坐，靜修禪行；一是對坐爭辯，探究佛理。它反映了北重禪行、南重義理的偏頗局面，在西魏時期的敦煌已逐步變化的端倪。

西魏時代，雖然還沒有“放下屠刀，立地成佛”這句概括性很強的偈語，但是，“人人皆有佛性”的思想，早在大乘經典中已經反映出來。記載“五百強盜成佛緣”故事的《大般涅槃經》就具有這種思想內涵。人們在“五百強盜成佛緣”故事畫中，提前幾百年形象地領悟到了“放下屠刀，立地成佛”的思想，形象地反映了鎮壓與懷柔的兩手策略。

莫高窟北周第296窟南壁下段亦繪此故事，畫面橫貫全壁，與第285窟情節基本相同，但描繪的重點各有不同。第285窟着重於得救、聽法和修行，約佔全畫1/2。第296窟則着重於發兵、征剿、行刑，超過全畫3/4，而聽法、修行等畫已被擠到畫尾不起眼的位置。前者鎮壓與懷柔兩手並用，後者則更多地是顯示皇權與武力。從佛經原意看，第285窟更符合經義和“逼引”之術，第296窟則重“逼”而輕“引”。不過，各時期統治集團的實力、策略不同，弱時以“引”為重，強時則“逼”為先，這是無數史實所證明的。

五百強盜成佛緣故事，除《大般涅槃經》及《報恩經》有記載外，在東晉法顯的《佛國記》及唐玄奘的《大唐西域記》中亦有記載，兩書所載大同小異，均謂曾在印度見五百賊復明時，將盲人杖棄於地而生長起來的樹林，當地人稱之為“得眼林”，視為佛教遺迹。

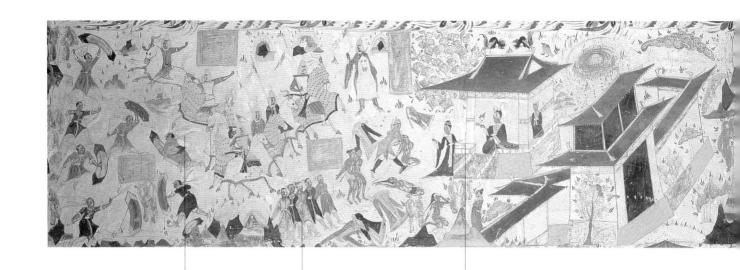

五百強盜被俘，
押解於途

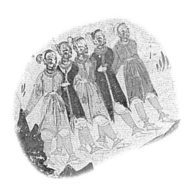

官兵征剿五百強盜

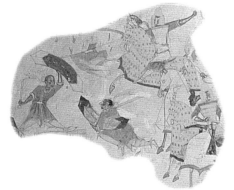

審訊、行刑

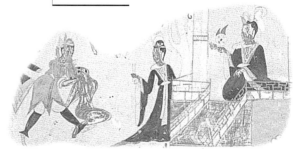

61　五百強盜成佛緣全圖

本故事由左至右共7個情節，各配以不同
場景。前部是征剿和行刑，後部是強盜
皈依，各佔畫面的一半。強盜於深山得
救及修行的部分，符合佛經原義。

西魏　大般涅槃經·梵行品　莫285　南壁

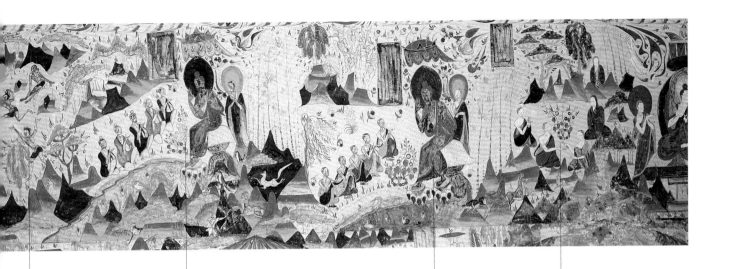

五百強盜復明，
跪佛皈依

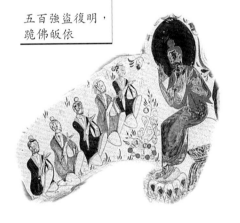

五百強盜於深山修行

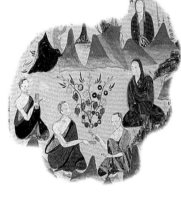

五百強盜落髮，
着袈裟聽法

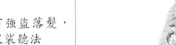

五百強盜放逐深山

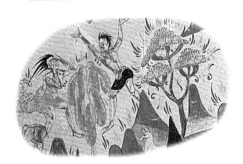

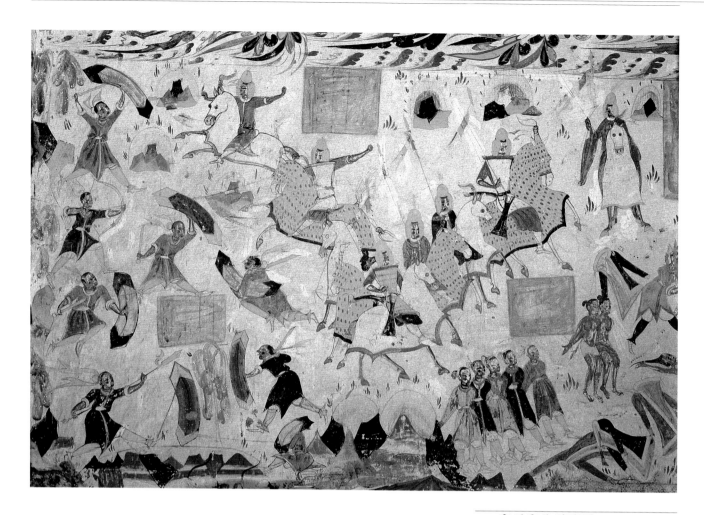

62 官兵與盜賊鏖戰

圖中官兵着鎧甲，軍馬披裝具，五百強盜着短裙靠衣，一手拿盾牌，一手執刀戟，正展開廝殺。

西魏 大般涅槃經·梵行品 莫285 南壁

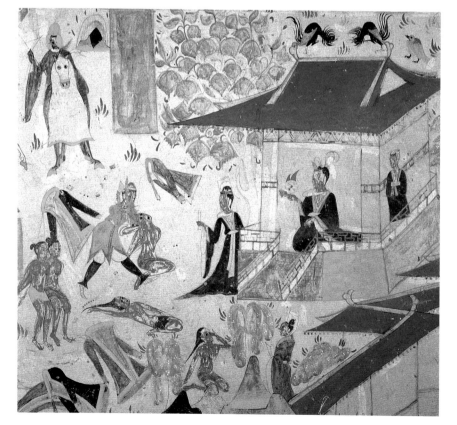

63 審訊、挖眼

在經中雖並未説由誰主持審訊。古代印度都是小邦國（城國），沒有縣令、府尹等官，一切都由國王親自審理。國王坐殿上，殿下王臣指揮行刑。兩人已被挖眼，一人正在受刑，兩人雙手反縛，等待受刑。

西魏 大般涅槃經·梵行品 莫285 南壁

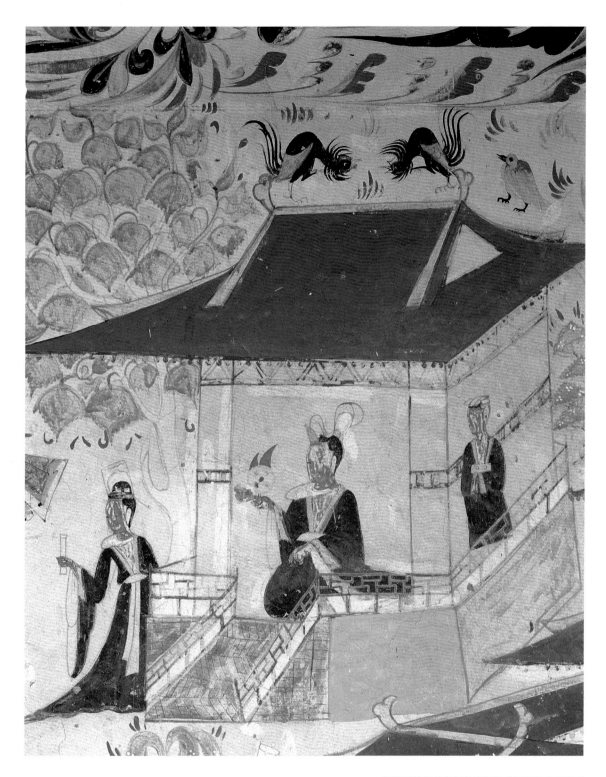

64　殿堂

西魏　大般涅槃經・梵行品　莫285　南壁

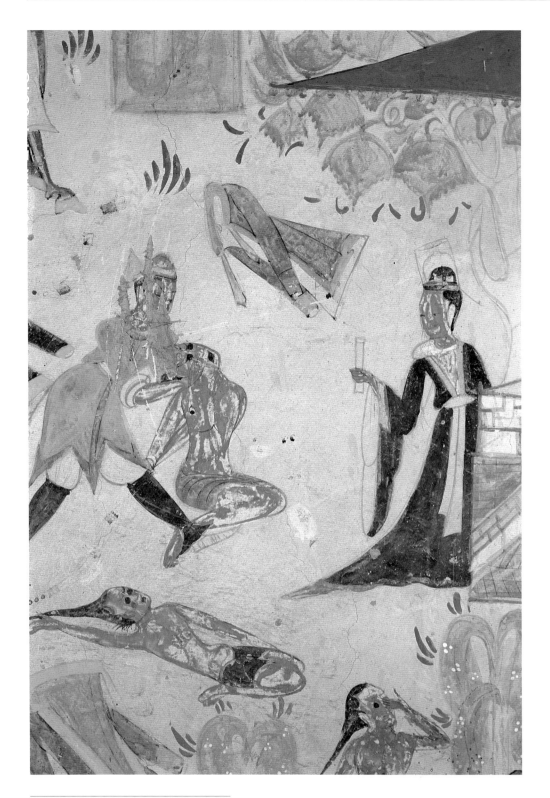

65 王臣及已被挖眼的二盜

已被挖眼的強盜躺於地上，在他的頭髮
上面擺着已挖出的眼珠。
西魏 大般涅槃經·梵行品 莫285 南壁

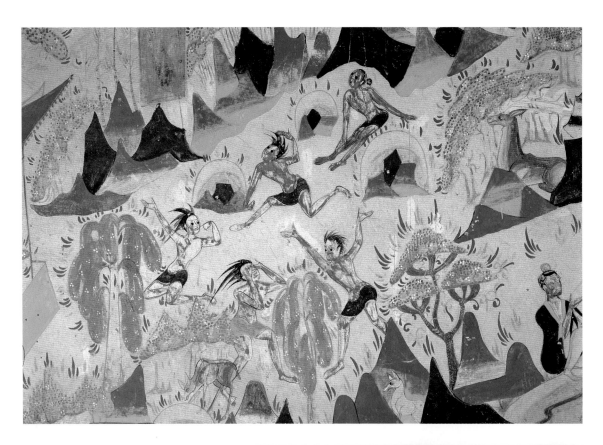

66 五百強盜被放逐深山

圖中群山環繞，深山中五百強盜或奔走
呼號，或絕望地坐於地，左面的強盜跪
地舉一手求佛拯救。

西魏 大般涅槃經·梵行品 莫285 南壁

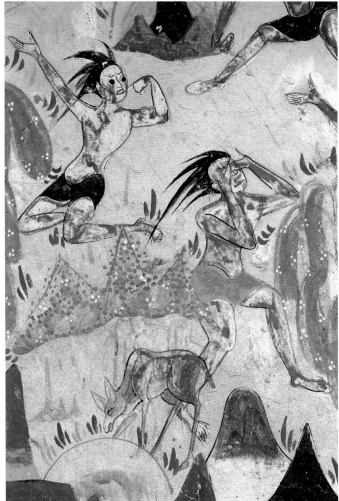

67 放逐深山的兩強盜

後一人跪於地，兩眼無珠，舉手號哭。
前一人捂眼號叫。

西魏 大般涅槃經·梵行品 莫285 南壁

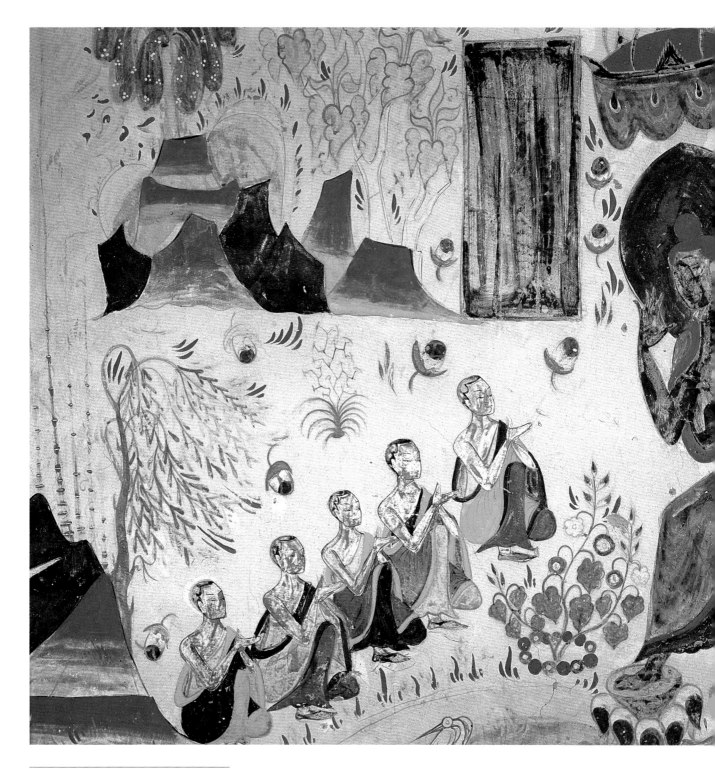

68 聆聽佛法

圖中強盜已身穿袈裟,落髮為僧,雙手
合十,十分虔誠地胡跪於地,聆聽釋迦
的説法。釋迦舉手講經,上身微向前
傾,顯示佛祖的關切與慈和。

西魏 大般涅槃經‧梵行品 莫285 南壁

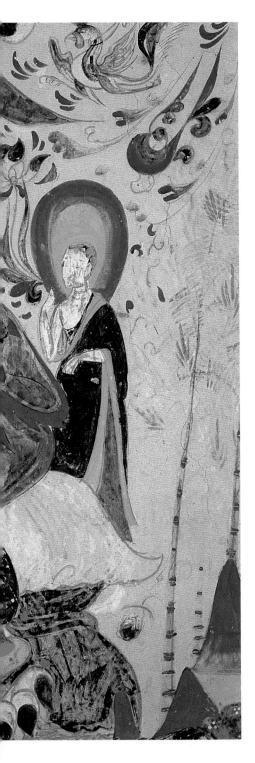

69 皈依後的強盜

這位已皈依的強盜正在聆聽教誨。他胡跪於地，意態虔誠，已毫無盜賊匪氣。此人形象是典型的"秀骨清像"。

西魏 大般涅槃經·梵行品 莫285 南壁

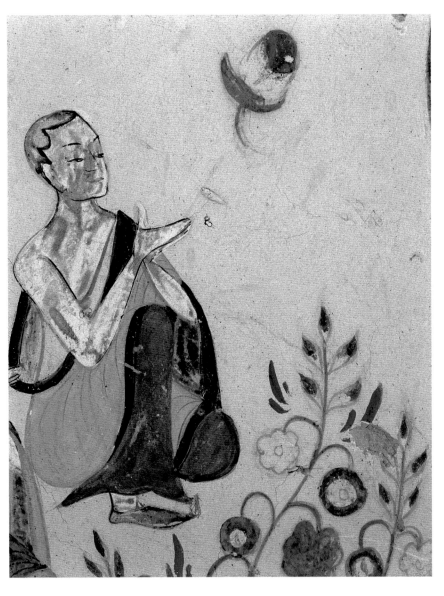

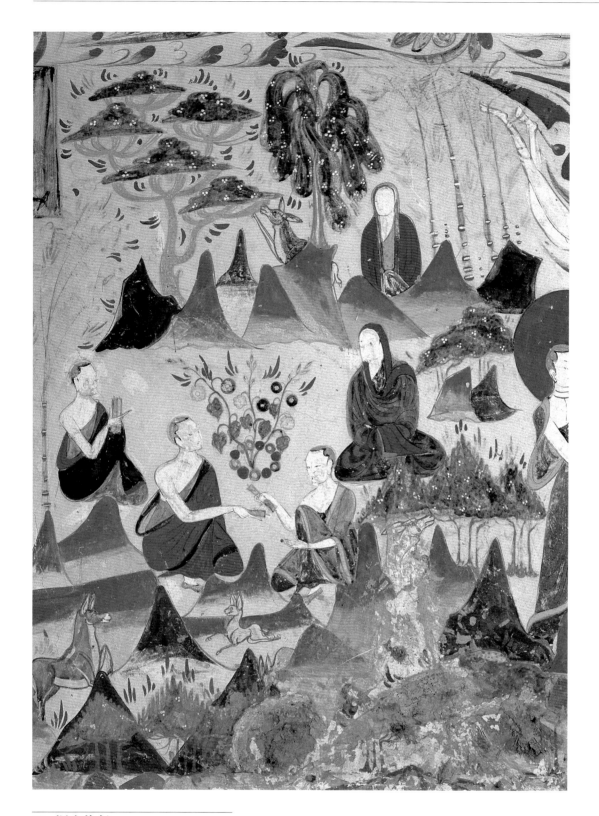

70 深山修行

圖中翠竹楊柳，一片祥和景象；二人坐
禪，二人對詰，一人思慮，表現強盜皈
佛後誠心修煉的場面。上部靜坐禪者的
右側有鹿伸頭食樹葉，而圖下小鹿奔向
母鹿，都表現畫家在靜(圖上方)與動(圖
下方)烘托上的用心。

西魏　大般涅槃經．梵行品　莫285　南壁

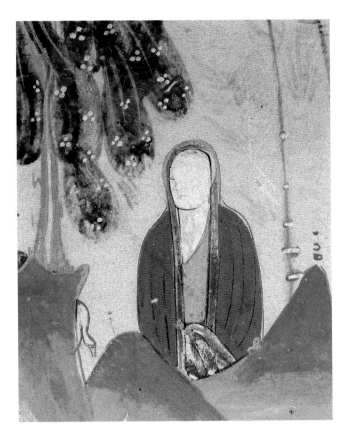

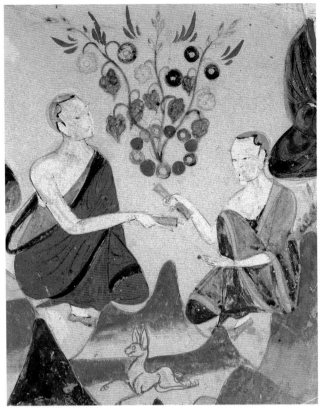

71 靜修禪行
西魏 大般涅槃經·梵行品 莫285 南壁

72 對坐詰辯
二人以手相指對坐相問,辯論佛理,表
現強盜皈佛後虔心修煉的場面,也反映
了開啟禪理並重局面的端倪。
西魏 大般涅槃經·梵行品 莫285 南壁

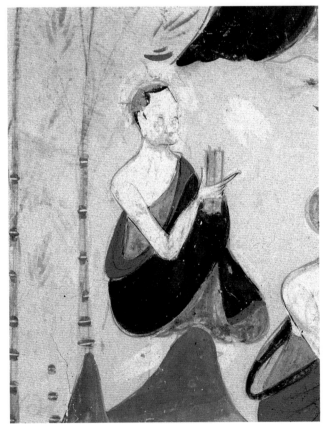

73 思慮佛理
此人手持經卷,凝思佛理。
西魏 大般涅槃經·梵行品 莫285 南壁

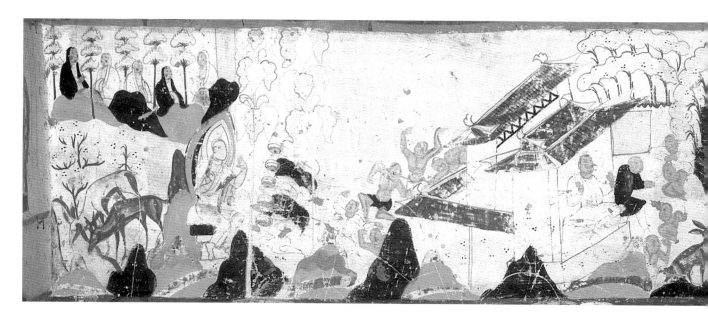

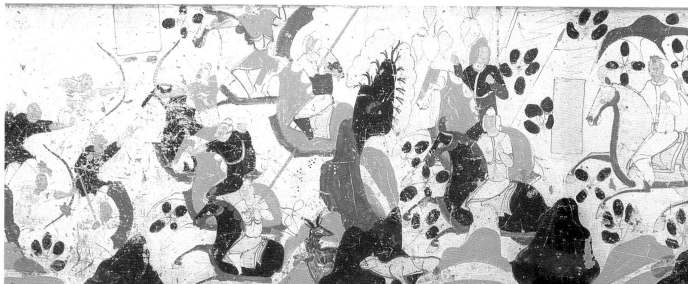

74　五百強盜成佛全圖

繪於北周第296窟南壁中段，與北壁的須
闍提太子本生故事畫相對。此窟所繪與
第285窟的相比，其構圖、人物形象塑
造、情節安排及繪畫技法均遜一籌。

北周　大般涅槃經・梵行品　莫296　南壁

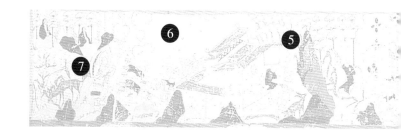

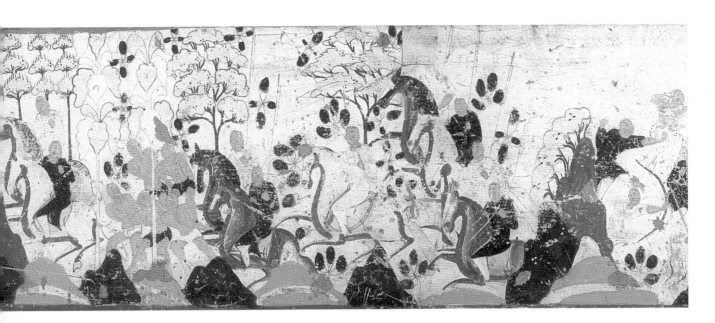

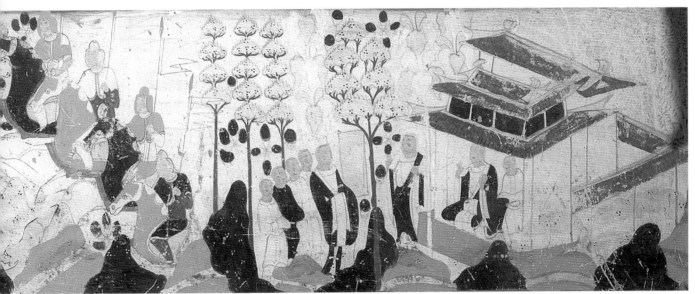

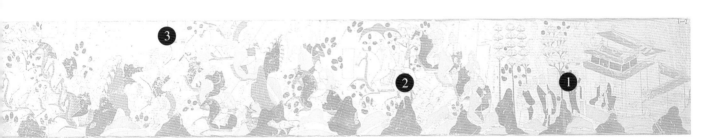

情節分佈圖

情節 (1～6) 描繪軍隊征剿到強盜被挖眼放逐，佔據了畫面的絕大部分，只有情節 (7) 為強盜得救及皈依修行。

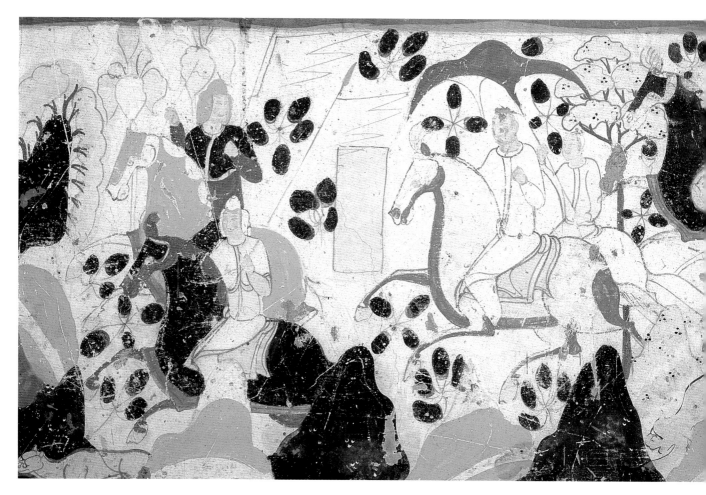

75 官兵征剿

將領率軍出征、頭戴盔、身着甲、回首
號令軍隊。其下着白盔甲者為其扈從,
其後數騎為校尉士兵,服飾亦各有不
同。隊伍整齊、威武。此圖的乘騎已顯
壯實,喙尖而腹不細,與九色鹿中的馬
匹大有區別,更接近於現實。馬頭、頸
胸及腿部都有深色或淺色暈染的粗綫,
隋代畫馬即承襲此法。

北周　大般涅槃經‧梵行品　莫296　南壁

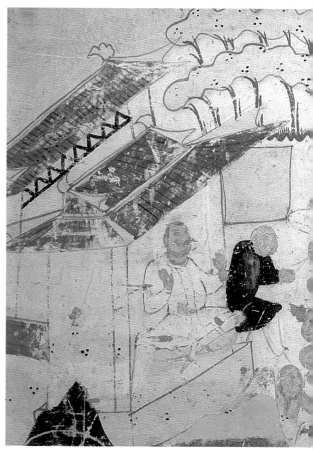

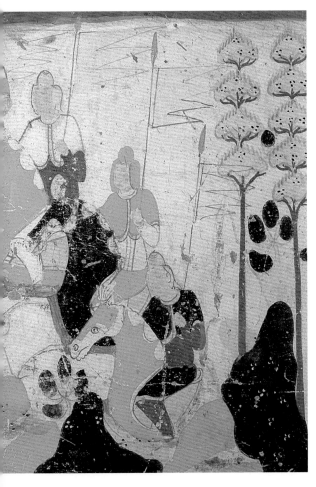

76 強盜遭押解受審

強盜被擒，裸露上身，下穿犢鼻褲，反
剪雙手，由官兵騎馬押解。國王坐殿上
審問，執刑官正挑眼。下面的兩強盜已
被挑眼，一人舉手呼痛，眼眶為黑色，
表示眼珠已被挑出。

北周 大般涅槃經·梵行品 莫296 南壁

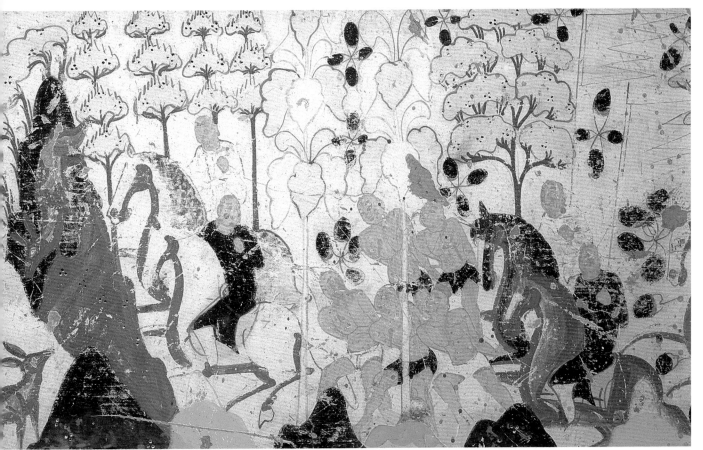

本生因緣故事畫卷

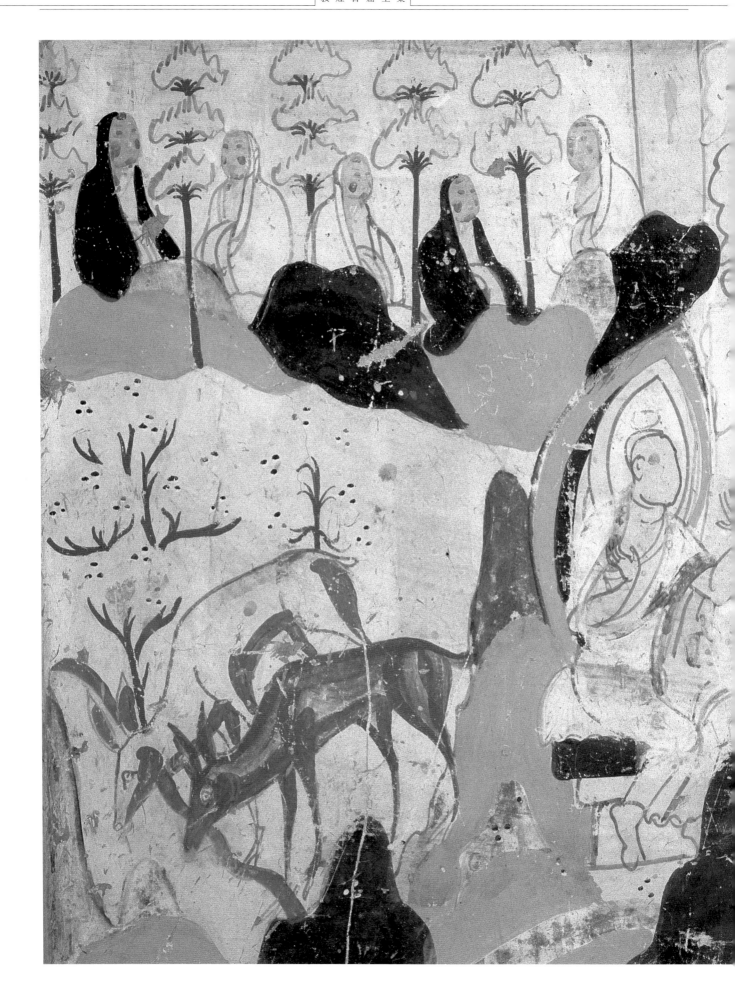

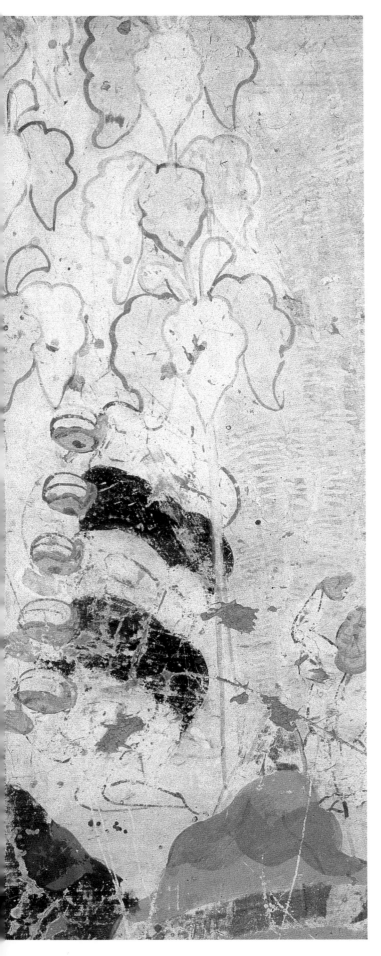

77　皈依修行

佛揚手説法，強盜匍匐於地皈依。強盜
於深山修行，相對靜坐，其下有兩隻黃
羊靜靜地吃草。山林安寧、平和，而兩
隻黃羊為畫面注入了一點活力。

北周　大般涅槃經‧梵行品　莫296　南壁

第二節　捨身聞偈　得證大法

本節所述是婆羅門為追求佛道而
捨身求法的故事。在古印度推行種姓
制度，社會人羣分為四種姓：婆羅門
（僧侶）、刹帝利（武士）、吠舍（農
民、工商業者）、首陀羅（下層勞動
者），另有一種為賤民（亦稱"不可
接觸的人"），處於社會的最底層。
婆羅門為四種姓之首，掌握教權、主
管祭祀、壟斷知識，享有種種特權，
是整個社會的精神統治者。當時印度
的社會觀維護嚴格的種姓制度，禁止
不同種姓之間通婚，每個人的身分從
屬父母及其所屬等級，永世不變；佛
教則以在自然規律面前，眾生有平
等、自由的權利反對之，對婆羅門主
張梵天創世説；佛教則以無常（世事
變化）、緣起（因緣條件）之説，反
對婆羅門。在當時，佛教的主張反映
了社會的進步思潮，得了多數民眾的
支持和信仰。

在佛經中，婆羅門多為佛教的對
立面，是陷害佛陀，危及佛教的邪魔外
道；在藝術上，多以怪異詭譎，嶙峋枯
瘦，醜陋粗鄙的形象描繪。但佛教也認
為，在婆羅門中亦有求正法、修正道
者，如佛陀的十大弟子中最小的弟子舍
利弗，就出身於婆羅門世家。本節所述
的捨身聞偈者，是釋迦的前生。它向佛
徒信眾表明，只要虔心皈依，即使是外
道亦可求得正法，修得佛果。

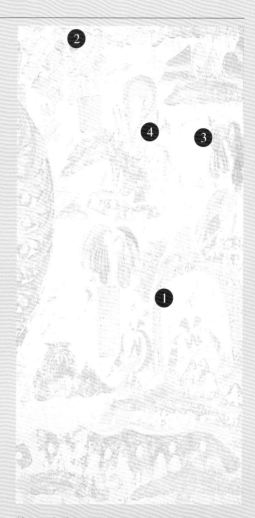

第 285 窟婆羅門聞偈捨身本生故事情節分佈圖
(1) 婆羅門結廬修行；
(2) 爬樹；
(3) 縱身；
(4) 帝釋張雙手接婆羅門。

婆羅門聞偈捨身本生故事畫

此畫繪於第 285 窟南壁禪窟最西
端，地位不顯，畫幅不大，約 1 平方米左
右。故事出於《大般涅槃經 · 聖行品》。

故事説，從前釋迦是婆羅門，在雪

山修菩薩行，欲得大法。帝釋想試驗他的意志，變羅刹（即惡鬼，是佛教地獄裏的護衛）説了半偈佛語："諸行無常，是生滅法"。婆羅門大喜，求聞全偈。羅刹説，需以熱血肉供食方為他讀偈，婆羅門決心以身施食求半偈。羅刹遂説後半偈："生滅滅已，寂滅為樂。"婆羅門深悟法義，攀高樹縱身地上供羅刹噬食。此時，羅刹恢復帝釋原形，舉手接婆羅門於半空。婆羅門因捨身求偈而超越12劫，成阿耨多羅三藐三菩提。

此畫為長方形，情節以異時同圖的方式繪出。隋代第302窟窟頂本生故事聯幅畫中亦繪此故事，畫面簡單，只有婆羅門投身，羅刹伸雙手相接畫面。

這幅畫的帝釋形象，在個性刻畫上十分突出。圖中的帝釋仰望蒼天，舉臂向上，如一位落拓不羈、風骨飄逸、超凡脱俗的魏晉名士。這個帝釋形象，在南朝畫派的畫家手中，已超出了佛教所給予的承接婆羅門的內容，而賦予了更為廣泛而深刻的性格特徵和思想內涵。這種突出人物個性的的着意刻畫，與單純圖解故事的隋代第302窟的內容形象相比，就顯出了高低、文野的不同水平。

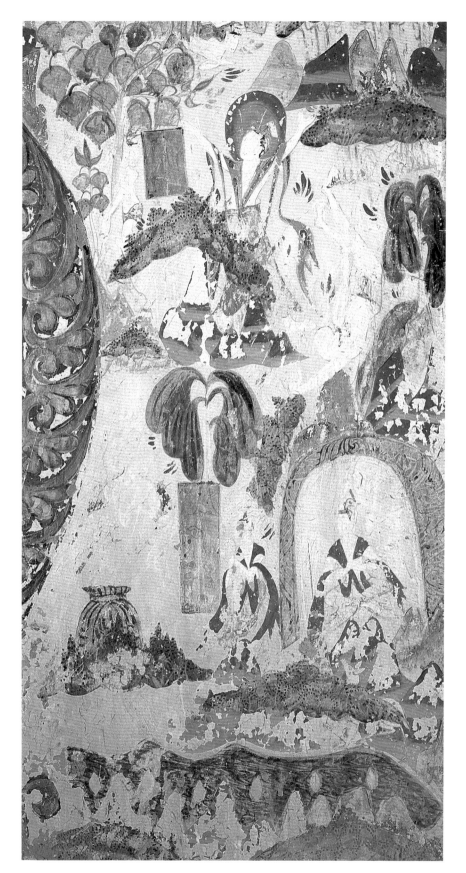

78 婆羅門聞偈捨身本生全圖

此故事畫繪於南壁禪窟最西端，畫面約
1平方米左右，情節簡單，圖中見婆羅門
結廬修行。廬外，婆羅門雙手合十求得
半偈。帝釋高舉雙手接從樹上躍下的婆
羅門。

西魏 大般涅槃經・聖行品 莫285 南壁

79 婆羅門結廬修行

婆羅門頭戴籠冠，交腳合十坐於草廬中。

西魏 大般涅槃經·聖行品 莫285 南壁

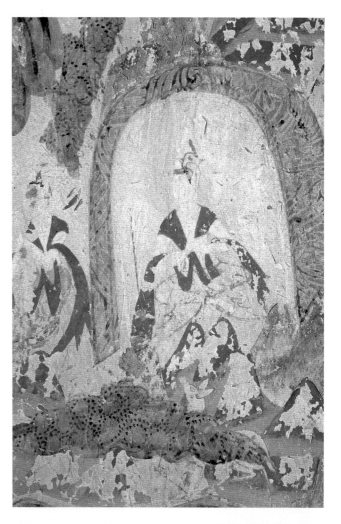

80 婆羅門捨身

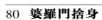

婆羅門攀緣樹幹，從樹上跳下，懸於半空。帝釋舉雙手承接婆羅門。圖中婆羅門雖去披帛衣巾，只穿短褲，但仍戴籠冠，是何原因，頗值得考究，或以此暗示婆羅門雖修行求法仍有高貴的種姓地位。又，圖中婆羅門懸於半空正往下墜，但卻不在帝釋伸手相援的空間，而是在另一側，這種手法，給人以進一步思考的藝術空間。帝釋則是一派南朝風流灑脫的名士風度。

西魏 大般涅槃經·聖行品 莫285 南壁

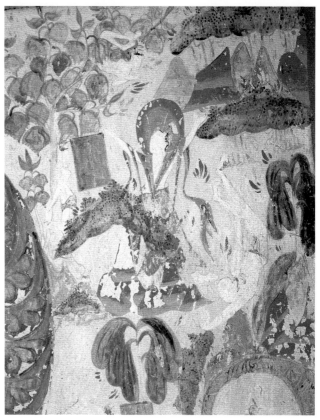

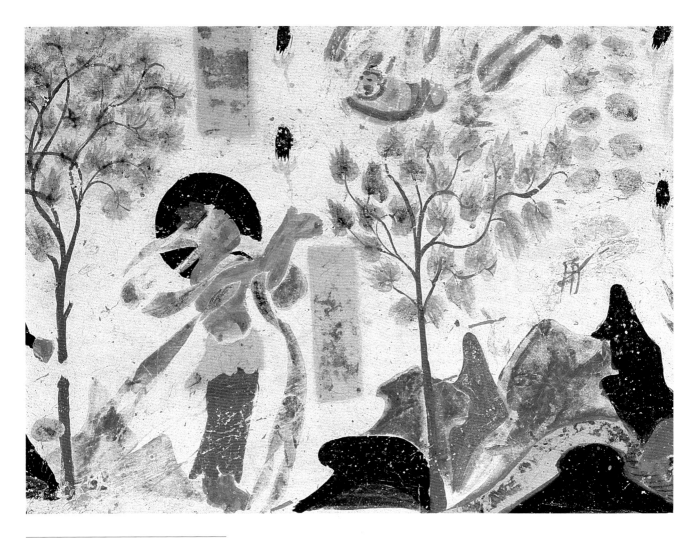

81 婆羅門聞偈捨身本生全圖

第302窟畫中婆羅門從樹巔跳下，帝釋伸
雙手承接。畫中無論人物形象，賦色暈
染都與西魏第285窟不同，兩者有強烈的
時代差異。

隋 大般涅槃經·聖行品 莫302 窟頂

第三節　守戒絕淫　竟至自殺

　　遠色止淫，是佛教的主要戒律之一。這時期在壁畫上出現沙彌守戒自殺緣故事畫，既是宣傳教義，但更重要的是，針對當時佛教徒淫風日熾的現實，重申這一佛理，警誡佛眾，要嚴守戒律，不要自毀自滅。

沙彌守戒自殺緣故事畫

　　本畫據《賢愚經·沙彌守戒自殺品》繪製於第285窟南壁四禪窟火燄紋佛光之間。

　　全圖共6個畫面，從東向西。這種由上到下，再由下到上的情節走向，是莫高窟故事畫中出現的新形式。北周、隋及晚唐、五代屏風畫中故事情節呈從上到下，從下到上的構圖，想必受其影響。

　　畫中的少女，是西魏本生、因緣故事畫中唯一的女性。由於色綫脫落，不能看清其容貌和表情，只能看出她似乎在用右手輕拉沙彌的衫袖，其穿着已非第257窟少女的西域裝，而是南朝漢族女服。整個形象較第257窟少女溫靜文雅，具有南朝大家閨秀的風範。

　　交納罰金畫面中的國王與清信士，頭戴籠冠，身着大袍，一派南朝文士深居竹林，不問世事，侃談禪機玄理的情貌，與佛經中所述清信士向國王繳納罰金的世俗內容相去十萬八千里。

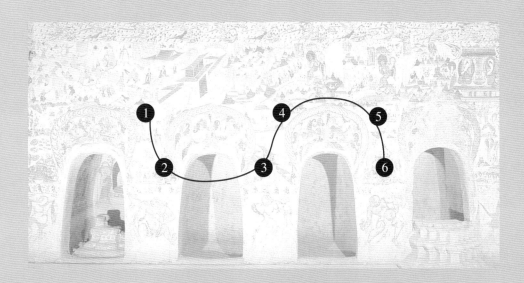

第285窟沙彌守戒自殺緣構圖示意圖

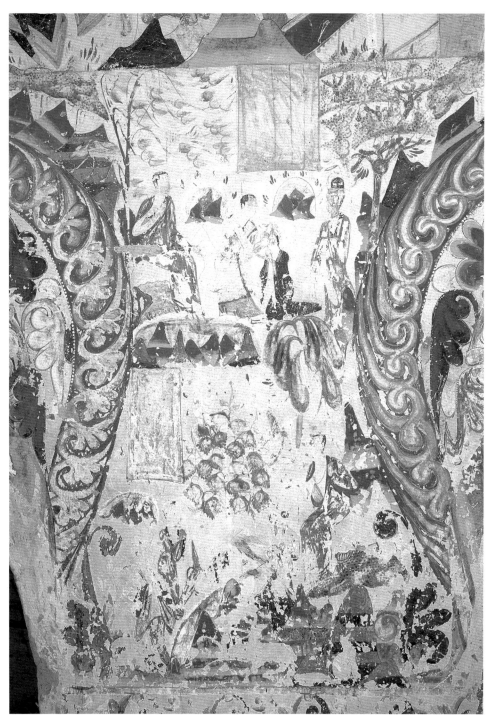
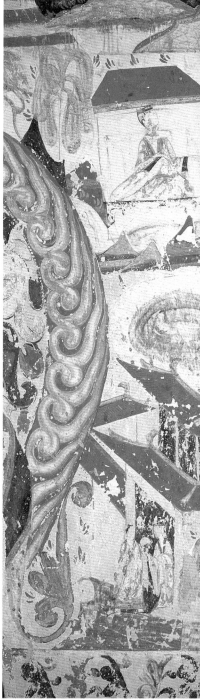

82　沙彌守戒自殺緣之一

此故事分3段繪畫，分別位於南壁的4個
禪窟佛光之間。此為第一幅畫面，上部
繪沙彌剃度、出家；下部繪沙彌到清信
士家取佈施（此部分已模糊，難以識
別）。

西魏　賢愚經‧沙彌守戒自殺品　莫285　南壁

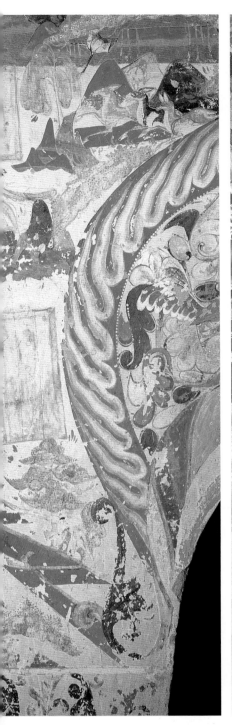

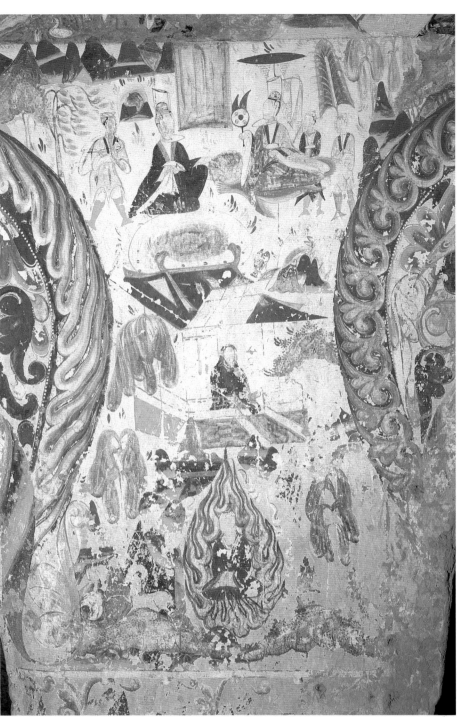

83　沙彌守戒自殺緣之二

畫面由下開始，繪沙彌在清信士家門前
遇少女，沙彌在屋內自殺；上部少女向
其父清信士哭訴沙彌自殺的緣由。

西魏　賢愚經・沙彌守戒自殺品　莫285　南壁

84　沙彌守戒自殺緣之三

畫面上部繪清信士繳罰金；下部繪火化
沙彌屍首。

西魏　賢愚經・沙彌守戒自殺品　莫285　南壁

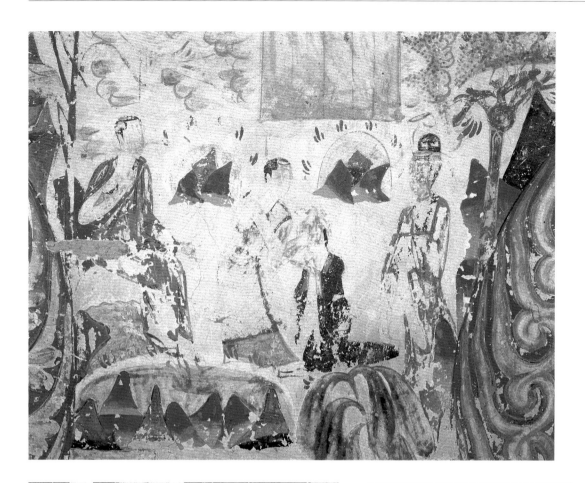

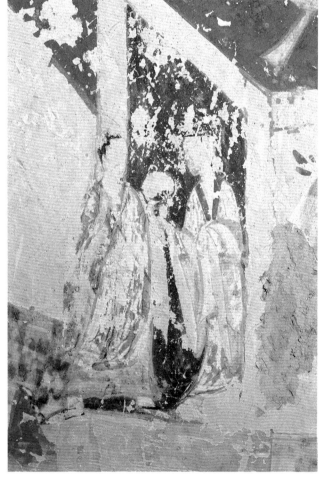

85 剃度出家

沙彌跪於地，雙手合十，面對倚坐的師
父，其前戒師為之剃度，其父立於後。

西魏 賢愚經·沙彌守戒自殺品 莫285 南壁

86 沙彌與少女

大門前沙彌與少女相對而立。沙彌左手
托缽向少女化緣，少女右手拉沙彌衣
袖。

西魏 賢愚經·沙彌守戒自殺品 莫285 南壁

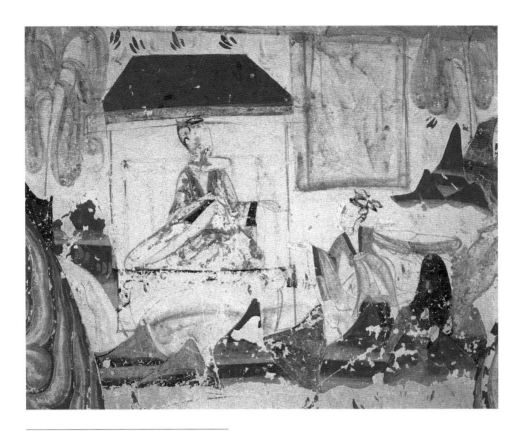

87 少女向清信士哭訴

圖中清信士寬袍大袖坐屋內，少女在屋
外哭訴沙彌自殺緣由，神情激動，但較
第257窟畫中少女文靜，衣飾也為南朝的
漢式大袖長袍。整個藝術風格與北魏第
257窟的西域式迥然不同。

西魏 賢愚經·沙彌守戒自殺品 莫285 南壁

88 哭訴的少女

西魏 賢愚經·沙彌守戒自殺品 莫285 南壁

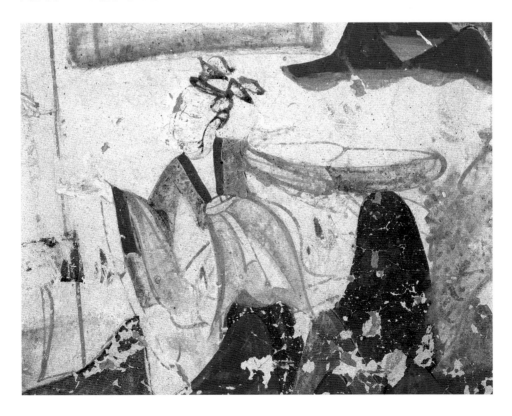

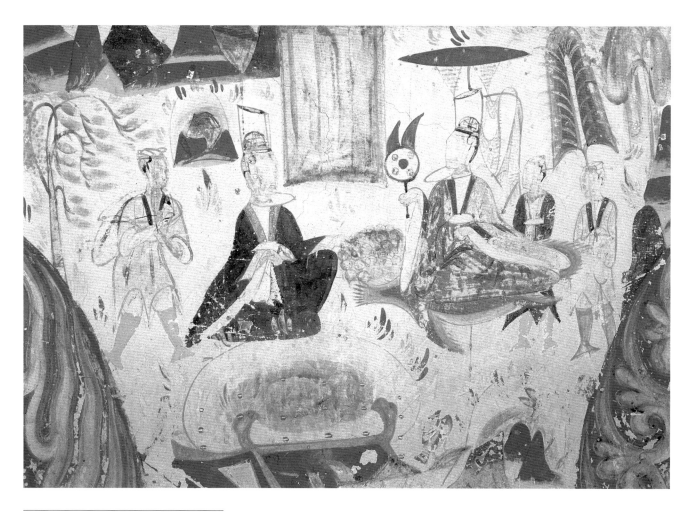

89 清信士向國王交納罰金

清信士與執扇的國王席地對坐,清信士
左手所指是罰金,後面為背負盛黃金口
袋的僕人。國王身後,一人執華蓋,一
人執芭蕉扇。

西魏 賢愚經·沙彌守戒自殺品 莫285 南壁

從內容到形式的進一步漢化

北周、隋（公元 557~618 年）

序論　時局巨變與本生因緣故事畫

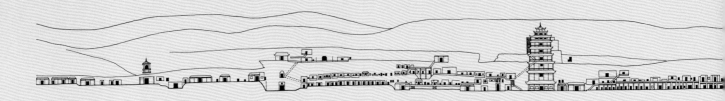

北周和隋時期，佛教經歷了由滅佛到興佛的重大變化。

北周皇帝崇儒而又沉迷佛法，故譯經、建寺、造像眾多。這不但造成賦稅流失，而且對極力企圖把自己打扮成漢族，以期能以“正統”身份統治中原的鮮卑貴族有巨大妨礙。所以在周武帝即位後，於天和四年（公元569年），通過多次御前辯論，排列了儒為先，道為上，佛為後的次序，開了禁佛的先聲。建德三年（公元574年），武帝下令滅佛。這種挽回國家（或皇室）經濟損失，爭取漢族士人、百姓的禁佛、滅佛措施，在全國頗見成效。時僅4年，武帝病終。其繼位者宣帝佞佛成性，於即位次年即大成元年（公元579年）取消滅佛令。至此，佛教又借帝威而興盛。

隋文帝自幼寄養尼庵，由女尼智仙撫養，深受佛教熏陶，12歲始返楊府，稱帝後，大興佛法。隋煬帝即位後，繼其父的重佛政策，佛教有更大的發展。

佛教這種由滅到興的重大變化，必然在莫高窟的修建和本生、因緣繪畫上產生影響。

北周時期，莫高窟第428、296、299、301等4窟繪有本生、因緣故事畫。

第428窟是當時沙州刺史建平公于義（公元565～576年之間任刺史）修建的，即《李克讓修莫高窟佛龕碑》中所說的建平公所修的“一大窟”。洞窟面積178.38平方米，為北朝時期最大的石窟。窟裏繪、塑豐富，僅供養人像就多達1198身。本生、因緣故事畫有薩埵太子本生、須達拏太子本生、獨角仙人本生、梵志夫婦摘花墜命因緣等。從規模及豐富內容上看，應是周武帝禁佛之前，佛教興盛時期始建的。北周另一個重要洞窟是第296窟。這是一個中小型窟，40平方米左右，故事畫有須闍提本生、善事太子入海本生、微妙比丘尼因緣、五百強盜成佛緣等。須闍提太子本生和善事太子本生，反映了儒家孝悌愛民思想；微妙比丘尼因緣宣揚因果報應思想和婦女信佛尋求解脫的內容。這些內容說明，在第296窟修建時期，佛教的一些有識之士，見到周武帝禁佛之聲日緊，預感到滅佛之舉亦為期不遠，因而產生末法思

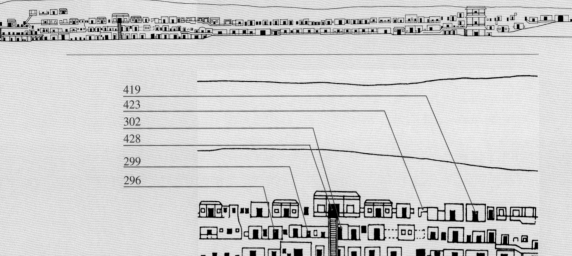

北周、隋代第296、299、302、419、423、428窟位置圖

想；於是，在政治上緊跟當權者，在思想上向儒家靠攏，在社會上提倡行善濟窮之舉，以取悅官、儒及士民，企圖修補佛教在社會上的破敗形象，支撐將傾的危廈，減輕即將到來的禁佛滅佛厄運。據此，我們推測第296窟是修建於即將禁佛，或已下令禁佛而尚無滅佛舉措的時候，即天和四年前後。

總之，第428窟和第296窟，反映了北周時期莫高窟的兩個階段——即從佞佛興佛到禁佛、滅佛。

第299窟的須達拏太子本生故事畫，至今尚保存着熱烈、鮮艷的色彩，尤其是紅色，十分引人注目，與第428窟頗為相似。估計其建窟時代與第428窟差不多。第301窟的薩埵太子本生故事畫，似應以紅、綠、青色為主調，但因紅色已變黑，綫條也有隱退，需仔細揣摩，才能將畫面讀完。其中在河邊飲馬小息的情節，確是一幅佳品。

隋文帝統一中國，為佛教開創了空前的發展條件。佛教破除了南北壁壘，歸於一統，提倡定、慧雙修，禪、理並重，大乘佛教很快興盛起來。在莫高窟，如阿彌陀、維摩詰、法華、彌勒上生、藥師、涅槃等大乘經變增多。宣揚苦行、苦修等本生、因緣故事畫相對減少。在隋代莫高窟的81個洞窟中，有本生故事畫的洞窟僅只4個，即第302、423、419、427窟，比例大為減少。第302窟的本生故事畫最多，但為單情節、單幅式的聯幅畫。第423、419、

427等窟，有須達拏太子本生，第419窟還有薩埵太子本生等故事畫。但它們都不再繪於正壁，而退居窟頂人字坡或中心柱腰沿上。

隋代本生因緣故事畫有如下特點：1. 只有本生故事畫沒有因緣故事畫。2. 最佳位置已被大乘經變佔據，本生故事畫被擠到不顯眼的窟頂或中心柱腰沿。3. 以睒子本生，須達拏太子本生為主。它們都是以孝敬父母，施捨財物為主題。至於捨性命求佛法的內容，數量不多，各有一幅，且為單幅單情節畫，只具圖解性質，藝術性大不如前。而薩埵太子本生故事畫也是在第419窟窟頂人字坡上法華經變、須達拏太子本生故事畫空餘的最下一段壁面繪的，似有補白的意味。説明隋代本生故事畫更注重現實社會的需要——即財物施捨，侍親盡孝的題材，而捨身求法，犧牲證佛的內容，已不受重視。這反映佛教發展到這個時候，進一步向中國傳統思想——重人事、重家族、重孝道的思想靠攏。

北周、隋代的本生、因緣故事畫的構圖，基本上屬於橫幅連環畫形式。但與前代相比，某些畫面又有如下變化：1. 北周第428窟的須達拏太子本生和薩埵太子本生故事畫，隋第419窟須達拏太子本生故事畫，分上、中、下三段，情節走向呈“S”形。2. 北周第296窟的善事太子入海本生故事畫及微妙比丘尼因緣故事畫，分上、下兩段，情節走向是犬牙交錯的“W”形式。3. 北周299、301窟的睒子本生故事畫構圖與北魏第257窟九色鹿本生故事畫類似，故事的高潮，即睒子將死，天人撒藥救活睒子情節，繪於畫幅的中部；國王出獵及國王拜見盲父母則在畫幅的兩端。“S”形及“犬牙交錯”形的構圖，使畫面的容量增大，甚至連細節也可以毫無遺漏地一一列繪。這種形式的出現，對於喜歡從頭到尾，井然有序地聽述一個完整故事的漢族民眾來説，無疑更具有吸引力。然而，這樣發展下去，由於無論大小巨細盡皆入畫，細節穿插忽上忽下，因而使畫面顯得臃繁和瑣碎（如第419窟須達拏太子本生故事畫）。

北周、隋代的色彩運用，已較西魏大有發展。北周第428、299等窟不同層次色階的紅、綠、藍、青，間雜着灰、白等色，使人物和景色更為豐富。而隋代色彩艷麗，並且大量塗金(很多已被後人刮掉)，整窟金碧輝煌，與北周大為不同。隋第423窟須達拏太子本生故事畫就因此而顯得更加清新悦目。在隋第427窟中心柱腰沿的須達拏太子本生故事畫中，人物的冠飾及汲水銅罐上，還殘留貼金的痕跡。可以想像，當年絢麗多彩和金碧輝煌的畫面，還是能吸引眾多朝拜者駐足觀望的。

人物造型，已不是西魏時期羸弱清瘦的形狀，而是中原已流行的"面短而艷"。但細分起來，北周只是面短而不艷，隋代才真正"艷"了起來，形體也較為豐滿壯實。人物情貌，仍繼承前代賦予正面人物嚴正、溫靜，反面人物怪異、醜陋的形狀。有所進步的是第428窟須達拏太子本生故事畫中婆羅門的外在形象，還透露出他們的心理狀態。在人物描繪方面，北周和隋代畫家，已開始重視人物身體結構，並逐步探索如何對不同部位骨骼、肌肉的結構，用光綫的明暗來表現事物的立體感，以及它的柔和與健美。

北周和隋代畫家，同樣善於運用對比、烘托的手法加強故事情節突變的緊張氣氛。如薩埵太子本生故事畫，在佛經中並無三位王子出遊時在途中小息的內容。但畫家為了增強餓虎食人場面的悲慘，在壁畫中增加並演繹了這個有助於對比的情節。北周第301窟畫面上，在捨身飼虎之前增加了三位王子溪邊小息，縱情談笑的場面。隋第419窟還在綠茵草地上，撐起棚帳，三兄弟在帳中憑几把盞，歡談暢飲。兩幅畫中，他們的坐騎也悠閒地在溪邊飲水。捨身飼虎的慘烈場面，就在"小息"後面發生。

從北涼到隋代的本生、因緣故事畫中，我們可以看出在人物塑造、藝術手法上逐步漢化的過程，即從北涼游牧民族的慓悍軀體到北魏、西魏所表現出的南朝"秀骨清像"，再到北周、隋代的中原"面短而艷"、體態豐腴，但又不失敦煌地區敦實健壯特點的人物形像和衣飾特點，以及從西域凹凸法到中原層層暈染法等等。更重要的是擷取的內容不斷漢化，從眾多經籍的本生、因緣故事中，篩選出最符合漢族思想，最適應時勢的本生、因緣故事，也就是說，逐漸以儒家思想為標準，盡量選擇一些反映孝悌思想的本生、因緣故事。可以說，這就是敦煌藝術有別於印度和中國新疆選擇本生、因緣故事題材的重要特點。

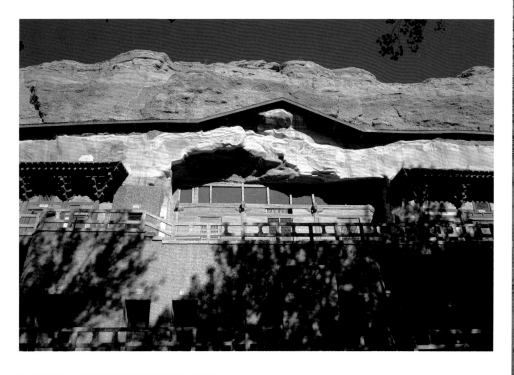

90　**第428窟外景**

北周第428窟位於莫高窟中心地段第3
層。

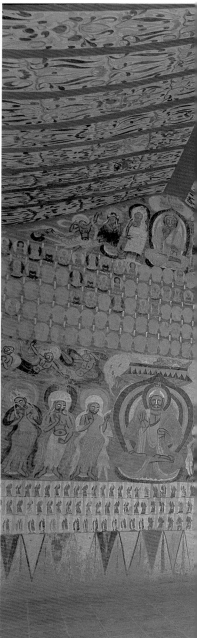

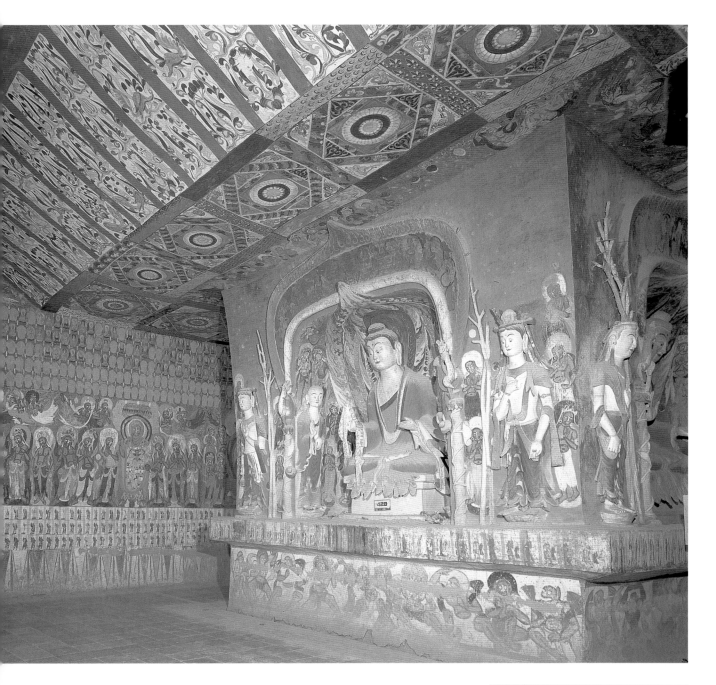

91 第 428 窟內景

圖中見中心柱、南壁及坡頂部分。龕內
塑佛及弟子，龕外塑菩薩，繪供養菩
薩。南壁繪"說法圖"。

北周 莫428

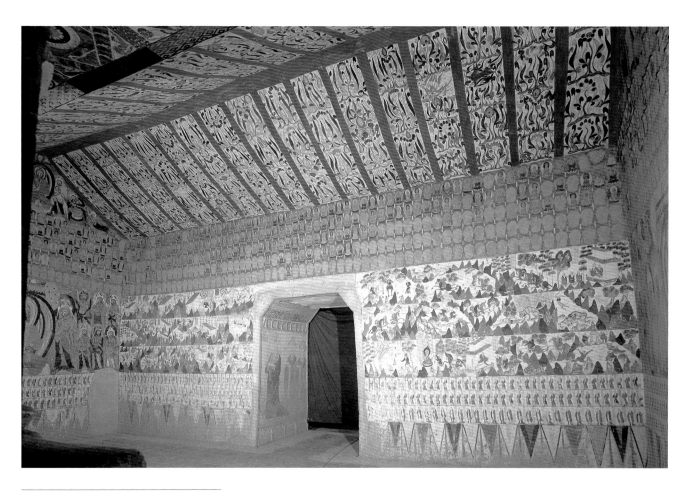

92 第 428 窟 東 壁

東壁門南 (右壁) 繪薩埵太子本生，門北
(左壁) 繪須達拏太子本生。

北周 莫428

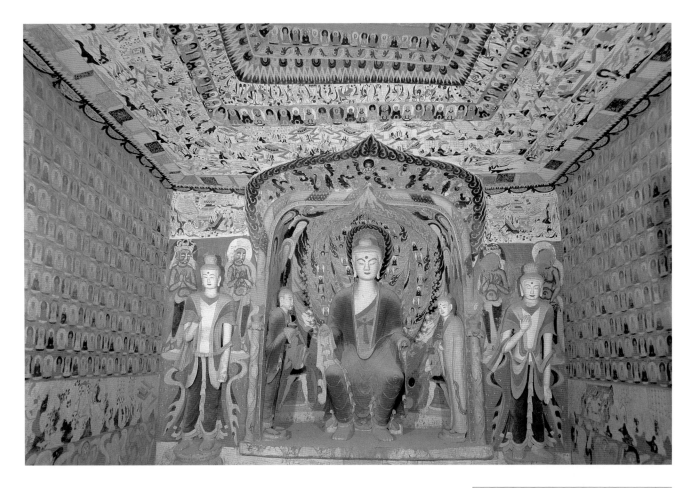

93 第296窟內景

第296窟位於窟羣中心地帶第2層。窟內
有很多本生因緣故事畫。圖左的南壁在
千佛之下，有五百強盜成佛因緣，相對
的北壁同一位置，有須闍提太子本生。
窟頂東、南、西坡是善事太子入海本
生，西坡北側及北坡是微妙比丘尼因緣
及不屬本生因緣故事的福田經變。

北周 莫296

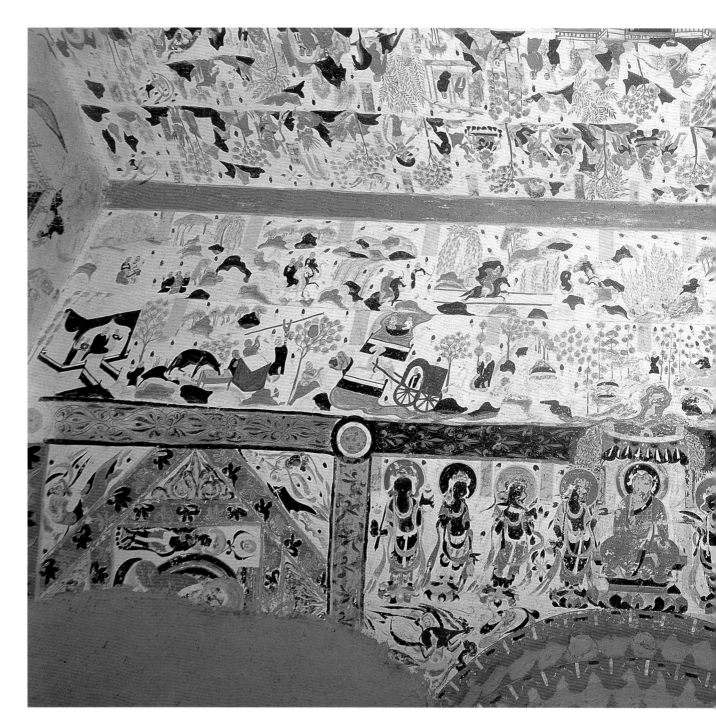

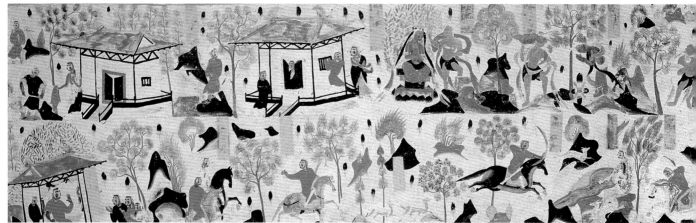

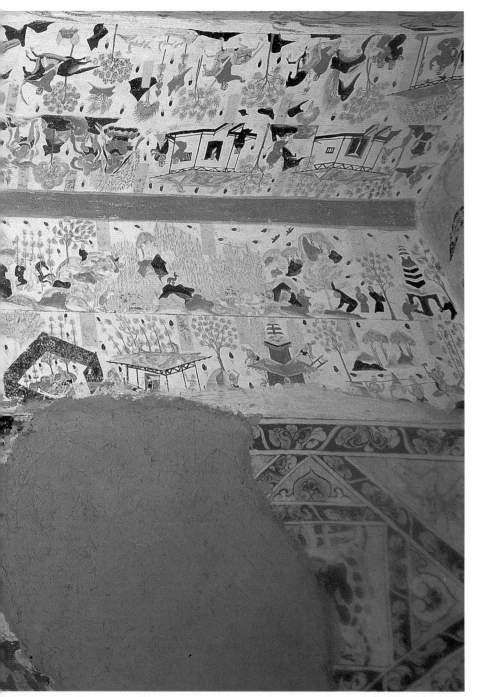

94 第302窟人字坡頂本生故事

第302窟屬中心塔柱窟形,本生因緣故事
便是繪於窟前部的人字坡頂。東坡(圖上
半部)上畫佛本生聯幅畫,下段畫睒子本
生故事;西坡(圖下半部)上段畫薩埵太
子本生故事,下段是不屬本生因緣故事
的福田經變。

隋 莫302 人字坡頂

95 第302窟東坡本生故事畫

這是人字坡東坡的兩組本生故事,上段
為佛本生聯幅畫,從左面第3幅起是快目
王本生、虔闍尼婆梨王本生、毗楞竭梨
王本生、尸毗王本生、婆羅門聞偈捨身
本生等故事畫,但藝術性不高,僅具圖
解性質;下段則是睒子本生故事,情節
由左至右順序發展。

隋 莫302 人字坡東坡

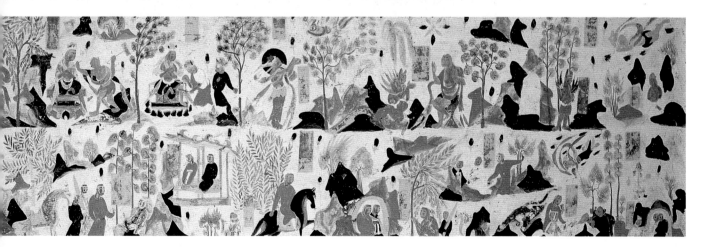

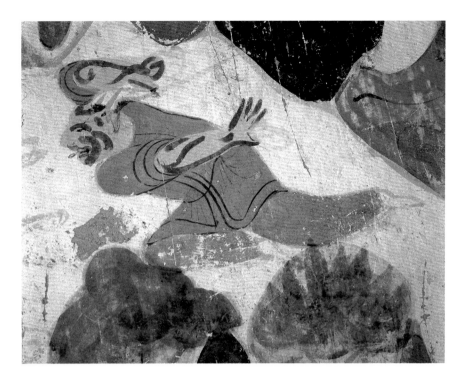

96 人物造形——薩埵兄長

在薩埵兄長拔腿奔跑後擺手臂上的粗黑
綫，畫出了手臂用力時肌肉的凹凸。本
圖未變色時，深色綫表示肌肉凹下，說
明畫家已充分了解肌肉、骨骼的科學結
構。這是中國古代畫家在千餘年前繪畫
上的一個進步。

北周 金光明經·捨身品 莫428 東壁門南

97 睒子本生故事中的馬

以深淺漸進的淡色在馬脖、肚、臀上，
表現了立體感和肌肉的柔美。

隋 佛說睒子經 莫302 人字坡頂東坡

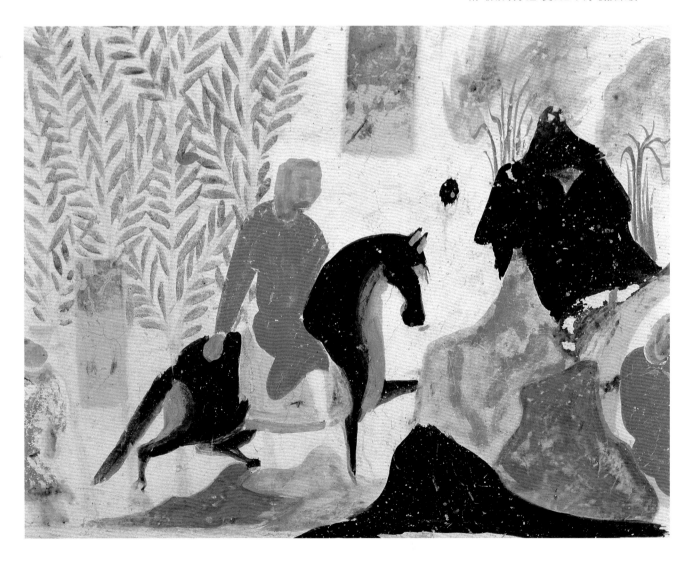

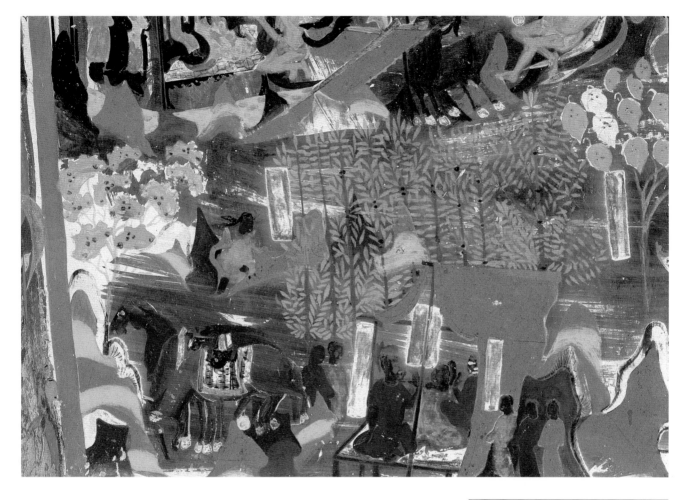

98　太子小息圖

三位王子在帳中飲宴，三匹坐騎在溪邊
飲水，洋溢着悠閑的感覺，氣氛歡快，
也是畫師用以烘托後來飼虎情節的妙
筆。

隋　太子須達拏經　莫419　人字頂東坡

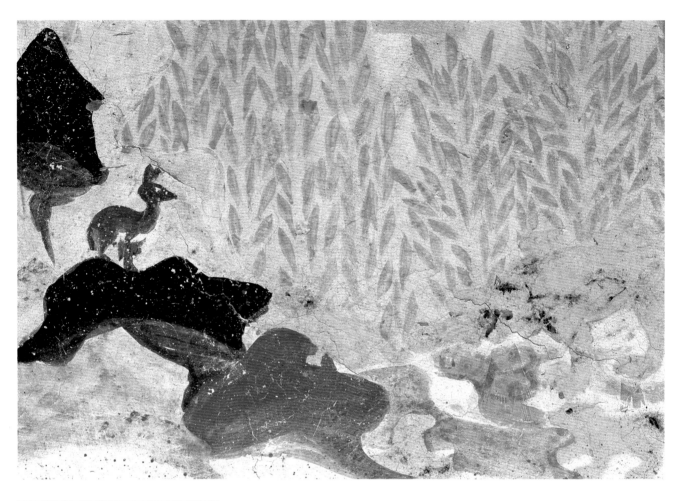

99 驚見飼虎的小黃羊

山下薩埵太子飼虎，山頂上黃羊攢緊四
蹄，驚駭恐懼。這是畫家為渲染氣氛而
繪的。

隋 太子須達拏經 莫302 人字坡西坡

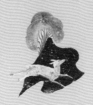

第一節　孝悌為本　濟世救民

由於周武帝禁佛，佛教深感要求得自身生存，必須向華夏文化靠攏，深省貪欲斂財之風，取得皇帝的支持；於是在此時的壁畫中出現了一些孝悌、愛民、自省的本生、因緣故事畫。本節所述的須闍提太子本生故事、善事太子入海本生故事，睒子本生故事等就是講述孝行的。善事太子入海本生更是集孝悌、濟貧救窮於一體的故事。

須闍提太子本生故事畫

敦煌早期洞窟中，這故事畫僅此一幅。繪於北周第296窟北壁中段。據《賢愚經·須闍提品》繪製。

故事說，無數世前，特叉利國大臣羅睺，殺老王及其九子。第十子善住駐守邊城，羅睺舉兵追殺，善住得夜叉報警，攜妻及幼子須闍提出逃，倉惶之間，誤入歧途，糧水皆盡。善住欲殺妻，與須闍提分食其肉，被須闍提所阻。為使父母能走出荒野到鄰國求救兵，須闍提割身肉供父母食用。數日後，須闍提肉盡，只得剔骨肉給父母，送他們繼續前行，自己留下等待救援。帝釋為驗其孝之誠，變獅、虎、狼、蟲咬其身上餘肉，並問其悔否。須闍提毫無悔意。帝釋感其篤孝，以神力復須闍提原狀。善住夫婦出荒野到鄰國求得救兵，誅滅羅睺，接須闍提回國，父子相繼為特叉利國王。最後，佛陀說，彼時須闍提，即今之我，因我慈孝，故今世成佛。

在晚期五代第98、146窟及北宋第55窟的屏風畫中亦再出現此故事。詳情將於第四章介紹，在此不贅。

印度佛教遺迹中未見此圖，中國新疆克孜爾石窟第8窟有此畫，但畫面簡單，僅有善住妻子肩負須闍提前行，善住在後拔劍，須闍提回頭用手阻止一個畫面。這個畫面與本節所述連環畫中須闍提阻父殺母描繪形式基本相同。

善事太子入海本生故事畫

此故事畫繪於北周第296窟窟頂西、南、東三坡。據《賢愚經·善事太子入海品》繪製。在早期洞窟中僅此一幅。另有多幅均在晚期屏風畫中。在盛中晚唐及五代的"報恩經變"中也有內容全同的壁畫多幅，因不屬本書範圍，故此不贅。

故事說，很久以前，寶鎧國王求仙人賜子，不久大夫人生一子，二夫人亦生一子。請相師看相，相師說長子聰明福德，故取名善事；次子因母嫉善趨惡，故取名惡事。善事深得國王寵愛，為其營造春秋、冬、夏三時宮殿。善事漸長，出城巡遊，見病殘貧窮百姓農夫、屠夫、漁民、獵戶為求生存而殺牲，故請父王開倉濟民。不久，因施捨過度，國庫將空，引起大臣和國王的憂慮。善事知情後，決心出海尋找如意寶珠為父分憂。國王、夫人極力勸阻不成，只得為其召募嚮導和商人一同出行。此時，惡事見有利可圖，亦願隨哥哥前往。船隊行數日，到寶山島，各商人及惡事都滿足於奇珍異寶，不願再行。善事無奈只得同嚮導前行，雖途經銀山、琉璃山，太子均不為所動。前至金山，年老嚮導因體力不支去世。埋葬嚮導後善事隻身前往七寶城，幾經曲折，感動天人，得贈如意寶珠。當善事懷珠返回船隊時，惡事及商人不聽善事規勸，滿荷超載起程，途中遇風浪而船覆寶沉。善事力救弟弟游到岸邊。惡事卻趁哥哥熟睡時用毒刺刺瞎善事雙眼掠寶而去。善事既盲且痛，輾轉爬到利師跋陀國，得牛王舐出毒刺，又被牧牛人好心相救和照顧。為生存計，善事彈琴賣藝於市，國王果園的守園人見其誠實，僱其守園。善事悲嘆不幸遭遇，時時在園中彈琴自慰。利師跋陀國公主，時聽其琴，悅其音聲，愛其人表，不嫌他地位低微和眼盲，決心嫁給善事。國王驚拒婚事，說：「你自幼許配寶鎧大王長子善事，今善事雖出海未歸，但可能仍活於世，如今你嫁一乞兒，當作何了斷。」但公主誓不移志，國王無奈只得允其婚事。婚後，夫婦幸福美滿。一日，公主晚歸，善事疑其有變；當誤會冰釋後，善事一眼復明；欣喜之際，善

事說出了自己的太子身份，公主笑其以謊言安慰自己；善事更以盲眼復明起誓，一時之間雙眼復明。國王見此奇事，欣喜異常，派人馳報寶鎧國王。寶鎧王知惡事害兄，怒執惡事入獄，遣大臣迎接善事夫婦。利師跋陀國王隆重置辦車馬象轎送太子夫婦返寶鎧國。善事歸國後，放惡事出獄，置寶珠於高桿，沐浴更衣，敬拜祈禱，寶珠頓現靈異，普降甘雨，滋潤禾苗，又化無數珍寶、金銀、衣食、物品，善事都施捨給民眾。舉國百姓皆受其惠，並奉行十善道。佛最後說，善事者，即今之我。我昔時以孝事親，以忍對惡，以善待人，以愛惠民，故今得成佛。

故事主要表現佛陀前無數世愛國愛民，為父分憂，不畏艱辛，以忍消惡的行為。

在《報恩經》中也輯錄此故事，改名為《惡友品》，而且在唐、五代至宋時的敦煌壁畫入壁很多，共有 20 幅左右。這說明，佛教對於“孝親愛民”故事的重視和向講孝道的漢文化的進一步靠攏，以期在漢民族中紮根。

畫面是繞窟頂西、南、東三坡的橫幅畫，每坡畫面均分上、下兩層，情節按上下交錯的犬牙式發展。但這種上下交錯的排列次序，使人們識讀畫面情節有一定難度，因此，除同在本窟窟頂西、北坡所繪的微妙比丘尼因緣故事畫

的形式與之相同外，在以後各時代的故
事畫中都不見運用了。

這幅故事畫共繪 20 多個情節，因壁
面不夠，故事並未畫完，到"園中彈
琴"、"領見利師跋陀王"為止。至於"返
寶鎧國"、"寶珠雨寶施財"等均未
入畫。

此畫以至整個第 296 窟在藝術
上既有西魏清新淡雅的餘風，又有
北周時期中原人物畫面短而艷的風
格。

又，此畫的漁、獵、屠、耕、驢、
騾、馬、駝運輸及建築等生產、生活方
式形象畫圖，對我們了解北周的經濟、
文化生活狀況，有一定的形象認識作
用。

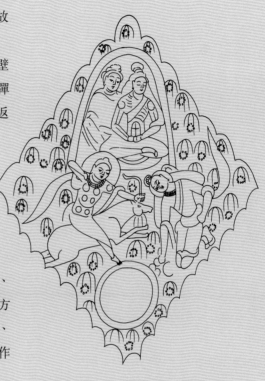

克孜爾石窟第17窟睒子本生故事畫

睒子本生故事畫

睒子本生在印度和中國都是深受歡
迎的題材。印度山奇大塔（公元前1世紀
～公元1世紀初）、犍陀羅藝術（公元1
世紀以後）、達魯瑪拉吉卡石刻（藏坦叉
始羅博物館）、珂托石刻（藏白沙瓦博物
館）、斯瓦托石刻（藏倫敦博物館）等，
都有睒子題材。6 世紀以後的阿旃陀第
10 窟壁畫亦繪此故事。

在中國，除敦煌壁畫外，目前所知
的還有新疆克孜爾第17窟、麥積山北魏
第127窟窟頂、雲岡第9窟前室西壁和龍
門等石窟均刻繪此故事。

北周、隋代的敦煌洞窟中，共繪此
故事畫6幅。故事據西秦聖堅譯《佛說睒
子經》繪製。

故事説，過去無數世，迦夷國有一
對盲夫婦，欲入山修無上妙法，但年老
無子，憂慮入山後生活不能自理而遲遲
未成行。慈慧菩薩知道他們的心願，投
生其家為子，取名睒子。睒子至 10 歲，
隨父母入山靜修正法。一日，迦夷國王
入山射獵，正值睒子披鹿皮衣在泉邊汲
水，國王誤以為是獵物，射死了睒子。
國王悔恨不已，願在山中侍奉盲父母一

北周隋朝睒子本生故事畫分佈表

朝代	洞窟編號	位置
北周	莫 461	龕楣
	莫 299	窟頂西、東、北坡
	莫 301	窟頂北坡
	西 12	南壁門西
隋朝	莫 302	人字坡東坡下段
	莫 417	人字坡東坡

生，以盡睒子之孝。盲父母失去睒子，撫屍大哭，感動天地，釋梵四天王以藥救活睒子，盲父母也雙眼復明。此後，國王亦更愛國民、惜生戒獵。最後，釋迦說：“宿命睒子者吾身是也。吾前世仁孝慈善，而今成三界至尊。”

印度和中國的睒子本生圖除克孜爾壁畫外，都是橫幅式。克孜爾石窟睒子本生故事為單幅畫面，簡明扼要，主題突出。圖上方草廬中坐盲父母，圖中央睒子跪於水池邊用瓶罐汲水，綠色圓圈

是水池，騎馬射箭者為迦夷國王。而麥積山壁畫場面宏大，國王出獵車馬乘騎，陪臣軍將，旌旗節杖宏偉浩蕩，一副王者出行的威武氣派；射獵場面，羣獸奔逃，眾武士乘騎隨王追逐，緊張激烈。可惜畫面較為模糊，也不見誤射睒子等畫面。人物形象方面，山奇大塔石刻純屬印度風格，犍陀羅浮雕則具明顯的希臘格調。麥積山壁畫則是中國化了的南朝秀骨清像，雲岡與印度風格類似，龍門則屬中原北朝藝術風格。敦煌

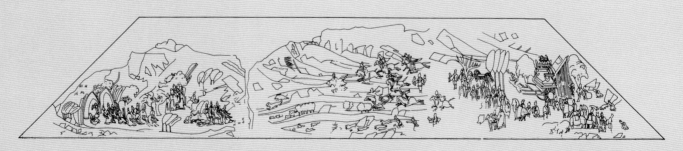

麥積山石窟第127窟睒子本生故事畫

的畫幅數量較多，其畫幅形式、情節處理則更近雲岡，但人物的衣飾已經漢化。

敦煌石窟中的睒子本生故事畫，以北周第 299 窟最佳，色彩艷麗，圖像清晰，情節完整。隋第 302 窟情節亦較完整，但色彩略遜於第 299 窟。

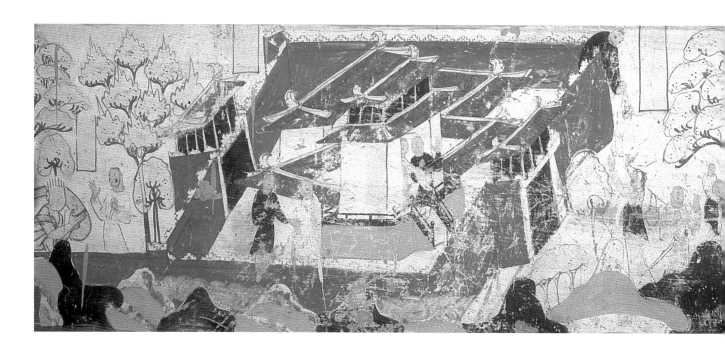

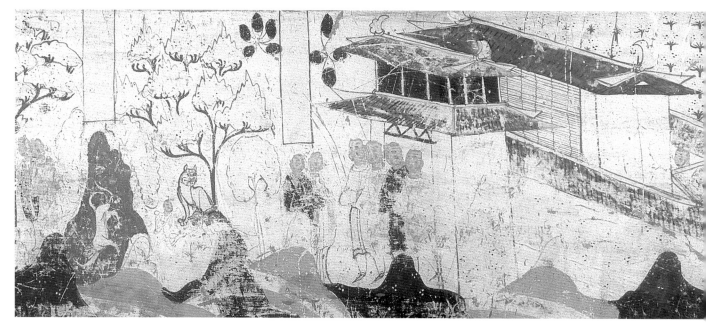

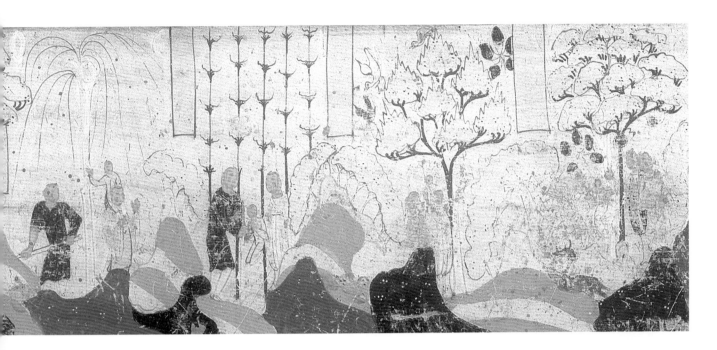

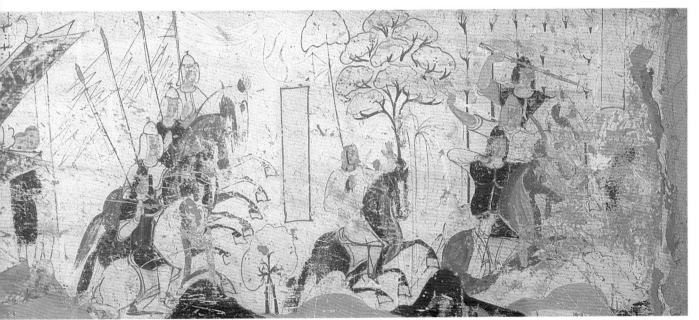

100 須闍提太子本生全圖

由上段左邊城外夜叉向太子報訊開始，在山野中誤入歧途、須闍提阻父殺母、割肉濟父母。下段須闍提獨留山野受帝釋化身虎狼考驗，城下見鄰國國王相迎，最後是頗有氣勢的軍隊出發討伐叛軍。此後的畫面毀壞。

北周 賢愚經·須闍提品 莫296 北壁

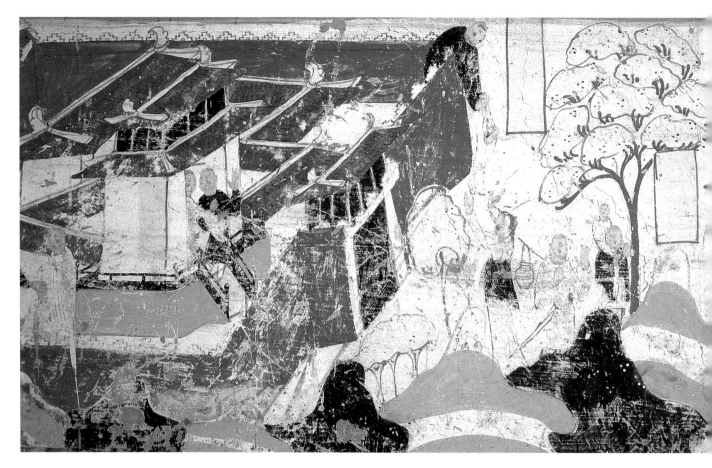

101 須闍提出逃

太子三人攀城牆逃走，善住太子將須闍
提放城牆外，太子妃在城外伸手相接。
逃出後，善住肩負須闍提前行，太子擔
水罐隨後，但卻誤入歧途。圖的左端，
善住太子在後面作抽劍狀，在母親肩上
的須闍提回頭伸臂擺手，阻止其父殺
母。

北周 賢愚經·須闍提品 莫296 北壁

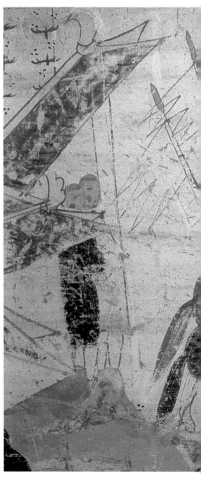

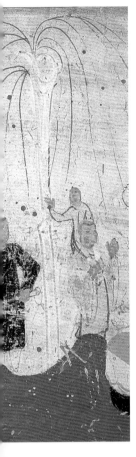

102 軍隊出征

圖中軍容整齊，連乘騎邁腿出蹄都極為
一致。這種圖案化了的出征隊伍不似出
征，反似儀仗閱兵隊伍。

北周 賢愚經·須闍提品 莫296 北壁

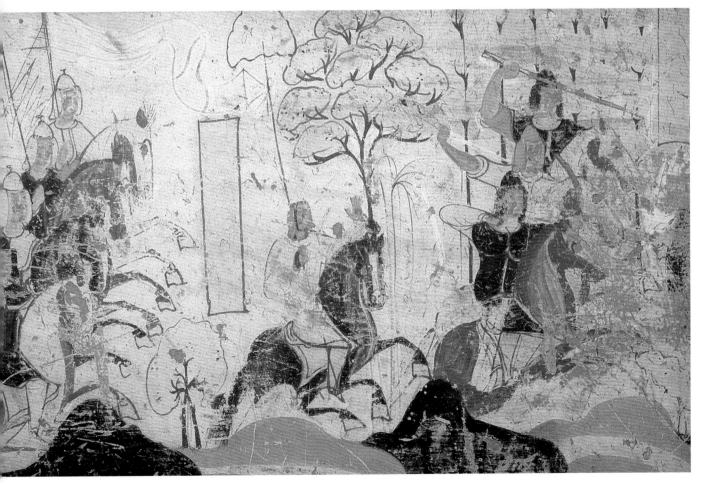

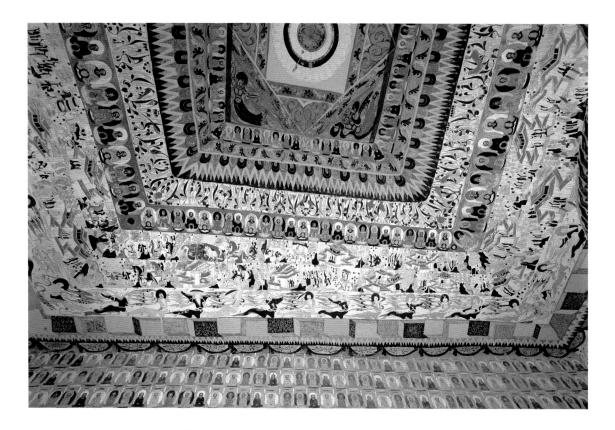

103 善事太子本生故事畫

善事太子本生故事佔了窟頂的東、南、西坡。

北周 賢愚經‧善事太子入海品 莫296 窟頂

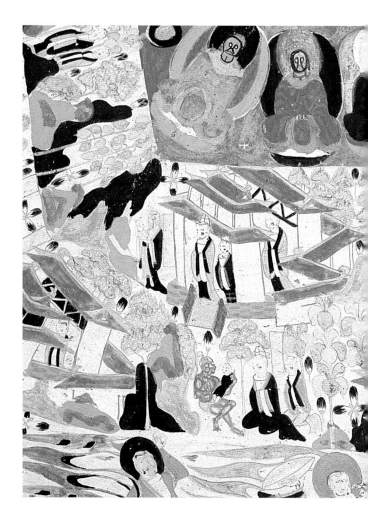

104 善事太子本生故事畫之西坡

西坡第一部分共5情節講述寶鎧國王及王后求子到善事出生的過程。求仙人賜子情節更是細緻。國王王后得到一黑一白仙人指點後，又請求兩位赤裸上身的仙人投生其家為子。得子後，相師為小孩相面。相師身上繪出塊狀肌肉，顯示當時的畫家對人體結構的理解。

北周 賢愚經‧善事太子入海品
莫296 窟頂西坡

情節示意圖

(1) 寶鎧國王與夫人在宮中。

(2) 國王夫婦求仙人賜子。

(3) 國王夫婦及隨從請求二仙人投生王家為子。

(4) 國王和夫人在殿內，宮女抱兒立於殿下。

(5) 國王及夫人跪地，相師抱太子，相面取名善事。

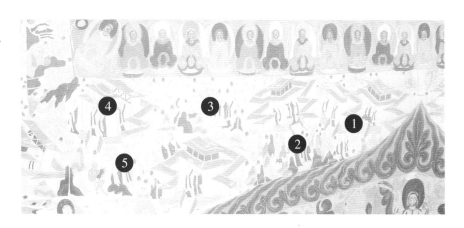

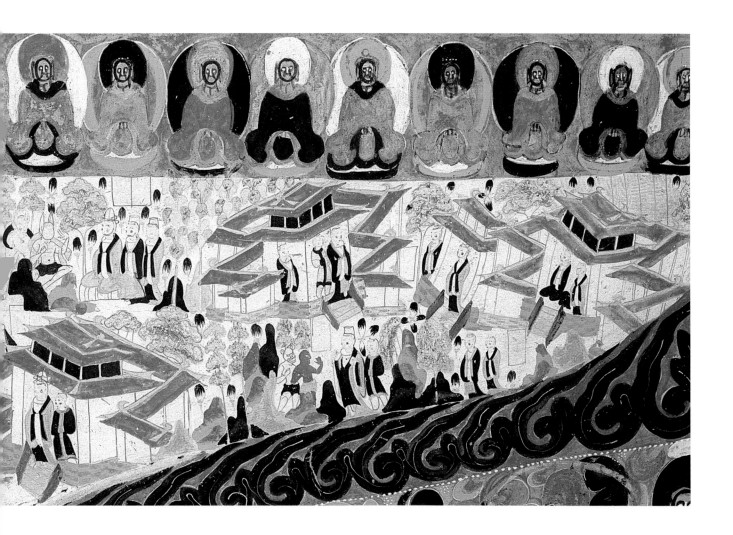

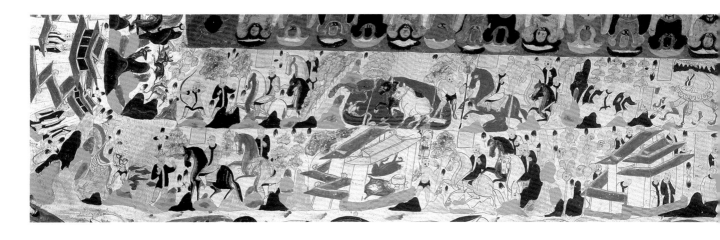

105　善事太子本生故事畫之南坡

南坡第二部分共3情節，講述惡事出生及
善事出遊。

北周　賢愚經·善事太子入海品

莫296　窟頂南坡

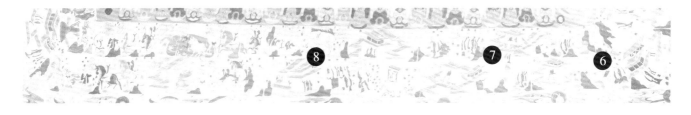

情節示意圖

(6) 國王和夫人跪於地，請相師為次子相面，
　　取名惡事。

(7) 善事的三座三時殿，宮外奴婢伎樂迎候善
　　事。

(8) 太子出遊，見諸乞兒病殘百姓以及人們以
　　屠、獵、耕、漁等傷生為業以求生路。

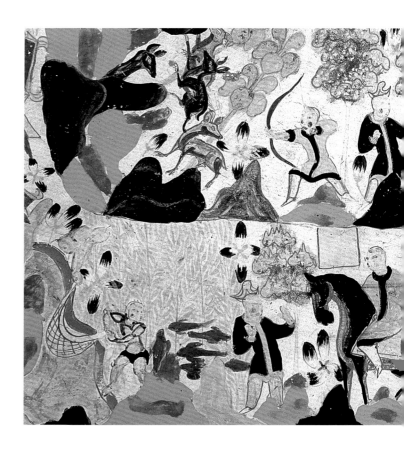

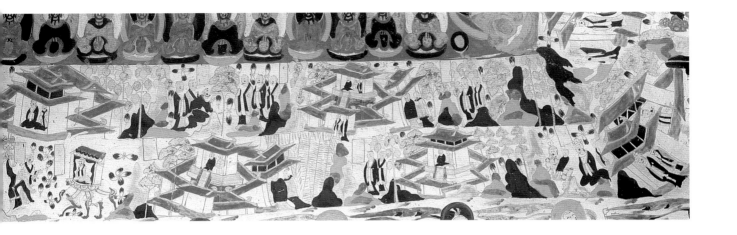

106 屠宰、耕作、獵鹿、網魚

善事太子一行乘象轎、乘騎行於途，數
人跪於馬前。此畫面內有耕作、屠宰、
射獵、網魚等畫面。圖中右下角，一位
屠夫右手高舉利刃，狀頗兇狠。其上一
人扶犁耕地，從地裏翻出的蟲蛇被鷹雀
啄食。農人回頭向善事太子説，為了生
計，不得不做此傷害蟲蛇的事。圖左上
段有一人拉弓射羊、鹿，其下有一人在
河邊撒網捕魚。這使善事太子衍生開國
庫濟貧的念頭。

北周 賢愚經·善事太子入海品
莫296 窟頂南坡

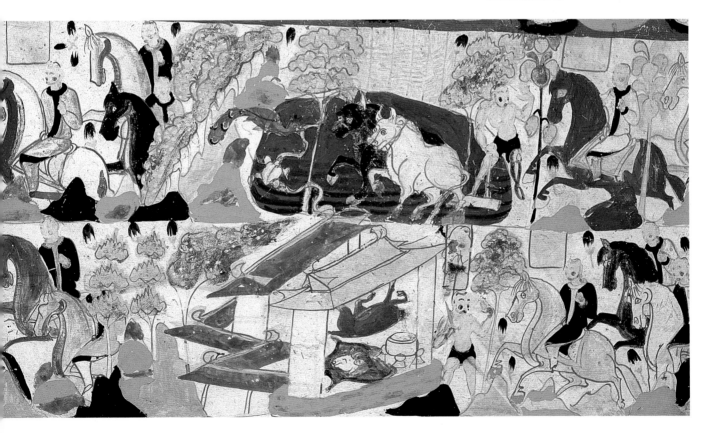

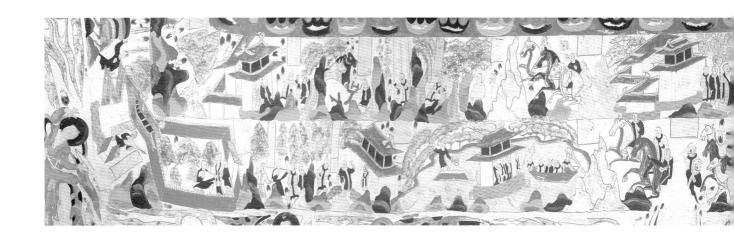

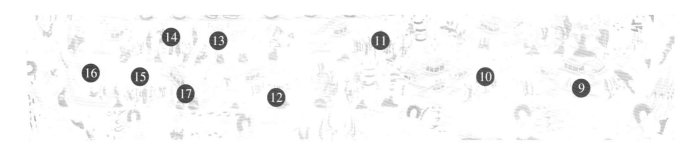

情節示意圖

(9) 善事及隨從數人乘騎返宮，向宮殿中的
　　國王請求施捨。

(10) 善事開國庫向百姓施衣物，數人持物而
　　去。

(11) 宮外臣民送太子一行入海取寶。

(12) 一行行船於海。海中有七寶城太子向天
　　女求寶。七寶城後面，船覆沒，善事拉
　　惡事走向岸邊。

(13) 惡事按善事於地，刺盲善事。

(14) 牛王舐目。

(15) 善事街頭彈琴賣藝。

(16) 善事守園彈琴。

(17) 善事雙眼復明，公主領其拜見利師跋陀
　　國國王及夫人。

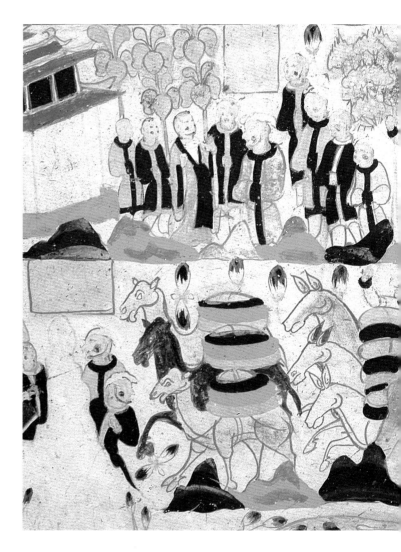

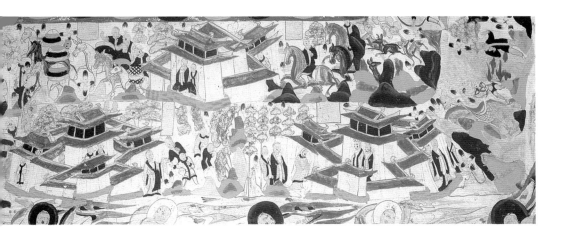

107 善事太子本生故事畫之東坡

東坡共9情節,講述善事太子見民生疾苦後,決定入海求寶及途中遇到的曲折,到善事盲眼復明為止,其後的回寶鎧國,供寶珠於市,寶珠降衣物、財寶、國人取寶物等均未入畫。

北周 賢愚經‧善事太子入海品

莫296 窟頂東坡

108 運輸隊及建築物

這是善事的春秋、夏、冬三時殿之一。圖中宮牆蜿蜒曲折,牆內宮殿數重,類南方園林式建築和豪貴人家的深宅大院。反映了北周時期建築水平及建築美學思想。畫面也見善事太子的駝、騾、馬、驢的運輸隊整裝出發。

北周 賢愚經‧善事太子入海品

莫296 窟頂東坡

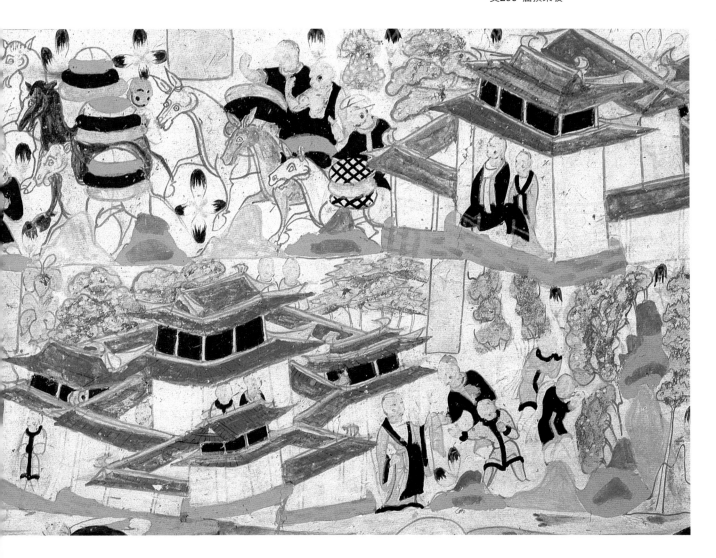

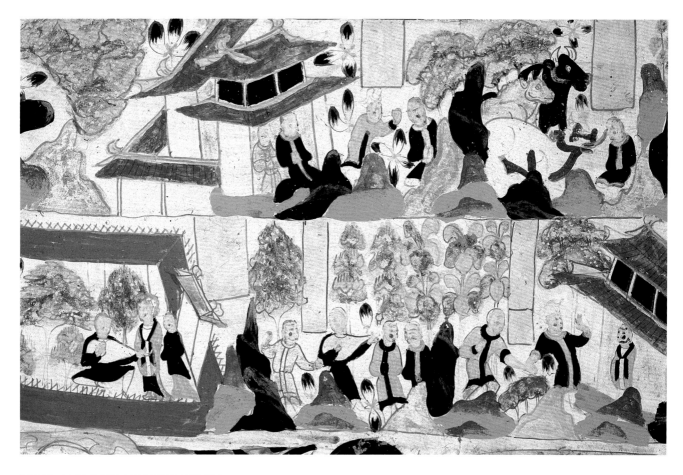

109 善事流落利師跋陀國

此畫面有牛王舐目、街頭賣藝、彈琴遇
知音三情節。右上角是善事太子被弟惡
事刺瞎雙目後，坐於路旁。牧人趕牛羣
路過，牛王以舌舐出眼中毒刺。左下部
繪善事太子被牧牛人救回後，在操琴於
市賣藝；聽者施物以濟。左下角花園
中，善事太子彈琴解愁，公主聽琴聲而
心生愛慕。公主後立宮女。

北周 賢愚經‧善事太子入海品

莫296 窟頂東坡

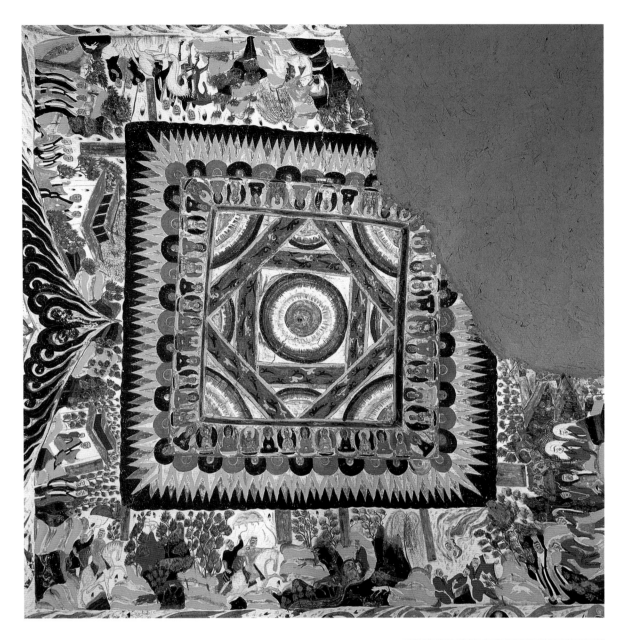

110 睒子本生全圖

本圖佔據窟頂的西坡（即本圖之左部）、東坡（即本圖之下部）、北坡（即本圖之右部），南坡與西坡上半部畫面與本圖無關。本故事情節由兩頭向中心推展，西坡繪迦夷國國王出獵，東坡繪國王誤射睒子，北坡繪國王射死睒子後拜見盲父母，至於故事的結局，即睒子被救活，則安排置於東坡和北坡的轉角位。畫面雖不具麥積山睒子本生故事畫的巨大場面、宏偉氣勢及威嚴的王者氣派，但有畫面清晰、色彩鮮麗、簡明扼要的優點。

北周 佛説睒子經 莫299 窟頂西、北、東坡

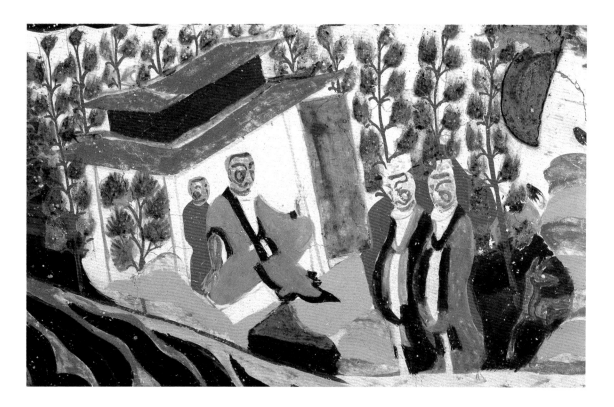

111 國王告別老王夫婦

位於窟頂西坡火焰紋佛光北側。老王坐
於殿上，後立侍從，迦夷國王及侍從恭
立殿下，向老王告別，入山狩獵。

北周 佛說睒子經 莫299 窟頂西坡

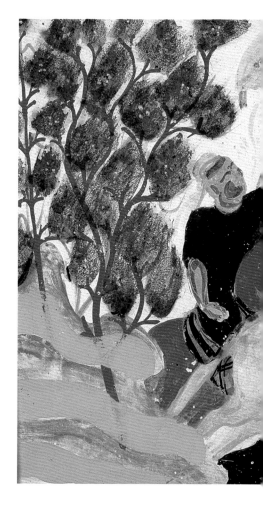

113 國王誤射睒子

睒子(披鹿皮)在池邊汲水，池邊還有數
鹿、羊飲水。國王馳馬射鹿，發箭射中
睒子。

北周 佛說睒子經 莫299 窟頂東坡

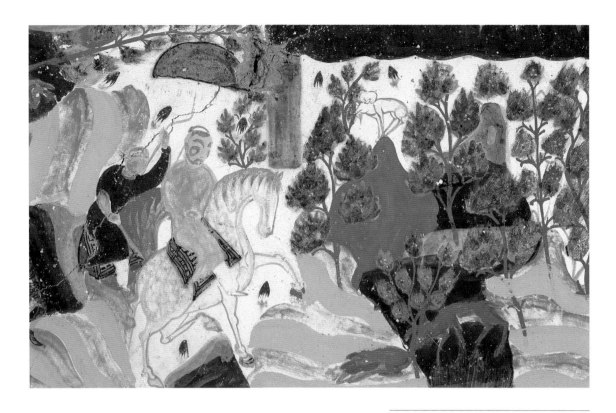

112 迦夷國王與侍者

國王策騎行於前，侍者撐華蓋隨其後。

北周 佛說睒子經 莫299 窟頂東坡

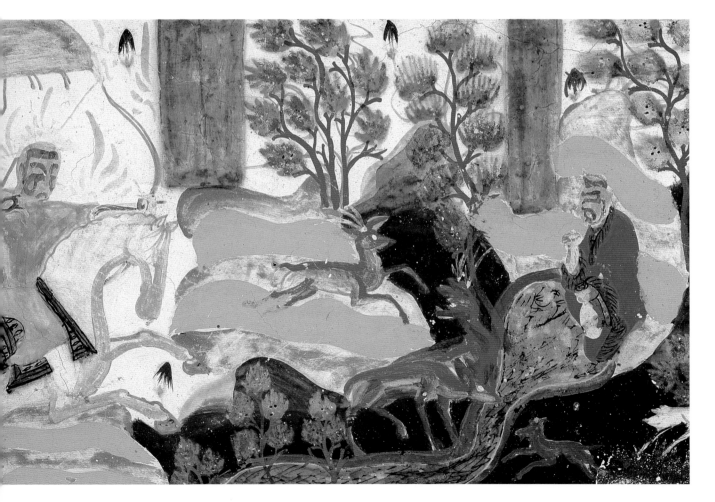

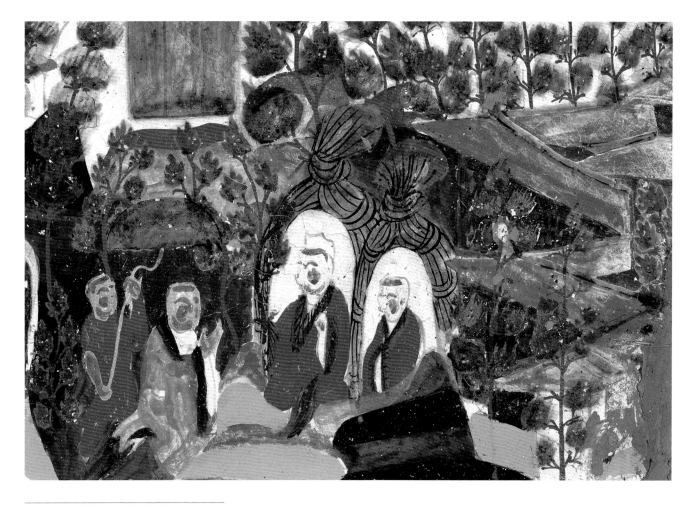

114　國王見睒子盲父母

睒子被射殺後，國王向盲父母下跪謝
罪。

北周　佛説睒子經　莫299　窟頂東、北坡

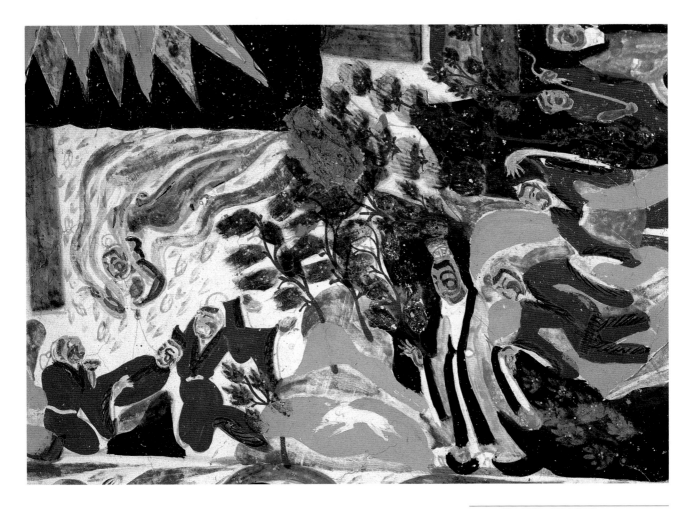

115 梵天飛下救睒子

國王領盲父母到睒子遇害處，盲父母撫
屍痛哭，呼天搶地。上有一梵天自天上
降臨。

北周 佛説睒子經 莫299 窟頂東、北坡

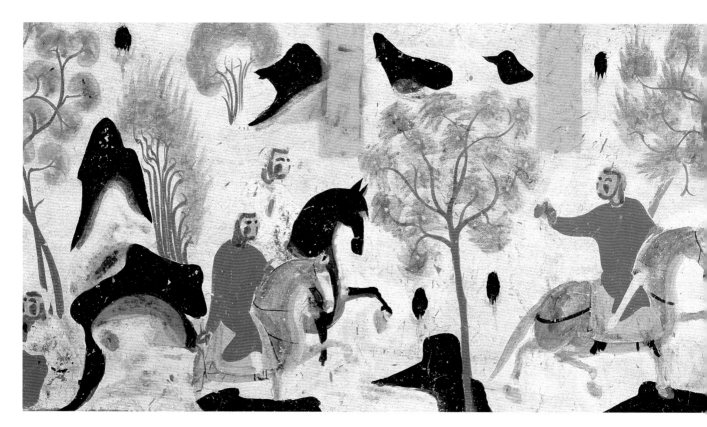

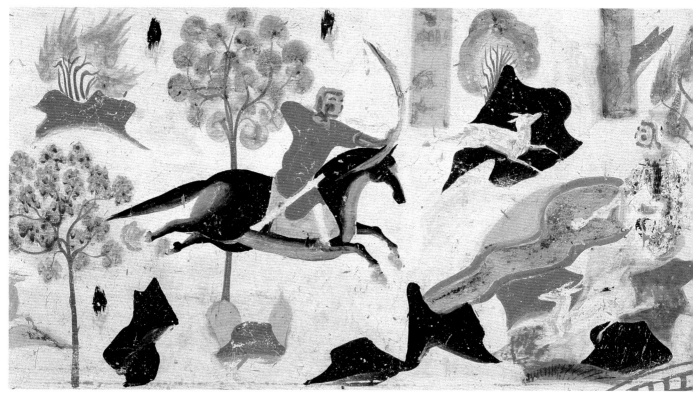

116 國王與侍從

第302窟的睒子本生，故事順序鋪排。這是故事開首，迦夷國王策騎出發狩獵，並回首示意侍從緊隨其後。

隋 佛說睒子經 莫302 窟頂人字坡東坡

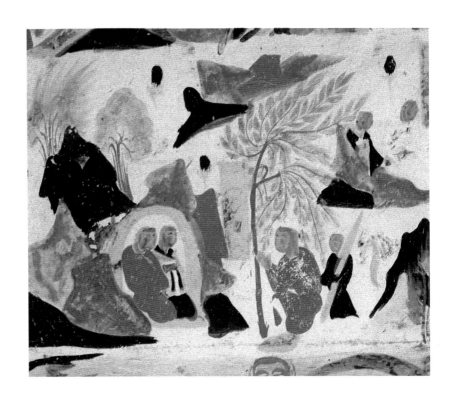

118 國王向盲父母跪告惡訊

國王跪於盲父母前，雙手合十，意態誠懇，毫無王者獨尊自大之態。侍從立於其後，華蓋亦收斂不撐。與第299窟相比，更顯國王謙恭孝誠。

隋 佛說睒子經 莫302 窟頂人字坡東坡

117 國王誤射睒子

隋 佛說睒子經 莫302 窟頂人字坡東坡

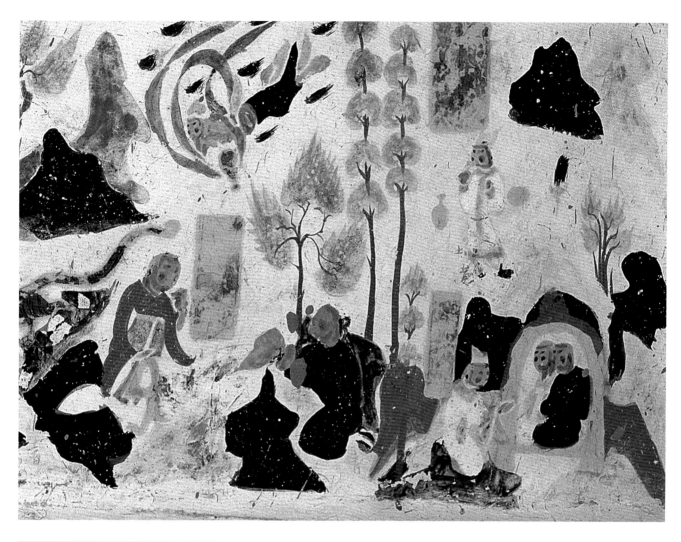

119 國王向盲父母告別

盲父母撫屍痛哭，梵天飛下，右下角是
國王跪拜告別盲父母，這畫面是第299窟
所沒有的。

隋 佛說睒子經 莫302 窟頂人字坡東坡

第二節　無盡施捨　得登佛境

本節薩埵太子本生、快目王本生、虔闍尼婆梨王本生、尸毗王本生故事，均屬施捨生命普救眾生和求登佛境之義。須達拏太子本生則屬以財物相施而證佛果之意。它與前四者以捨命轉世求正果不同，屬於"捨財消災"、"施財積德"的思想。用後一種方法修正果不僅方便，且無生命之虞。在社會向前發展，經濟處於上升時期，人們想通過施捨財物這個方便"法門"求得佛果，寺院想通過人們施財物而斂聚錢財，加強寺院經濟力量，這是當時社會發展的趨勢。

這時期的本生故事畫中，須達拏太子本生和薩埵太子本生故事畫的情節和畫面都很詳盡，為前代所不及；在細節渲染上也較前有所發展。

須達拏太子本生故事畫

莫高窟早期洞窟繪此畫4幅，據西秦聖堅譯《太子須達拏經》繪製。

故事說，過去若干世，葉波國王太子須達拏，其妃為鄰國曼坻公主。一日，太子出遊，見病殘貧苦之人，決心救助他們，得父王允許開國庫救貧。千里之外的民眾，都聞訊而來。葉波國有一蓮花白象，力大無窮，能力敵雄象60，被視為國寶。敵國國王想除掉這白象，以稱霸於世。聽說須達拏盡其所有施捨於民。於是召募8個梵志，前去求索白象。須達拏雖猶豫再三，但有求必應的諾言在先，也只好將國寶、父王的寵物贈與梵志。此事傳出，朝野震驚，國王憤怒至極，立即罰須達拏去6000里外的檀特山中靜慮思過。太子將自己資財作最後施捨後，攜妃及兩子女啟程。沿途又數次遇婆羅門請求施捨，須達拏先後將馬、車、衣物盡皆施予。行至半途，又遇曠野大澤，糧水漸盡，但太子仍堅定地向檀特山行去。帝釋見其如此艱苦，變化出城廓闤闠市及一切衣食伎樂奴婢僕僮，勸其留住。太子說，父王命往山上思過，違命逗留非孝子所為。於是穿城而過，多日後，到達檀特山，拜見在山中修行的阿州陀仙人並在其住處

北周及隋有關施捨的本生故事統計表

本生故事畫	北周	隋	數量
須達拏太子本生	莫 428	莫 419、423、427	4
虔闍尼婆梨王本生	--	莫 302	1
薩埵太子本生	莫 299、301、428	莫 302、417、419	6
尸毗王本生	--	莫 302	1
快目王本生	--	莫 302	1

旁結草為廬，以瓜果為食，靜心思過。

再說，在鳩留國有一婆羅門，貌奇醜，年40才娶妻，而其妻卻端莊秀美，人見人愛。每當其妻到井邊汲水時，一些市井少年都嗤諷其夫婿，對她調戲耍鬧。美妻啼泣歸告醜婆羅門，並說，若不找奴婢代做一切外出勞作，決不與你同居，並以自刎相威脅。醜婆羅門無奈，只得赴檀特山求須達拏將子女施捨給他做奴婢，侍奉嬌妻。太子雖有不捨，但仍將子女捆送醜婆羅門，任由醜婆羅門鞭打驅使。太子妃在山中採果，預感到災難將至，急忙返回。帝釋為成全太子施捨善心，化作獅子阻妃歸途。待醜婆羅門遠去，太子妃歸來不見子女，痛不欲生。須達拏苦言相勸，妃亦認命而稍安。帝釋欲試太子佈施的誠意，也變一婆羅門，求索太子妃。須達拏太子亦把妃給他。此時帝釋復原形，將太子妃歸還太子。當醜婆羅門驅趕二小兒回家後，其妻見子女幼小，無力勞作，更難忍受奴役鞭打之苦。罵醜婆羅門無能，命其速去賣掉。醜婆羅門驅二小兒至葉波城內，最後賣與國王。王失孫復得，想念須達拏，遣使接太子夫婦回城。敵國知太子慈善，亦歸還蓮花白象，並送以金銀珠寶。太子仍將白象送給鄰國，兩國修好，化敵為友。太子回宮拜見父母，並盡庫藏佈施。故而今世成佛。

須達拏太子本生故事畫，在印度和中國新疆、中原等地區石窟、石碑上都有較多的刻繪。

在中國，最早發現的有從新疆去印度的南道上的米蘭（公元3世紀）第5址加廊上的壁畫殘片，北道克孜爾第14、38、198、81等窟的壁畫，以及在中原地區北魏宣武帝永平三年（公元510年）造像碑（藏陝西博物館）、龍門賓陽洞（公元500~523年）浮雕（已毀）。東魏武定元年（公元543年）道俗90人造像碑浮雕（藏河南新鄉市博物館），北齊天保二年（公元551年）造像碑浮雕（藏美國賓夕法尼亞大學博物館），還有莫高窟的壁畫中均有石刻和壁畫。

此故事畫在各地石刻和壁畫中，情節多少不一，現存的完整程度亦不相同。其構圖形式，除印度巴爾湖特外，其餘基本上均為橫列連環畫形式。山奇大塔欄石雕，情節基本完整，但人物、情節安排稍嫌擁擠，沒有明顯間格；儘管如此，仍不失為早期的佳作之一。伽瑪魯卡里的石刻，據云現存三個斷片，已有樹作間隔，人物、情節亦清晰明確。新疆米蘭、克孜爾以及龍門賓陽洞和中原其他地方出土的碑刻石雕，或因損壞，或因原作攝取的情節不全，故事的完整性均不如莫高窟壁畫，尤其是須達拏等進山途中，過城不留等內容，均不見於畫面。在經文中須達拏還說：

"違父王命,非孝子也。"這個情節,是敦煌壁畫中僅有的。顯然,敦煌壁畫的繪畫者,十分重視這個貼近國情、民情的儒家孝道思想的內容。

莫高窟早期所繪4幅須達拏太子本生故事畫,除北周繪於東壁北壁的顯要位置外,隋代的均繪於窟頂人字坡或中心柱腰沿。第428、419窟為橫幅式畫面,分上、中、下三段,情節走向呈"S"形。這種構圖最大優點在於畫幅容量大,能將情節繁多的故事詳盡描繪。第423窟的每個情節之間,基本上用山圍成環狀,作為間隔,這是一種獨特的構圖形式。

麥積山壁畫與龍門賓陽洞石刻人物形象,都具有北魏、西魏時期秀骨清像的特點,衣飾冠服盡皆漢化,形態優美,風骨飄逸。莫高窟隋代第427窟中心柱殘存畫面的總體風格,多有近似之處,畫中人物瘦削,身着長袍大襦的漢式服裝。在隋代的莫高窟出現這種魏風頗濃的畫面,似為一特例,可能此畫的小樣自東傳來。

關於人物形象塑造,最成功的是請求須達拏施象的8個梵志。對他們強索硬要、蠻橫無理、伸腳舞爪、洋洋自得的那種張狂意態,描繪生動而深刻。這種形象並非經文中所描述,而是畫家據生活中的形象加工的。

在印度,公元前1世紀的巴爾湖特佛塔,山奇大塔北門欄楯,阿瑪拉瓦特(Amaravati)的遺迹及其西北的龍樹丘;公元1~2世紀的秣菟羅、犍陀羅等遺迹的石刻,公元6世紀以後的阿旃陀第17

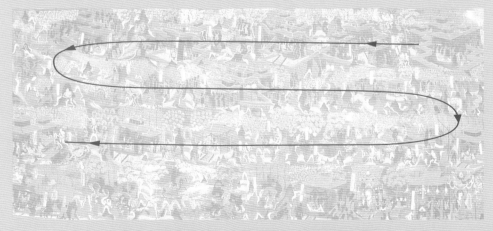

第419窟須達拏太子本生"S"形構圖示意圖

情節呈"S"形發展,在莫高窟是首次出現。三段橫幅可容納多個情節,對較複雜的長篇故事,敘述較詳。

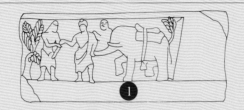

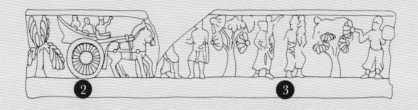

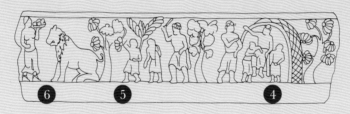

伽瑪魯卡里須達拏太子本生石刻殘片（説明見內文）

窟的壁畫，以及伽瑪魯卡里的石刻遺物（藏大英博物館）等都有此故事。

伽瑪魯卡里石刻共 6 個情節，包括：1. 須達拏授象與婆羅門。2. 須達拏一行去檀特山。（缺施馬、車畫面）3. 施衣與婆羅門。太子與曼坻抱二小兒上路。（缺到檀特山及醜婆羅門婦汲水受辱等畫面）4. 太子將二小兒交付醜婆羅

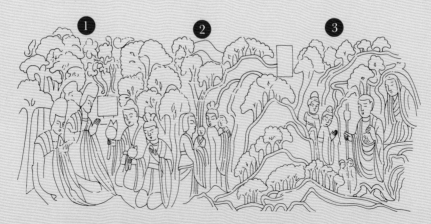

龍門石窟賓陽洞須達拏太子本生故事畫浮雕（説明見內文）

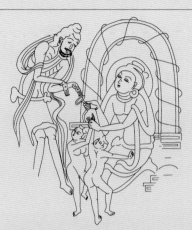

克孜爾石窟第38窟須達拏太子本生圖

門。5. 醜婆羅門鞭打二小兒前行。6. 帝釋變獅阻止曼坻返家。

龍門石窟的須達拏太子則只有三個情節,分別是:1. 太子拜別父母。2. 太子與曼坻抱兒女進山。3. 太子一行到達檀特山,向阿州陀仙人求教,結廬修行。此圖簡略清晰,山巒樹林圖案化。以上三附圖所繪情節雖都不完整,但仍可對故事情節一目了然。不過,與敦煌壁畫相比,其他石刻和壁畫顯得過於簡單,不似敦煌壁畫故事性強,描繪詳細,人物性格塑造也有更多的餘地;所以敦煌壁畫的形象也更加生動,更合漢民族口味。

薩埵太子本生故事畫

薩埵太子本生故事畫在北周、隋窟中共繪6幅。故事已於第一章第二節中詳述,在此不贅。

第428窟此故事畫構圖形式與其相對稱的門北壁須達拏太子本生故事畫一致。人物形象,用色設綫筆法皆同,似出於同一畫家之手。

與北魏第254窟此故事畫相比,此圖畫面情節容量較大,故事脈胳清楚,循序而畫。人物形象具有中原"面短而艷"、體魄健壯的特點。青、紅、赭、黑間插敷彩,使畫面熱烈絢麗。此圖重視環境與人物情緒的關係,但在人物內心感情描繪上則不及第254窟所畫。

以上各薩埵太子故事畫基本上均為橫幅式構圖,其中第428窟畫面採用"S"形三段敘述形式,與同窟須達拏太子本生故事畫類同。

以上各畫,基本情節均符合佛經所述,只是情節取捨,畫面繁簡,手筆高低,用色艷淡略有不同。其中以第428窟所繪最佳。

快目王本生故事畫

故事謂釋迦為阿難及會眾釋疑說:無數世前,有富迦羅跋國,國王名叫快目。雙眼明亮,愛民好施,凡是人民之所求,均無所不予。其下屬有一小國,國王耽於淫樂,國事敗壞,快目王擬興兵討伐。小國王為阻止快目王討伐,徵募一盲眼婆羅門前去求索大王之目。快目王答應其所求,剜眼相贈。此時上界諸天皆痛惜不已,但大王毫無悔意,誓稱施眼是為成佛道。誓畢,奇蹟出現,

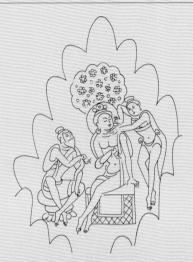

克孜爾第38窟快目王本生故事畫

國王兩眼復明，更倍勝於前。此時，佛說彼時之大王，即今日之我。我因施目而得成佛。

繪於隋第302窟人字坡上段的第三幅的快目王本生，畫面只有快目王端坐蓮台，頭微俯，另一人執利器剜其眼珠。

莫高窟第275窟亦繪此故事。因該畫部分殘破故在第一章未收錄敘述。

公元5世紀名僧法顯所撰《佛國記》記載，曾在印度阿旃陀見過此故事畫，今已不存。

新疆克孜爾第38、178窟亦繪此故事畫。克孜爾與莫高窟所繪均為單情節、單幅畫。克孜爾繪快目王坐台上，手掌向上接眼珠，一人正用利器剜其眼，又繪一婆羅門坐於旁伸手索取剜出的眼珠，較莫高窟第302窟的畫面生動。

虔闍尼婆梨王本生故事畫

位於隋第302窟人字坡上段聯幅畫中之一幅。

故事已於第一章第三節中敘述，在此不贅。

第302窟的虔闍尼婆梨王本生故事畫面簡單，與克孜爾第114窟、莫高窟北涼275窟畫面相似。但在人物描述上都具有同情關愛之情，較上述兩窟略有新意。

故事說，釋迦在過去世是一大國王，名虔闍尼婆梨。一心想求得妙法以造福於人民。於是他便通告全國：「若果有人能與我宣說大法，我將實現他所求之事。」有一個應募的勞度叉稱：「若大國王能以身剜千孔燃千燈，我便為王宣示大法。」王應允，雖然王后、大臣、國民皆苦苦相勸，但也沒有成功。國王即令剜千孔，勞度叉便為他講說世事無常合會生死之道。之後，國王又在身上燃千燈以應其誓。此舉驚天動地，國王亦誓稱絕不後悔。發誓完畢，篤志得驗，身體平復如故。

此畫繪國王居蓮座上，前立勞度叉，側有一人右手執刀剜孔。

北涼第275窟本生故事聯幅畫第二幅亦為此故事畫。因畫殘故未在第一章介紹。從殘存的畫面看，圖中是一白鬚老人舉火向王身上點千燈。這個情節即與本窟所繪以刀剜孔屬同一故事中的前後兩個細節。

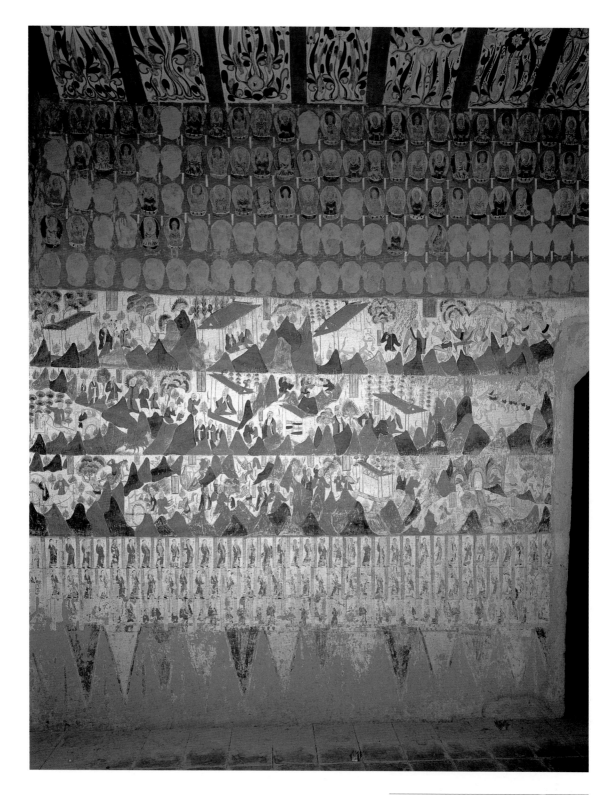

120 第 428 窟東壁門北內景

上部為窟頂人字坡，繪成屋椽式。壁面
上部是影塑千佛，中部是須達拏太子本
生故事畫，下部是供養人像和垂角幔
帷。

北周 莫428 東壁門北

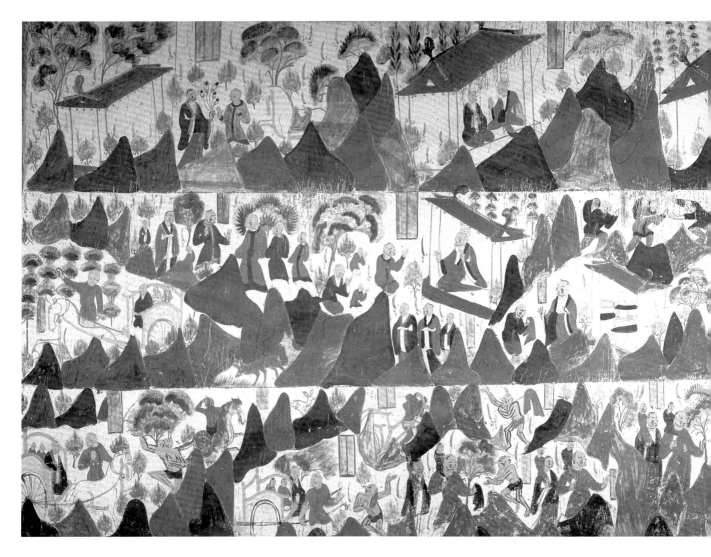

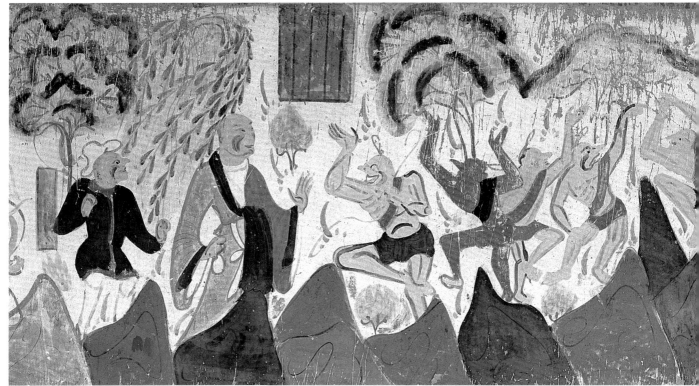

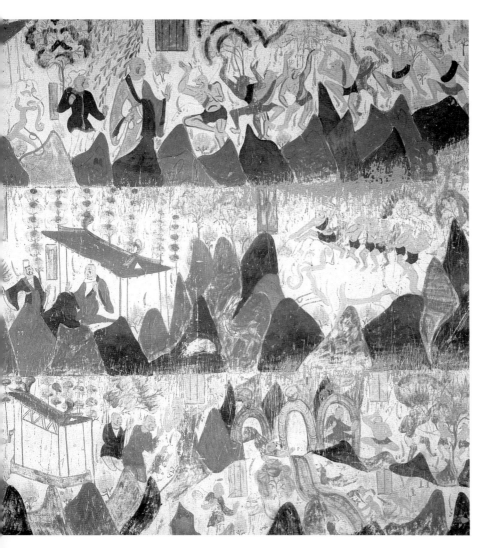

121 須達拏太子本生全圖

全圖分三段。上段從左到右有辭父出遊、請父王開庫佈施和8梵志求施白象3個情節。

中段從右至左梵志騎白象而去、大臣控告太子施象、太子被罰去檀特山思過、臨行前佈施、辭父王、臣民相送。

下段從左至右婆羅門乞馬而去、求車而去、乞衣物而去；太子及妃負子女前行；帝釋化城廓留太子，太子穿城而過；抵達檀特山，結廬修行；太子將子女送給婆羅門，子女繞樹不行，被婆羅門鞭打。以下情節未畫。

北周 太子須達拏經 莫428 東壁門北

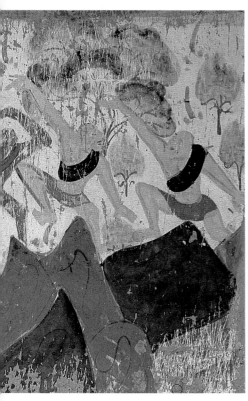

122 婆羅門索白象

婆羅門形象醜惡，伸腳舞爪，強索硬要，氣燄囂張猖狂，如市井無賴。

北周 太子須達拏經 莫428 東壁門北

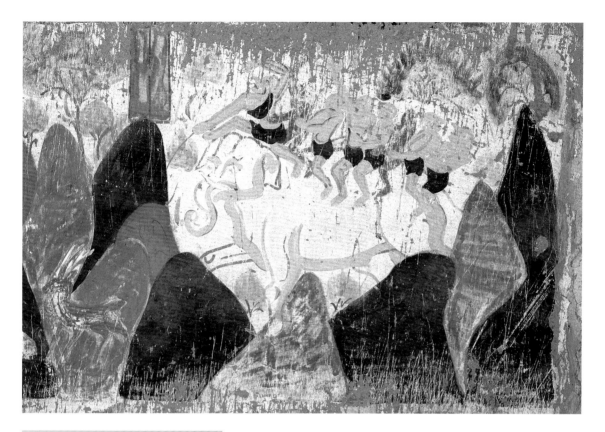

123　婆羅門騎象而去

此圖將婆羅門慶幸陰謀得逞，洋洋自
得，手舞足蹈，鬧鬧譏諷須達拏之態，
刻畫得入木三分。

北周　太子須達拏經　莫428　東壁門北

124　須達拏赴檀特山前最後施捨

太子面前一人捧衣躬身致謝。其後上方
已得佈施的兩人各背一大包袱，又有一
人出迎接包。但給人感覺不是百姓喜得
佈施，而是喜發橫財的貪婪和自私。畫
面應屬本畫創作中之敗筆。

北周　太子須達拏經　莫428　東壁門北

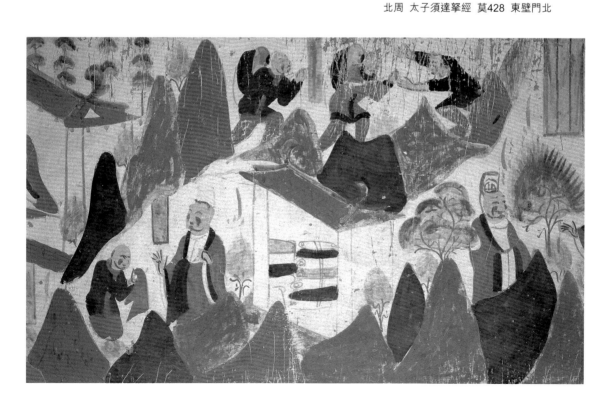

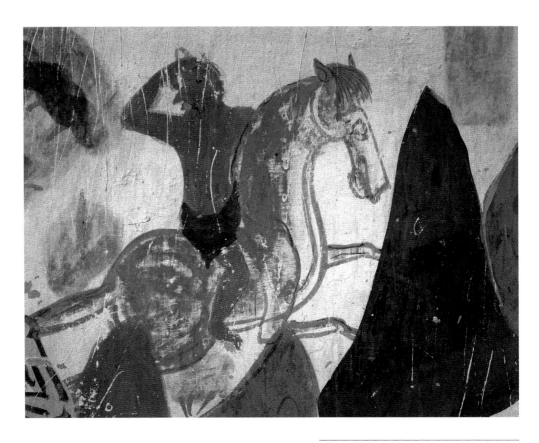

125　婆羅門騎馬而去

婆羅門摸着頭，回首望須達拏，顯示出
欺騙得手的洋洋得意之態。

北周　太子須達拏經　莫428　東壁門北

126　婆羅門求車、求衣

圖左，婆羅門立太子前求車，得手後拉
車而去。圖右，太子把各人衣物盡予施
捨，仍表現平靜心態。

北周　太子須達拏經　莫428　東壁門北

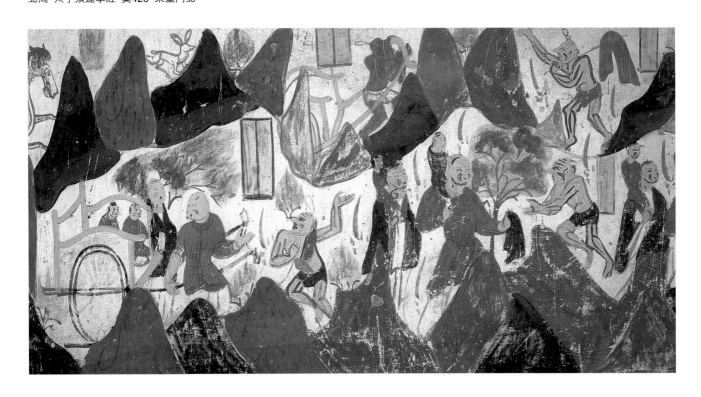

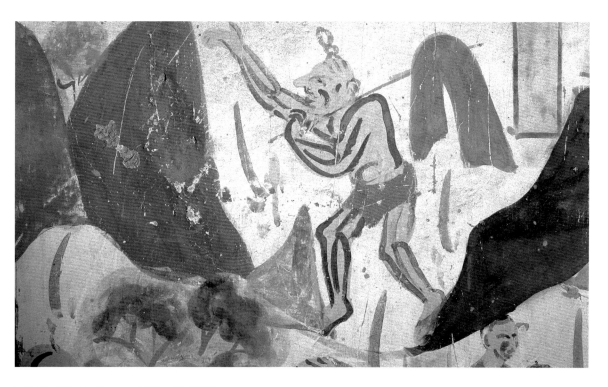

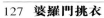

127　婆羅門挑衣

婆羅門挑衣揚手，似乎因再次得手而顯
出嘲弄的自得。

北周　太子須達拏經　莫428　東壁門北

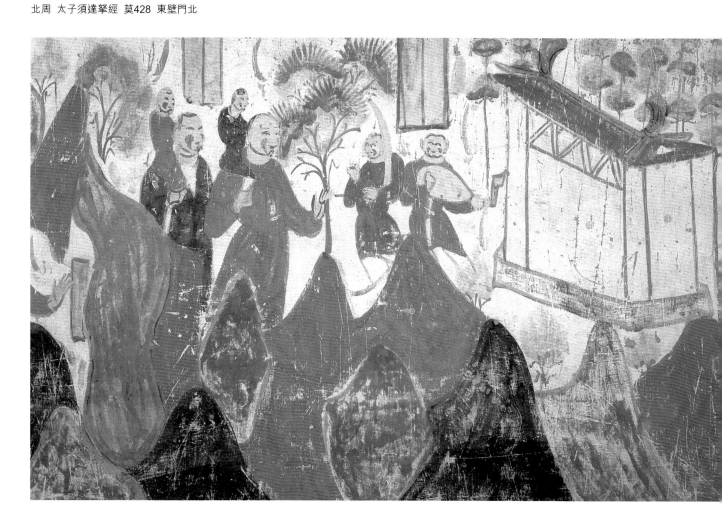

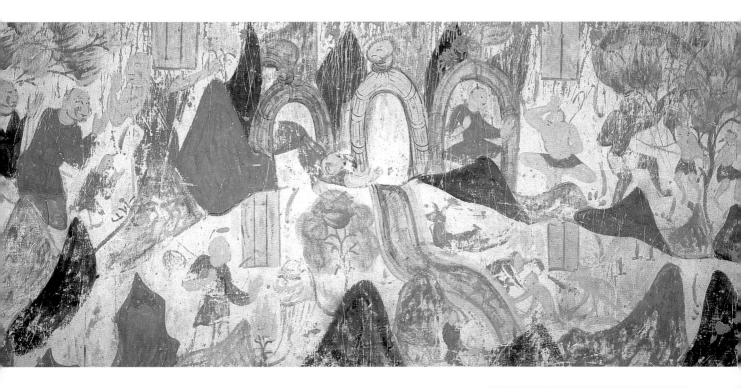

129 須達拏在檀特山修行

圖左，太子及妃跪於阿州陀仙人前，請求指點。圖上方，太子及妃結廬修行。右下方太子之子女與猴羊等玩耍。圖中下，太子妃挑果籃，帝釋化獅阻妃歸途。右上方，醜婆羅門於草廬前求太子施子女，太子應允。子女繞樹不行，醜婆羅門牽着被捆的子女，揚鞭驅趕。

北周 太子須達拏經 莫428 東壁門北

128 須達拏夫婦負子過城

帝釋化出城廓、房舍，門前有彈琴、撥箜篌的樂伎迎接，太子負子繼續前行，擺手示意拒絕入室。

北周 太子須達拏經 莫428 東壁門北

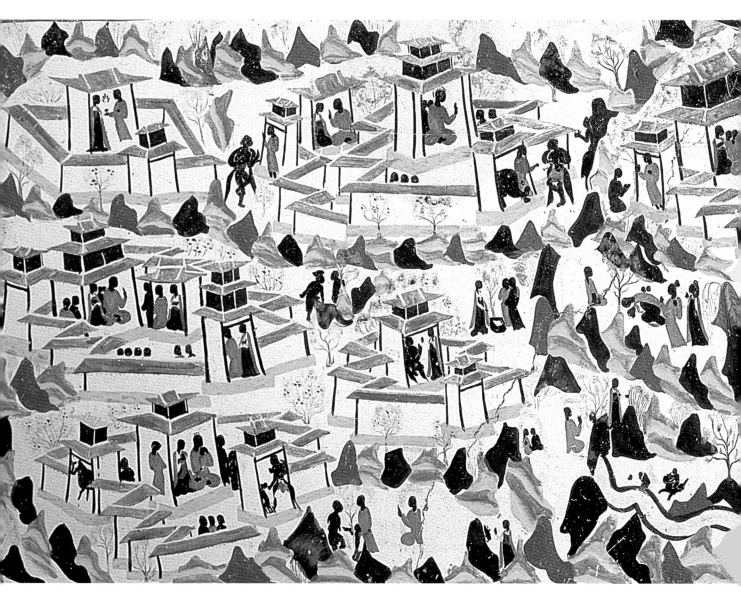

130　須達拏太子本生全圖

此圖的情節用山間隔,不致混淆,色彩
以青、藍、紅、白為主,敷色淡雅。整
個畫面清新朗目,人物身材造型也漸漸
向唐代過渡,不失為隋代的佳作。

隋　太子須達拏經　莫423　窟頂人字坡東坡

情節分佈圖

(1)　太子及妃在宮內。
(2)　婆羅門求象。
(3)　太子施象。
(4)　國王罰太子去檀特山思過。
(5)　妃誓與太子同往。
(6)　太子請求佈施自己家財7日。
(7)　佈施。
(8)　辭別父母。
(9)　大臣百姓送別。
(10)　婆羅門求馬。
(11)　求車。
(12)　婆羅門拉車而去。
(13)　婆羅門求衣。
(14、15)　盡施全家衣飾。

(16)　負子女前行。
(17)　太子不留在帝釋所化的城廓。
(18)　到檀特山,向阿州陀仙人求教。
(19)　結廬思過。
(20)　小兒子騎獅遊玩。
(21)　醜婆羅門美妻在井邊遭調戲。
(22)　美妻哭訴要找奴婢。
(23)　醜婆羅門打聽太子所在。
(24)　太子送兒女給醜婆羅門。
(25)　小兒女被賣到皇宮。
(26)　國王接回太子及妃。

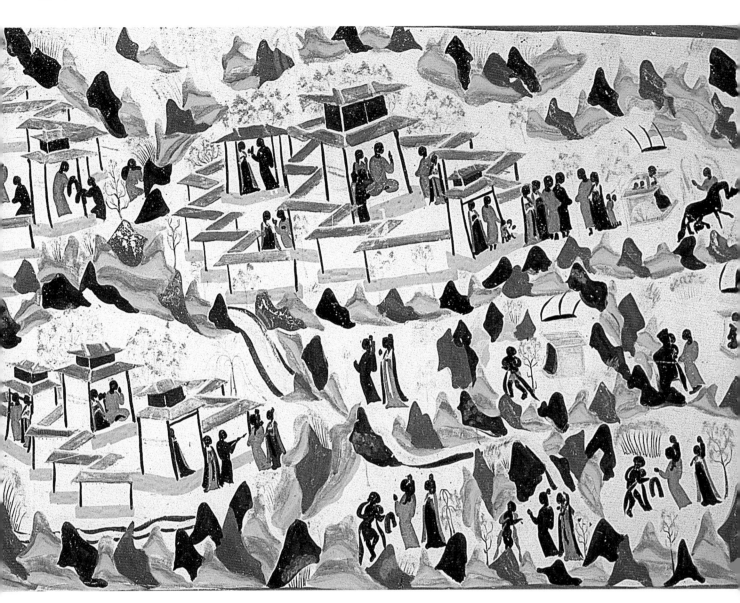

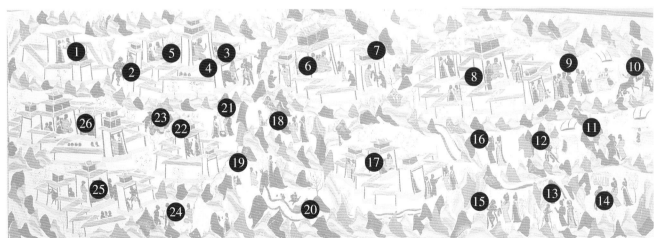

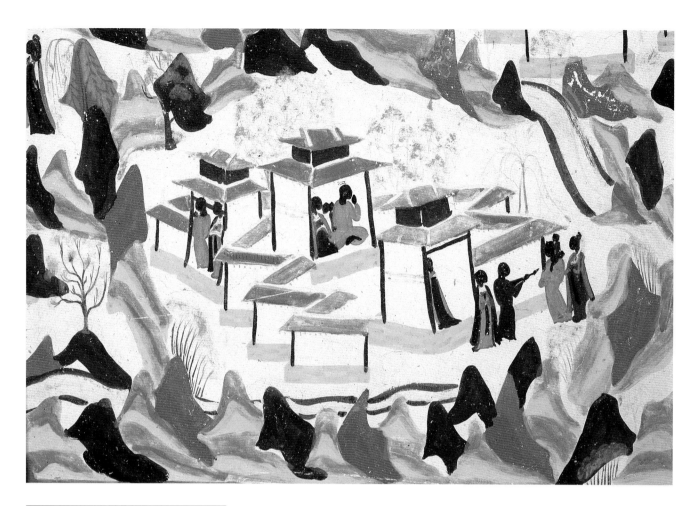

131 須達拏一行前往檀特山

帝釋化城，城門外有樂伎彈琴迎接太子
夫婦。城內大廳上太子一家正進食。在
另一城門太子夫婦等出城繼續上路。圖
中太子妃曼坻，長裙曳地，體態優美，
已有初唐畫中婦女形體風姿。

隋　太子須達拏經　莫423　窟頂人字坡

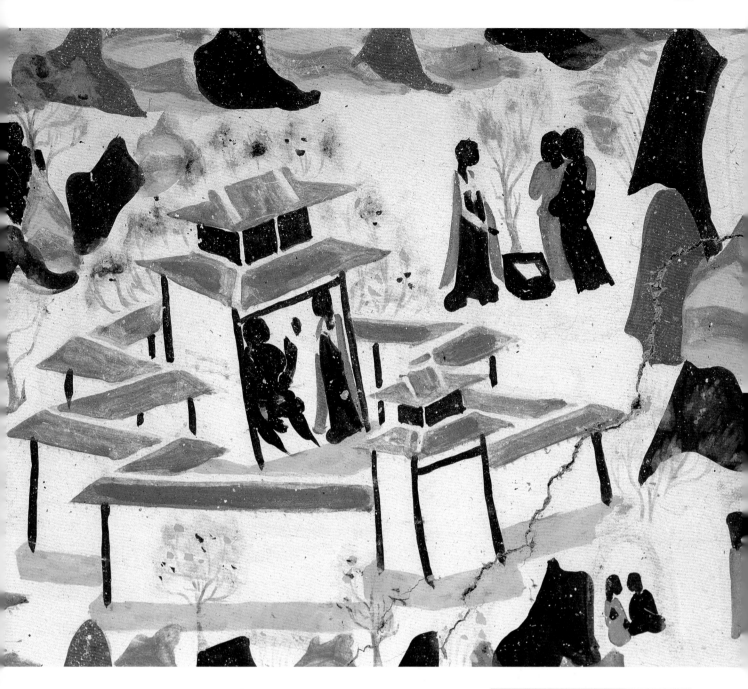

132 婆羅門妻訴說遭調戲

右上方，井邊2少年調戲婆羅門美妻。屋
內醜婆羅門半跪於地，其妻哭訴委曲，
要找奴婢代做出門各事。

隋 太子須達拏經 莫423 窟頂人字坡

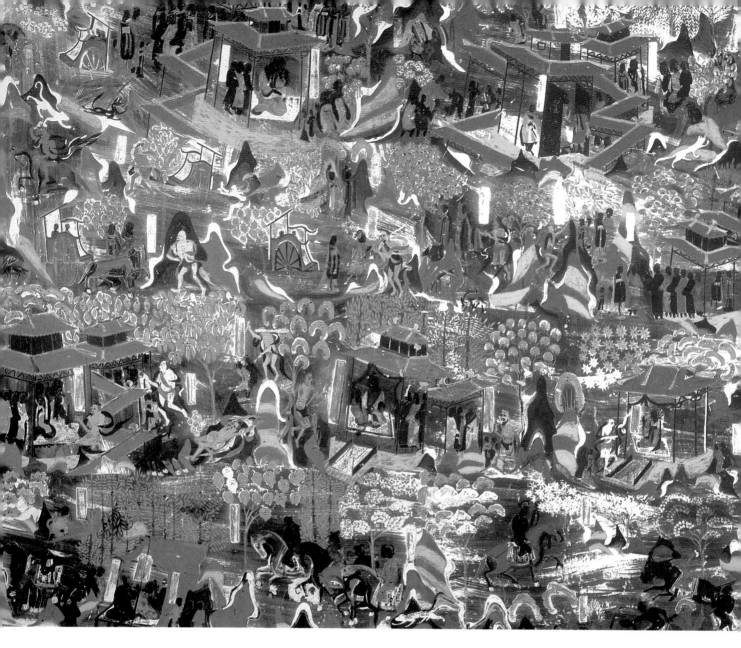

133 須達拏太子本生全圖

構圖與第428窟同，呈"S"形。東坡共分4
段畫面，上3段為本圖，第四段為薩埵太
子本生故事畫的前半部。

此圖在同題故事畫中情節最全，但畫面
變色，較難辨認，有一些細節又似為畫
家所加：如最後一個畫面，即領婆羅門
入宮及國王賜食，婆羅門躺於王宮前地
下等，就難知其含意。

隋 太子須達拏經 莫419 窟頂人字坡東坡

情節分佈圖

(1) 宮廷。

(2) 婆羅門求白象。

(3) 太子施象。

(4) 婆羅門騎象離去。

(5) 大臣告太子施象。

(6) 罰太子到檀特山。

(7) 太子臨行前佈施。

(8) 告別父母。

(9) 大臣百姓送別。

(10) 婆羅門求馬。

(11) 騎馬而去。

(12) 求車。

(13) 拉車而去。

(14) 求衣，太子悉皆施予。

(15) 太子負子女前行。

(16) 帝釋化城，太子稍息後離
去。

(17) 太子到檀特山，拜見仙人，
結廬居住。孩子與野獸玩
樂。

(18) 醜婆羅門婦井邊被調笑。

(19) 美婦逼醜婆羅門買奴婢。

(20) 醜婆羅門求太子兒女。

(21) 施與子女。

(22) 帝釋變獅阻上山採果的太子
妃回家。

(23) 醜婆羅門鞭趕2小孩。

(24) 美婦要求賣掉孩子。

(25) 將孩子賣給老國王。

(26) 國王給婆羅門金銀並賜食。

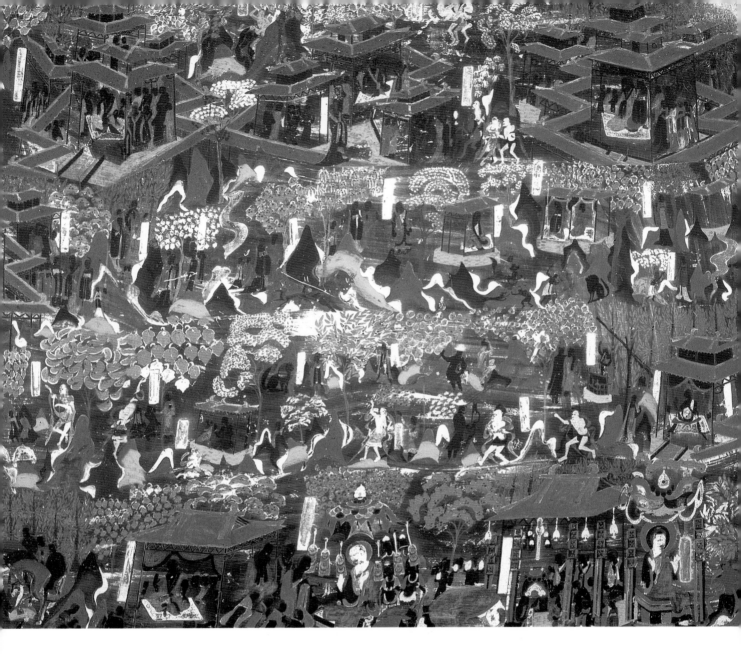

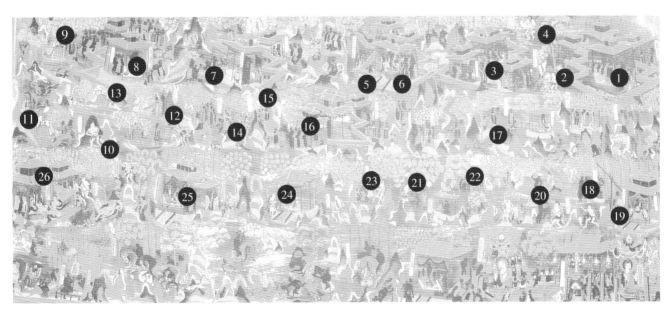

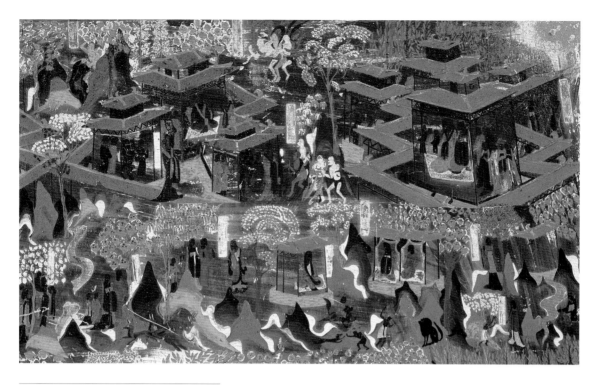

134 宮廷建築

北周 太子須達挐經 莫419 窟頂人字坡東坡

135 須達挐太子施車

圖左下太子與妃拉車,車上坐兩小兒,車前一婆羅門求施車。圖右下,太子妃伸手接兩小兒下車,太子將車交付與婆羅門。圖中上,婆羅門拉車而去。

隋 太子須達挐經 莫419 窟頂人字坡東坡

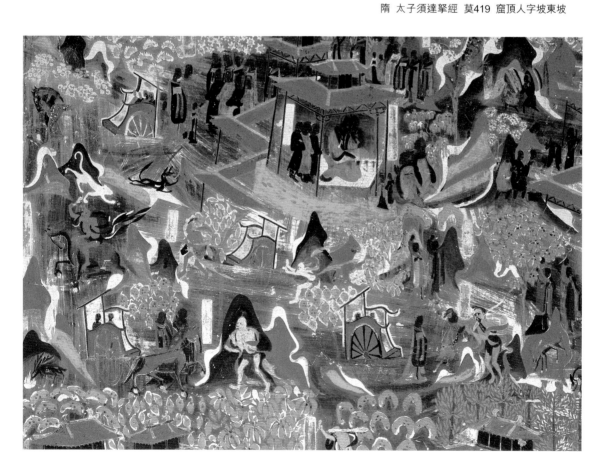

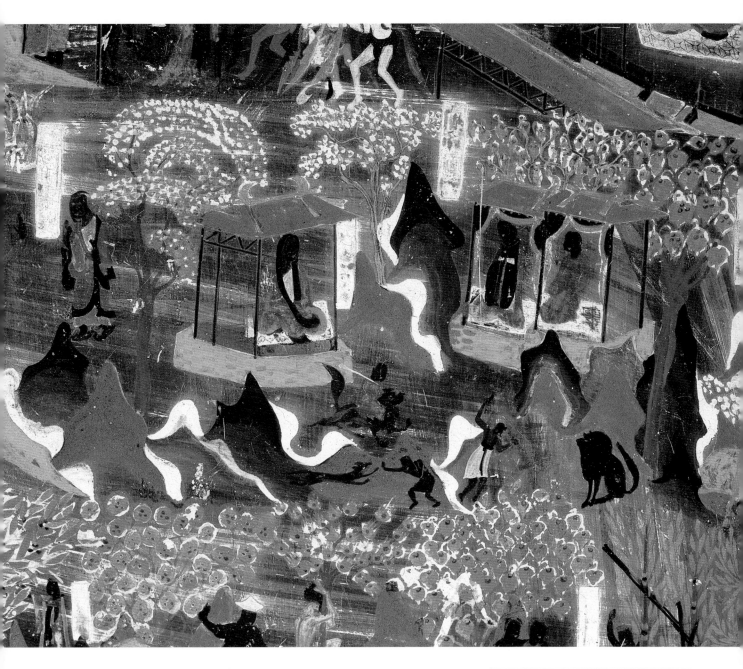

136 須達拏太子結廬修行

太子在深山修行，所住的是歇山頂磚瓦
房舍而非草廬。此絕非畫家筆誤，但其
意未明。小兒、小女與獅、狼於山水之
間遊玩。

隋 太子須達拏經 莫419 窟頂人字坡東坡

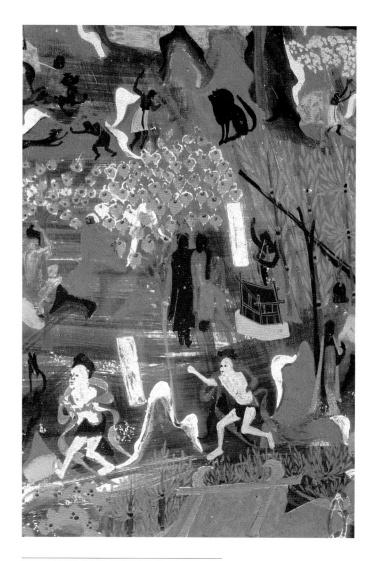

137 婆羅門美妻遭調戲

井旁立二少年,調笑在井邊汲水的美
婦。美婦低頭不語。其所着束胸長裙,
乃隋代服裝。此圖是一幅古代的社會風
情畫。圖中提水的桔槔,截樹丫為支
桿,橫插一端繫石重壓,一端長繩繫桶
在井中裝水後提出,非常省力。這是古
時的扛桿原理在生活上的運用,也是北
方千餘年來長期運用的提水工具。

隋 太子須達拏經 莫419 窟頂人字坡東坡

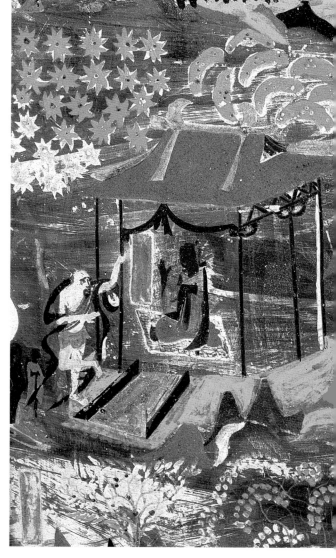

138 婆羅門驅趕二子

醜婆羅門捆二子雙手驅之前行，二子繞
於樹幹不願離去，婆羅門抽鞭驅之。

隋 太子須達拏經 莫419 窟頂人字坡東坡

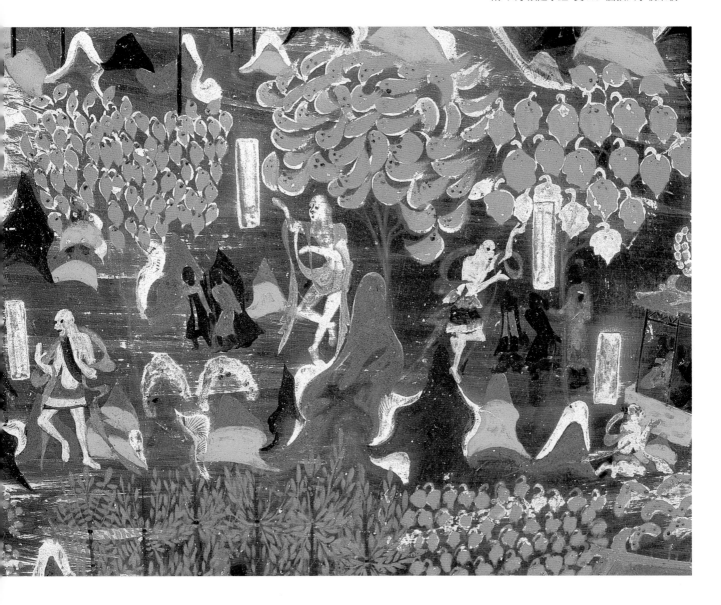

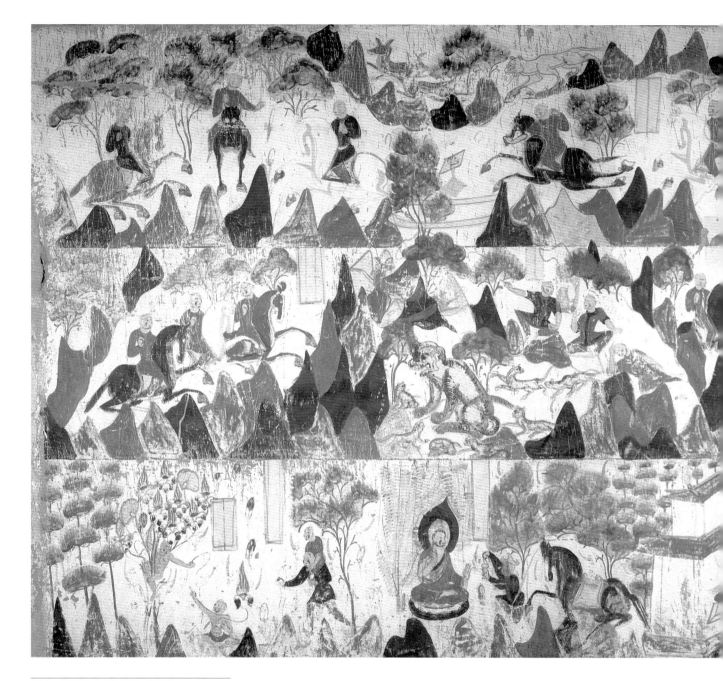

139　薩埵太子本生全圖

畫面分三段，情節走向呈 "S" 形。構圖與
同窟對稱位置的須達拏太子本生故事畫
一致。人物形象、用色、設綫筆法皆
同，似由同一畫家繪畫。

此圖比北魏第254窟同名畫容納情節較
多，循序而畫，故事脈胳清楚。青、
紅、赭、黑間插敷彩，畫面熱烈絢麗。
人物有中原 "面短而艷"，體魄健壯的特
點。此圖重視人物情緒與背景的關係，
但描繪人物內心感情則不及第254窟該
畫。此壁左下角最後兩個畫面是 "獨角仙
人本生" 和 "梵志夫婦摘花墜命因緣"，與
本故事無關。

北周　金光明經 · 捨身品　莫428　東壁門南

情節分佈圖

(1)　三位王子告別父母出遊。	(8)　薩埵爬上山崖，刺頸跳崖，
(2)　騎馬行於途。	虎舐血後圍食薩埵。
(3)　飛騎射靶和操練。	(9)　二兄見屍骨，奔跑哭號。
(4)　繼續前行。	(10)　飛馳回宮。
(5)　見山下的餓虎。	(11)　向父王稟告。
(6)　薩埵囑二兄先回。	(12)　奉王命收屍骨起塔供養。
(7)　薩埵躺於虎側，虎無力食其	
肉。	

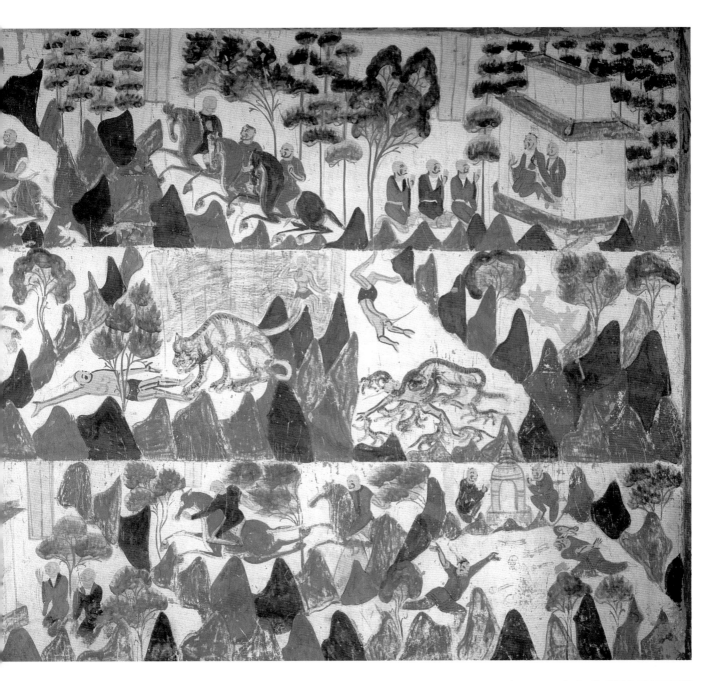

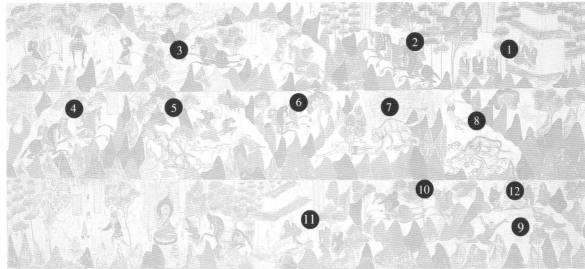

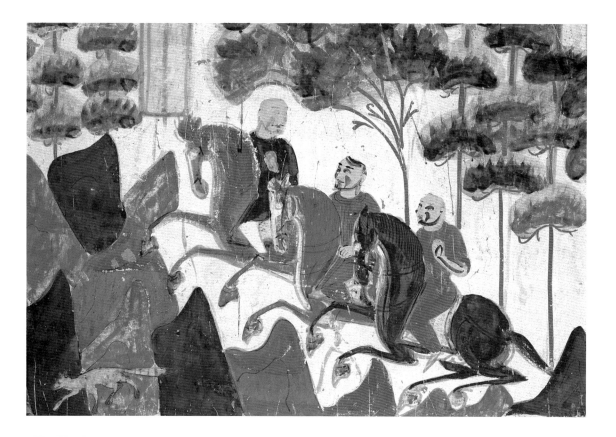

140 王子們乘馬出遊

畫家以脖頸的白色和臀部的淡色,表現
王子所乘三騎立體感,顯出馬匹的肥
壯,而牠們的細腿,大蹄,又顯示出馬
匹的矯捷與壯實。

北周 金光明經‧捨身品 莫428 東壁門南

141 薩埵太子刺頸、投崖、飼虎

圖右山上太子上裸,下着短褲,彎手刺
頸;山崖前中太子縱跳於半空下墜;山
下一母虎與7隻小虎圍食薩埵肉身。

北周 金光明經‧捨身品 莫428 東壁門南

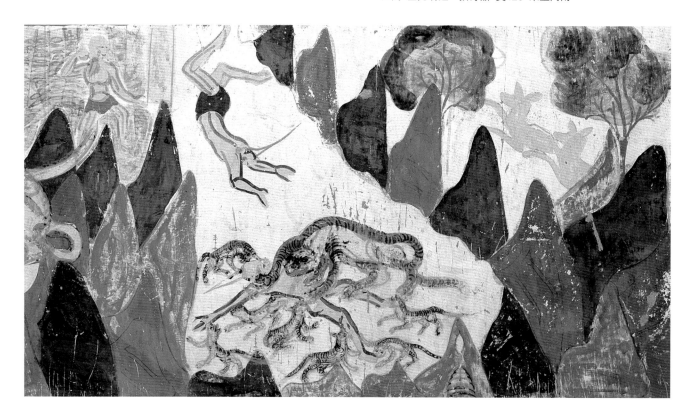

142 二兄長疾馳回宮報信

按常理，飛馬疾馳，道旁的樹幹枝葉與
馬馳方向相反以示馬速之快；但這幅
圖，樹幹枝葉傾向與馬馳方向一致，與
常理不合，但畫家恰恰是用這種不合常
理的畫面，向人們展示樹木景物與人的
急切心情相互交融，似乎在用樹木傾斜
的相同方向，催促和幫助駿馬順風疾
馳，盡快將噩耗報告給父母。這幅畫
面，描繪不合常理的環境，給人們完全
可以接受的、合乎情理的感受。這在藝
術構想上可算奇思之筆。

北周　金光明經·捨身品　莫428　東壁門南

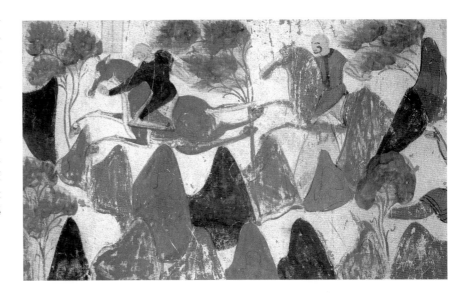

143 二兄圍繞屍骨奔號

二兄長見薩埵屍骨，情緒激動，高揚雙
手圍屍奔號。上部分是起塔供養。

北周　金光明經·捨身品　莫428　東壁門南

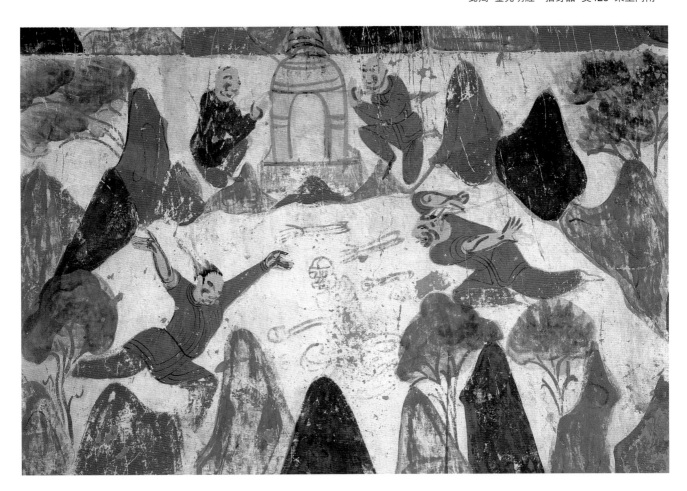

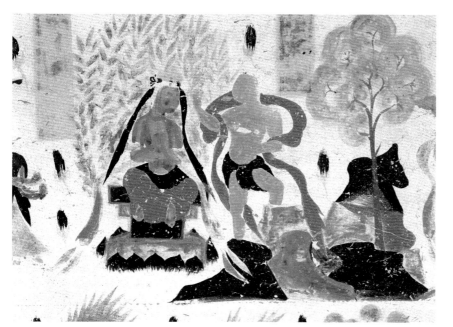

144 快目王本生故事畫

此圖是佛本生故事聯幅圖的第3幅。快目王坐須彌座上，一人手執利器刺其眼。

隋 賢愚經‧快目王施眼緣品

莫302 窟頂人字坡東坡

145 虔闍尼婆梨王本生故事畫

此圖為佛本生故事聯幅圖的第5幅，虔闍尼婆梨王坐蓮座上，前立勞度叉，側有一人執刀剜身。

隋 賢愚經‧梵天請法六事品

莫302 窟頂人字坡東坡

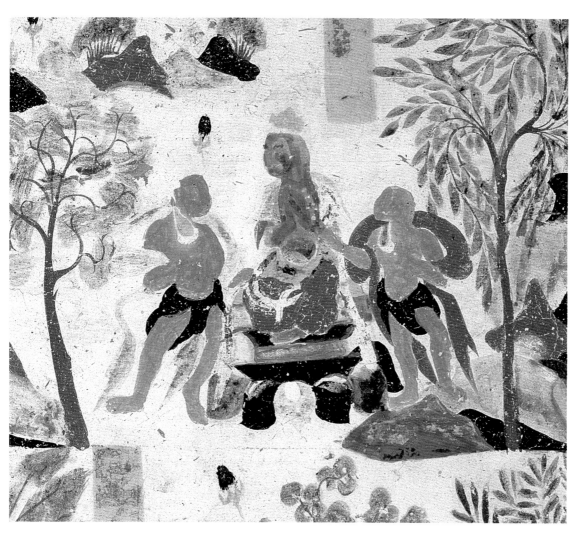

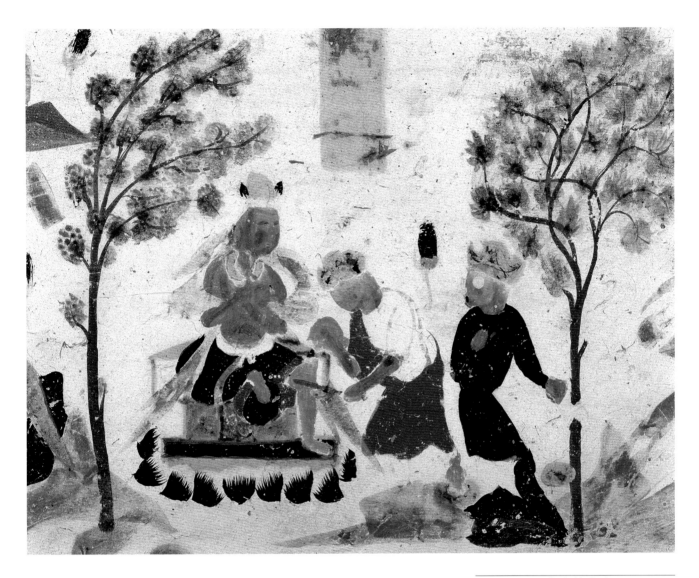

146 尸毗王本生故事畫

此圖為佛本生故事聯幅圖的第7幅。尸毗
王坐於蓮花座上，神情自若。其前一人
持刀細心割肉，一人提秤回頭觀看，似
有不忍之情。畫中割肉者毫無兇殘之
像，不似劊子手，而似一位醫生細心為
病人輕刃切除贅疣。

隋 大智度論‧初品菩薩釋論

莫302 窟頂人字坡東坡

第三節　戒淫戒貪　求得正果

本節所述故事雖然主題各有不同，但基本上均是由於淫和貪所引發的故事，分別有微妙比丘尼因緣故事、獨角仙人本生故事，梵志夫婦摘花墜命因緣故事。

出家便要消除各種欲念，淫念和貪念都是佛家所不容的；故此三則故事中，有違佛教戒條者，都一一遭受報應。其中以微妙比丘尼因緣故事講述一位比丘尼以自身業報教誨一眾剛出家的貴婦，摒棄欲念，表達了佛徒對自身貪嫉惡行的自省、自責和宣揚因果報應思想，主題較為積極。

微妙比丘尼因緣故事畫

繪於北周第 296 窟窟頂西、北兩坡的微妙比丘尼因緣故事畫，早期石窟中僅此一幅。晚唐第 85 窟屏風畫亦繪此故事，但已模糊不清，其他中外石窟亦不見再有此故事，故第296窟的此畫當為珍貴的遺存。此故事畫據《賢愚經·微妙比丘尼品》繪製。

故事說，舍衛國攝政王暴虐無道，逐放醉象踏殺人民。眾貴婦怨世事凶險，均出家為尼，但又難耐伴隨青燈古寺的孤寂，凡心蠢動，深感修行之苦，遂求教於微妙比丘尼。微妙對她們講述自己生前無數世及今世的因果業緣。微妙說，過去世，我為一富家大夫人，因不能生子，丈夫娶一小婦並生一子，我因忌嫉而生邪念，用鐵針刺小兒囟門，把他殺死。小婦疑我所為，我誓不承認，並說：若我害死小兒，今後世世嫁夫夫死，生子子亡，自食子肉，火燒全家，父母雙亡。當時我起如此毒誓，以為並無禍福報應之事，誰知天眼自明，毒誓一一應驗。今世我生在尊貴梵志家，出嫁後，喜生一子；其後，又懷孕在身，臨盆期近，與丈夫攜子同返娘家，途中腹痛不能前行，遂暫歇於樹下，半夜產一子，污穢血腥引來毒蛇，丈夫被蛇咬，毒發身亡。無奈，只得攜長子和新生兒哭着上路，行至深山險地，渺無人煙，又遇一大河，水深浪急，我先留大兒在岸邊，游水抱小兒過河，再返回接大兒。大兒見我，即入水迎來，被大浪捲走，回頭再看對岸小兒，已被狼快吃完了。一日之間，夫死子亡，一家四口，僅餘我孤身一人。此時，又遇娘家一老鄰居，才知娘家近日大火，父母家小盡死火中。老人憐我遭遇，留住他家。不久又嫁一青年，隨之又懷孕。一日青年酒醉夜歸，正值我臨產，未起床開門而遭毒打，並將剛生下的小兒煮熟，強迫我食子肉。我不堪虐待，連夜出逃，來到波羅奈國，在城下稍事休息；此時，一富家子新喪婦，亦日日來城外墓園懷念其妻，偶然相遇，同病相憐，遂結為夫婦；夫妻感情深厚，十分美滿。誰知婚後數日，新夫因病突逝，按該國國法，死者生前最愛者將隨葬，於是我被隨夫埋於墓中。該夜，盜墓賊來偷竊墓中寶物，賊首見我貌美又未死，即掠我出墓做他的妻子。數十日後，賊首犯案，官判處死，小賊又將我與賊首同葬一墓。三日後，羣狼掘墳食屍，我得自墓中再次逃生。靜下心來，想想我是良家女，前世有甚麼罪孽，今世遭此報應，便向佛陀求解脫。如來見我全身赤裸，讓阿難以袈裟披我身以遮羞，並告訴我宿世為大婦時殺嬰的惡業。我悔悟前過誠心向佛，苦心靜修，方得今日的羅漢果。即使如此，仍日日如有熱鐵針從頭鑽到腳，晝夜無盡。諸位心意蕩逸，情欲熾烈，戀家纏縛甚於牢獄。我現在把我的罪孽報應誠懇地告訴諸位，望你們引以為戒。諸貴婦聽後，悚然心懼，堅定皈佛之心，祈求無上正道。

此畫與同窟的善事太子入海本生故事畫，基本對稱地畫於窟頂，亦同屬犬牙交錯式橫幅畫，畫風格調亦相同。畫

面從前世微妙起誓到今世出嫁，三夫均死，並活埋兩次等等均入畫。故事情節完整，畫面清晰。

這種因緣故事，與佛教在周武帝即將禁佛前，具有末教思想的佛徒擬自省罪愆，再取信於民不無關係。

獨角仙人本生故事畫

繪於北周第428窟東壁門南薩埵太子本生故事畫之後，位置在畫面下段末尾倒數第2、3個畫面上。據《大智度論》卷十七〈釋初品·禪波羅密〉繪製。

故事說，釋迦出家修行6年，成佛後返回王宮化度諸釋子。其二夫人耶輸陀羅對釋迦情戀依依，欲續舊情，釋迦冷淡相對。耶輸陀羅又遣7歲兒子羅睺羅送歡喜丸給釋迦，釋迦雖食其丸，但毫無性欲，仍不與耶輸陀羅行夫妻承歡之事。耶輸陀羅又用一梵志所製藥力甚大的百味歡喜丸獻釋迦，佛雖食後，仍心目澄靜，毫無異相。眾比丘得悉此事，皆以為不可思議。因此，釋迦便說，在

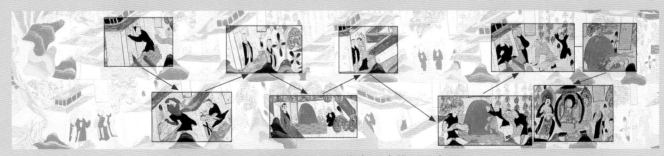

第296窟微妙比丘尼因緣犬牙式構圖示意圖

過去世，二夫人為淫女，亦以歡喜丸進行誘惑的故事。

釋迦說：在過去久遠世，婆羅奈國有一母鹿，因食仙人溺精，生一子，此子頭生獨角，腳為鹿蹄，仙人勤教學問。獨角子漸長，苦學勤修，通經精禪，行四無量心，得五神通。一日，大雨路滑，獨角仙人扭傷足踝，嗔而咒今後12年無雨，國內五穀不生，人民失去生計。此時有淫女稱能破獨角仙人神通，並能騎仙人來城。國王十分高興，即以500美女，500車歡喜丸送予淫女。淫女攜同美女及歡喜丸，到達獨角仙人附近結庵居住，找機會誘惑他。一日，仙人走到淫女處，500美女出迎，並以美酒美食相待，又給他吃歡喜丸，淫女又邀請仙人入室軟褥款坐，請其共浴，以細軟柔手撫浴其身，諸般挑逗；獨角仙人難以自抑，遂成淫事。至此，獨角仙人神通全失，天下雨7日，稼禾盡得生長。7日後，酒食皆盡，淫女謊稱不遠有食，可同去取。半途，淫女矯稱疲乏不能再前行，於是騎在仙人頸項上共赴王城。最後，釋迦說，昔日獨角仙人，即我之前生，淫女即今日之二夫人耶輪陀羅。過去我為獨角仙人，她即以歡喜丸誘惑我，過去我五欲未斷，故受她迷惑。今我已成佛，不會再被她媚惑。釋迦進一步說，細軟觸體能動仙人，何況是凡夫俗子，凡貪欲者，去道甚遠，當以為戒。

此本生故事，據說在印度山奇大塔北門、巴爾湖特塔欄楯、秣菟羅、犍陀羅等遺迹都有浮雕。中國新疆克孜爾石窟第17窟繪此壁畫，圖中一人騎於仙人項上，而第428窟的此故事畫，由兩個畫面組成。一個繪釋迦之子捧歡喜丸獻給釋迦，一個繪淫女騎獨角仙人。

此時出現這幅畫，既有為寺僧不軌行為解脫，又有警戒寺僧淫亂難證佛果之意。

梵志夫婦摘花墜命因緣故事畫

北周第428窟東壁門南的薩埵太子本生故事畫之後，位於下段末尾最後一個畫面上，前為獨角仙人本生故事畫，而在其後則是梵志夫婦摘花墜命因緣故事，這故事據《法句譬喻經》第三十七〈生死品〉繪製。

故事是這樣的：一位青年梵志，新婚燕爾，與妻子十分恩愛。時值陽春三月，夫婦於後園遊玩。園中樹上花朵枝葉茂盛，妻子愛花，梵志便上樹摘花送予妻子。妻子得一花後，想再要一花，梵志爬樹再摘，不幸地，樹枝折斷，梵志墜地身亡。最後，釋迦說，前無數世，有三人助一小孩射死樹上之山雀，其中一人即這位青年梵志，故此今世要遭受墜樹命終之業報。

此畫以宿命因果解釋人世生死之道，又有告誡貪欲而遭惡果之意。

　　新疆克孜爾石窟第69窟繪此故事，畫面是一人攀樹伸手摘花，樹下一人躺在地上，即示摘花與墜死兩個情節。

　　莫高窟第428窟畫中，少年沿樹攀上，一手將花拋下。樹下，新婦一手執花，一手上舉指花。無少年墜地身亡畫面。

　　按經文原意，有以生死果報告誡世人之意。克孜爾石窟畫面真實圖解了經文，而第428窟畫面則充滿新婚夫婦遊園歡愉之情，似更接近儒家言生不言死，重人事的思想。

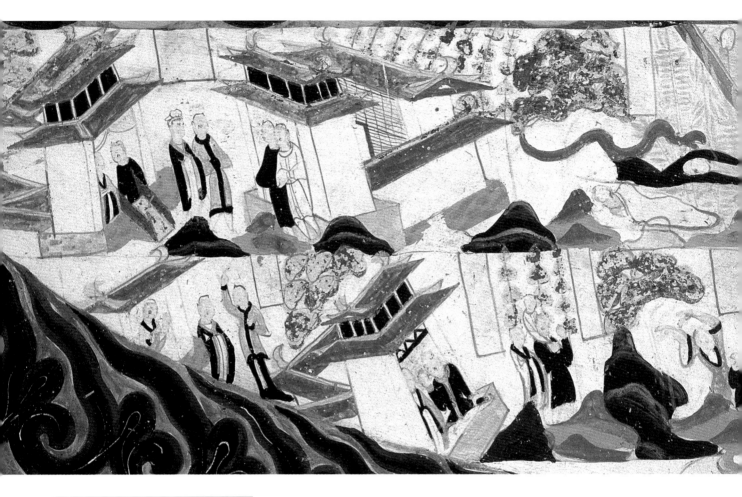

147　微妙比丘尼因緣之西坡

西坡為故事第一部分，由微妙前生起誓
到再婚，共9個情節。

北周　賢愚經‧微妙比丘尼品

莫296　窟頂西坡

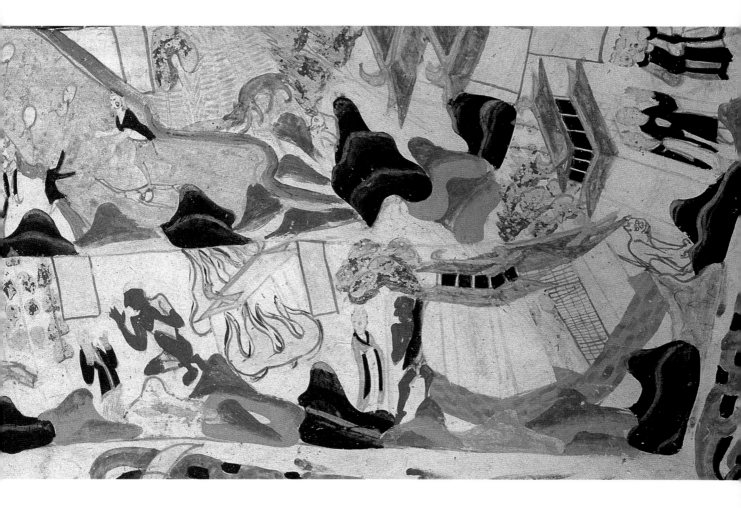

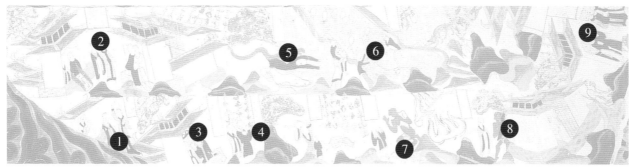

情節分佈圖

(1) 微妙前生起誓未殺小兒

(2) 左屋內微妙相親。右屋為雙方父母。

(3) 微妙生子。

(4) 微妙回娘家準備生次子。

(5) 途中產子，毒蛇咬死丈夫。

(6) 隻身攜兩子返娘家，大子被河水捲走，微妙涉水拯救，岸上小兒被狼吃掉。

(7) 老鄰居告知父母已亡。

(8) 老鄰居收留微妙。

(9) 微妙再婚。

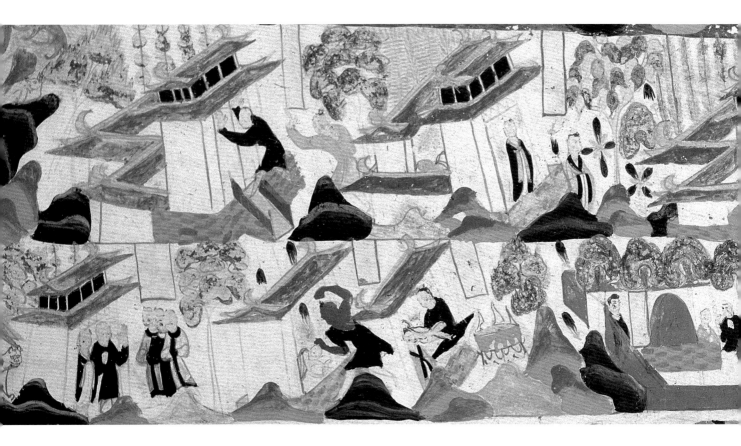

148　微妙比丘尼因緣之北坡

北坡為第二部分，由第10情節的微妙再
婚至佛說業緣。

北周　賢愚經・微妙比丘尼品
莫296　窟頂北坡

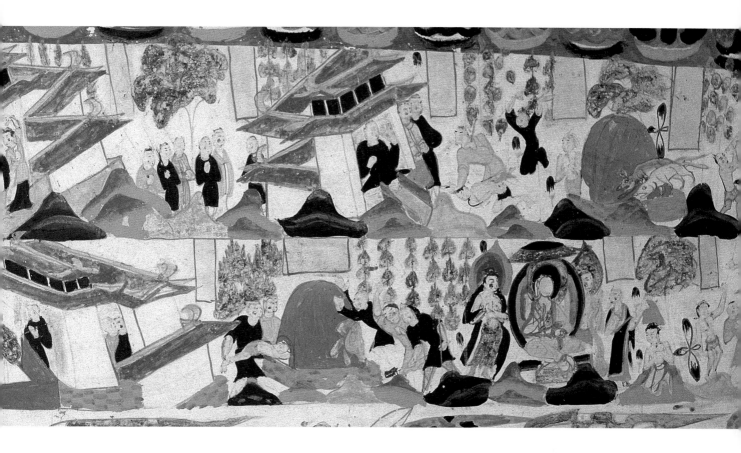

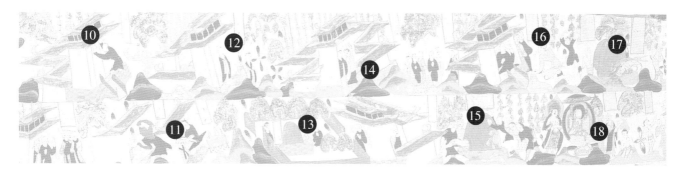

情節分佈圖

(10) 新夫酒醉夜歸，正值微妙產子。

(11) 丈夫怒打微妙，逼她煮食新生兒。

(12) 微妙逃走。

(13) 在墳園遇富家子。

(14) 再結婚。

(15) (墓左) 丈夫病死，微妙殉葬，(墓右) 卻
　　　被盜墓賊掘出。

(16) 賊首受刑。

(17) 微妙又被殉葬，因狼掘墓食屍逃出。

(18) 佛為微妙說過去世業緣。

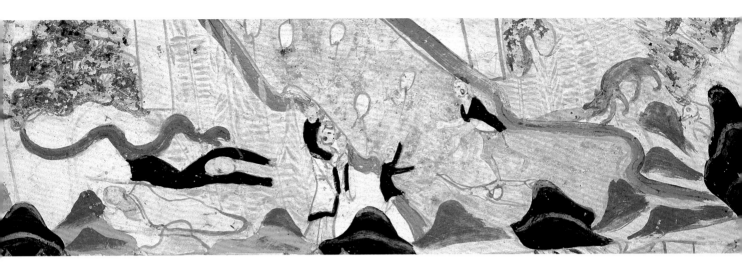

149 微妙一家前往娘家途中遇難

圖中微妙和丈夫樹下睡覺，長蛇撲至咬
死丈夫。微妙隻身肩負大兒，懷抱嬰兒
上路，遇一大河。河右岸狼正吞食嬰
兒，微妙行於河中，左岸大兒向河裏的
微妙跑去。

北周 賢愚經‧微妙比丘尼品
莫296 窟頂西坡

150 微妙遭第二任丈夫虐待

青年梵志毆打微妙。梵志煮熟嬰兒，逼
微妙食子。微妙不堪受虐逃走，與懷念
亡妻的富家子相遇在墳園。

北周 賢愚經‧微妙比丘尼品
莫296 窟頂北坡

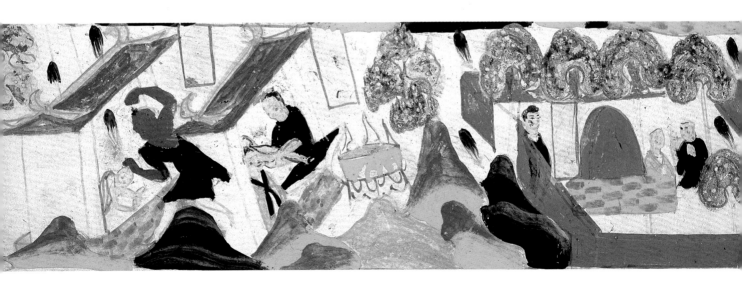

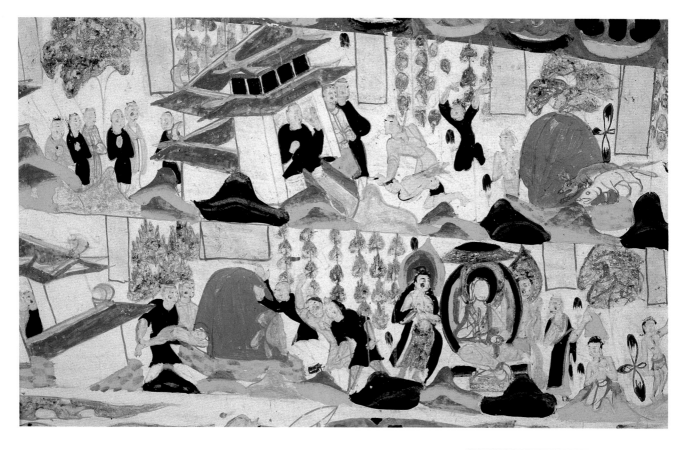

151　微妙兩次陪葬及佛陀説過去世業緣

圖左下一墳墓。二人送微妙入墓為富家子陪葬，墓另一側數盜賊掘墓，即賊首盜墓掠微妙。圖上府衙內官吏判賊首死刑，賊首跪於地；一人手按其頭，劊子手舉刀欲砍。圖右上，墳側有兩隻狼挖食屍體，微妙半裸立於墓另一側，即微妙再次陪葬後逃出墳墓。圖右下，微妙半裸跪於佛前，求佛解脱。佛示阿難以衣給微妙披之，並為説業緣。

北周　賢愚經·微妙比丘尼品

莫296　窟頂北坡

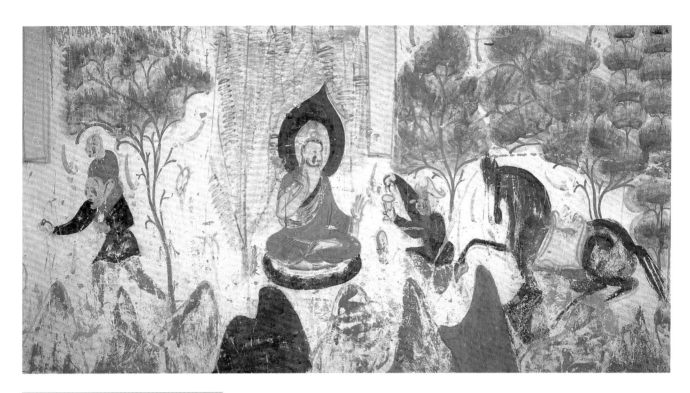

152 獨角仙人本生全圖

圖中右側畫佛坐蓮台，佛前下跪的是他
的兒子，正從容器中取出一歡喜丸。此
即釋迦二夫人耶輸陀羅遣7歲兒子羅睺羅
送歡喜丸給釋迦。左側畫淫女騎在獨角
仙人頸項上前行。這畫面即是淫女誘惑
獨角仙人行淫後，獨角仙人法力消失，
背負淫女前往波羅奈國。

北周 大智度論·釋初品 莫428 東壁門南

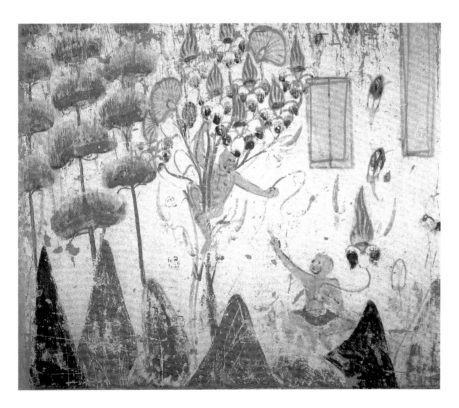

153 梵志夫婦摘花墜命因緣全圖

梵志在樹上摘花拋下，其妻坐地上，左
手持花，右手指樹上的花。畫中毫無墜
死迹象，而似新婚夫婦歡遊花園。説明
佛教藝術本身在表現佛經時受畫家的影
響而產生的矛盾。

北周 法句譬喻經·生死品 莫428 東壁門南

本生因緣故事畫的復興

晚唐、五代、宋（公元781~1036年）

序論 《賢愚經》屏風畫的出現

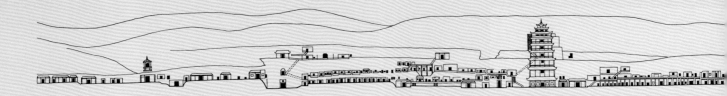

　　唐代安史之亂後，吐蕃乘機佔領河西，並於唐德宗建中二年（公元781年）佔領敦煌，到唐宣宗大中二年（公元848年）張議潮率敦煌軍民起義，驅逐吐蕃，收復敦煌及河西，期間歷時共68年。大中五年（公元851），唐宣宗敕封張議潮為河西十一州節度使。此後直至1036年西夏滅沙州，在這180多年的時間內，河西（尤其是瓜沙二州）絕大多數時間都在張、曹二姓政權統治之下，保持着相對安定的局面。

　　張議潮、曹議金家族主政時期，莫高窟新修和改建洞窟分別達83個和274個。兩個時期修建了一批新型大窟，如第16、85、94、98、100、108、146等窟。

　　所謂屏風畫，是以屏風的樣式畫在壁面上，再在其中繪以故事畫。這種屏風畫在洞窟中有些連綿數十屏，屏屏相連，環繞大型洞窟的南、西、北三壁。晚唐、五代、宋時期（即張曹兩家族時期）屏風畫內容是繪製《賢愚經》的本生因緣故事等。

　　《賢愚經》共13卷69品。其中大乘、小乘故事都有，但以小乘居多，主要是講釋迦曠世成佛的本生、因緣及各種譬喻故事。其主人公包括人、神、鳥、獸、蟲、魚等眾生。

　　莫高窟繪有《賢愚經》屏風畫的洞窟現存共6窟。晚唐第85窟，五代第72、98、108、146等4窟，北宋第55窟。上述諸窟，除第72窟外，都繪於各窟南、西、北三壁。其中以第98窟能識別的故事畫最多。其餘各窟屏風畫面則多已剝落或色綫隱退、模糊不清。這些屏風畫，或兩個故事（品）繪一屏，或一個故事（品）繪一屏至數屏。

　　洞窟內大量彩繪《賢愚經》故事畫，是為了宣傳佛教因果報應、曠世業緣之說。但在9～10世紀佛教的發展，世俗性加強，佛畫也更具有與世俗民眾緊密相連的娛樂性功能。

　　敦煌自唐代以後，佛教各宗派發展很快，初盛唐期間，淨土、法華、維摩、華嚴……等大量入壁，其中尤以淨土宗入壁最多。這時小乘佛教內容的經品故事，在莫高窟已基本上絕迹。晚唐時期，各宗派壁畫在洞窟中都有彩繪，很難確定當時敦煌民眾究竟以信仰甚麼宗派為主。或者說，他們並不一定信仰

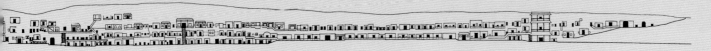

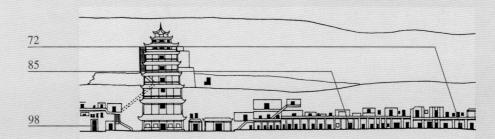

晚唐五代第 72、85、98 窟位置圖

某一宗派,而只是"信佛",凡屬"佛陀"的一切皆可繪畫。這種宗派信仰的不定性,使寺廟僧徒更着重於把能取悅於人的不同經品故事畫繪入壁畫,爭取更多的信眾。

中晚唐時期,正是中原地區俗講變文興盛之時,變文俗講的內容已超出佛典而發展到民間故事和遠古及當朝的人物事迹,堯、舜、孔丘、伍子胥、李陵均有其文。地點也不限於寺廟,而有了專門的書場。聽講的人,不但"愚夫冶婦",聽者不絕,連一些大家子弟,紈袴闊少也趨之若鶩;甚至連一向認為俗講是"假托經論,所言無非淫穢鄙褻之事"的官宦文儒,也偷偷換裝潛入寺場聽講;更有甚者,連當朝皇帝唐敬宗也於寶曆二年(公元826年)也駕幸"福興寺,觀沙門文漵俗講"。可見當時俗講之盛。中央如此,地方效之,敦煌也步其後塵。只不過在佛教石窟中所講的是佛經故事或源出於佛經的變文罷了。

在大乘各派風行於洞窟的時候,《賢愚經》屏風畫之能夠產生,還得益於當時宗派信仰的不定性。它是佛教派別兼容的寬鬆環境下的產物。這時期的故事畫,較唐以前本生、因緣故事畫更加曲折奇離,婉轉動人,甚至荒誕可笑,具有較強的趣味性、文學性、戲劇性和娛樂性。它對善惡的臧否,對賢愚的褒貶,對天地事物的析解,都能啟迪人們的智慧,教育人生和愉悅觀眾,因而深受民眾喜愛。

綜上所述,《賢愚經》故事畫,是在具備了下列條件的基礎上,才在晚唐以後的洞窟較多地出現的。1. 敦煌民眾對佛教宗派信仰的不定性和佛教內部有寬鬆兼容的環境。2. 說唱佛經故事在敦煌漸漸盛行。3. 敦煌寺院將具有趣味性、文學性、戲劇性的故事畫於洞窟中,其目的既為教化,亦為佈施,再為擴大信眾隊伍。4.市民階級層逐漸形成,往來商賈遊客增多,他們都喜愛具有娛樂性、觀賞性、引發人們喜怒哀樂,形式新穎的俗講和壁畫講解。

《賢愚經》屏風畫經品故事雖多,但由於位處洞窟下部,其中多有損毀,也由於本卷篇幅有限,故本章只能以第98窟為主並兼及個別窟,介紹其中完整或較完整的小部分本生因緣故事畫。

五代第98窟,是莫高窟大型洞窟之一。建於五代後梁貞明至後唐同光年間(公元915～925年),窟主是曹議金。窟型較之前代有較大變化。

在本章將要述及的故事中,有幾則已於前幾章介紹過,如薩埵太子本生,善事太子入海本生故事畫、虔闍尼婆梨王本生等。它們或因所繪情節完整可彌補早期畫面之缺失,或因故事構圖不同,故而舊畫重提。其餘的故事則為新題材。計有的檀膩䩭緣故事畫(亦名端正王本生故事畫)、海神難問船人緣故事畫、無惱指鬘緣故事畫等。

有一些內涵深刻的故事,因畫面剝落,色綫隱退而不能介紹。如梨耆彌七子緣故事畫,其中的七兒媳毗舍梨,析解天時地理,讓公爹僮婢躲過多次災難;她對外國使者的詰難,回答得合理深刻,表現了她洞悉人情物性的精闢見解。這個故事既有吸引人的情節,又有啟迪心智的思想內涵。

在新疆的各石窟,以《賢愚經》故事為主題的壁畫中,以動物旁類為主角的壁畫甚多。但莫高窟所繪《賢愚經》故事畫,都是以人為主角。如"二鸚鵡聞四諦"、"鳥聞經丘法生天"、"五百雁聞佛法升天"、"堅誓獅子"、"汪水中蟲"等以動物為主角的故事,皆未入畫。這與漢族傳統的儒家思想——重人事不無關係。

《賢愚經》故事畫吸引了很多觀眾,擴大了佛教信眾隊伍,也增加了寺廟所得的佈施。但另一方面,它又使這些被擴大的"信眾",所關心的主要不是故事中的佛理,而是故事的娛悅性。這既是佛教的成功,也是它的失敗。它使佛理淹沒在世事俗務之中,也使人們從信仰漸漸蛻變為世俗性的實用。莫高窟宋代壁畫中的佛和菩薩千人一面,說法場面千幅一圖,除因當時與中原隔絕,得不到更多的壁畫小樣和顏料,以及經學漸起,禪學盛行,使圖像逐漸走向衰亡外;那種以離奇故事吸引人的做法,也在其中起了一種"催化"作用。所以,我們不能低估《賢愚經》故事等在敦煌佛教史及石窟藝術發展中,正負兩面的影響。

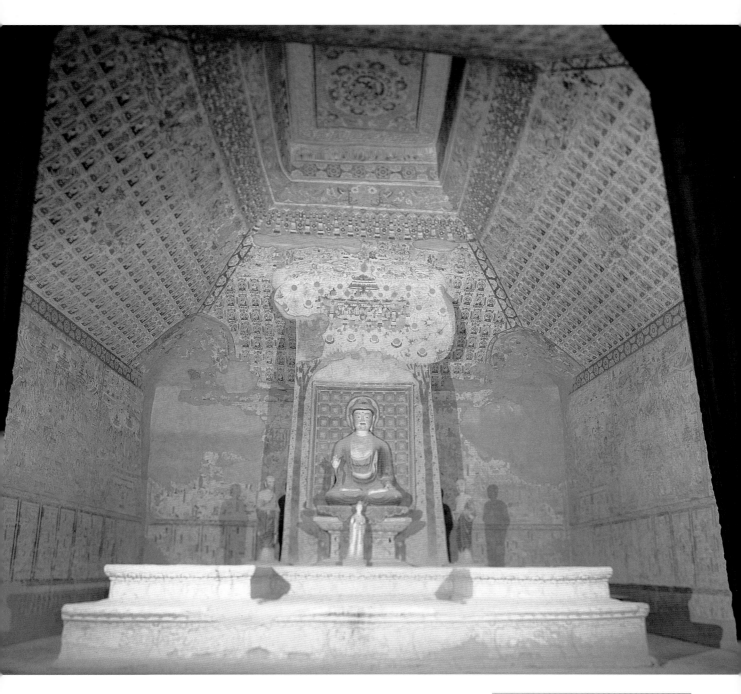

154 第98窟內景

圖中各壁上為經變畫，下為《賢愚經》屏
風畫。壇前有階陛，壇後有高大背屏直
接窟頂西坡。此窟宏偉壯觀，類似帝王
宮廷的金鑾殿。

五代 莫98

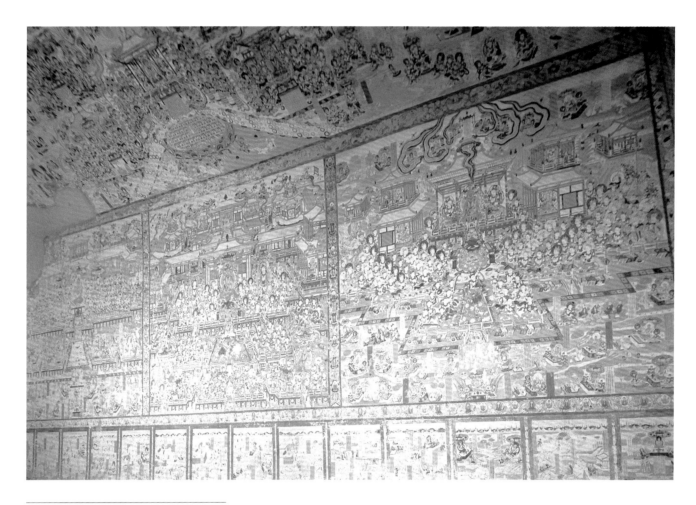

155 聯屏與經變畫

屏風畫位於一壁的下部,內容與其上的
經變畫各自獨立。

五代 莫85

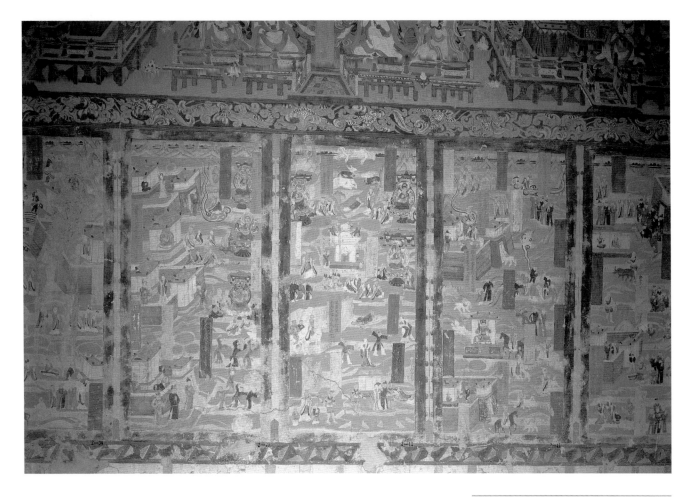

156　第98窟聯屏屏風畫

此圖為北壁屏風聯屏，內容應為"無惱指
鬘緣故事畫"。其上經變為"藥師經變"，
兩者內容沒有聯繫。

五代　莫98

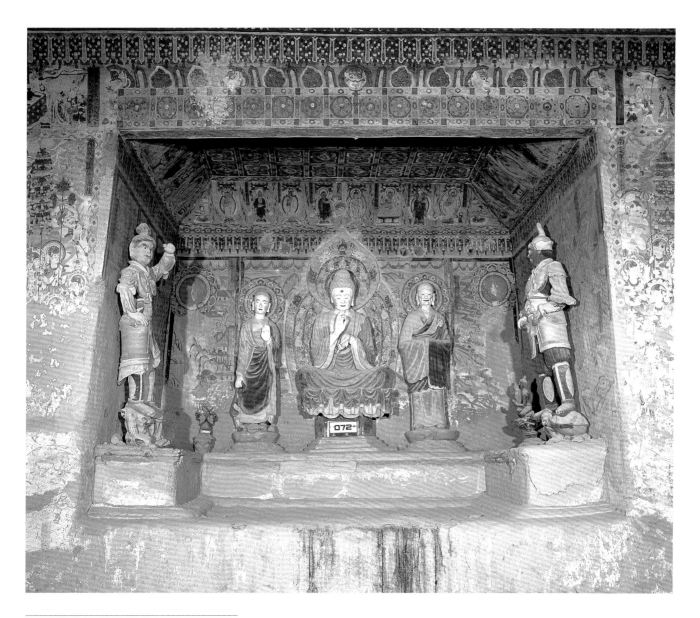

157 佛龕內的屏風畫

五代塑像佛、弟子、天王共五身 (清重修)。
龕內有屏風8扇。其中6扇是薩埵太子本生
故事畫。

五代 莫72

第一節　善有善報　惡有惡報

佛教講因果輪迴，禍福報應；故而一個人能世世相轉，生生相接，禍福相報。這是佛教宣揚善有善報、惡有惡報的思想，誡諭人們棄惡從善的方法之一。本節收入的三個故事畫即凸現了這個主題。

海神難問船人緣故事畫

故事說，佛在舍衛國時，有500商人入海取寶，請一智慧過人的居士作嚮導。船到海中，海神想刁難船人，變一醜惡夜叉，阻船問商人道：世間還有比我更可怕的嗎？智者居士出面回答說：更有比你可怕數倍的，如那些世間做種種惡事，淫穢盜竊，殺生害命的人，死後入地獄被車裂分屍，冰凍火燒，上刀山劍樹，淒厲悲慘，生死不得，比你更可怕。海神自慚不如而隱退。船再前行，海神又化作一人，筋骨相連，瘦如枯柴，阻船而問道：世間有比我瘦的嗎？智者答曰：世有癡迷愚人，慳貪嫉妒，不知佈施，死為餓鬼，數千萬年水糧不進，形體黑枯，此人更瘦於你。海神無言以對，潛隱海底。商船又行數里，海神再化一容貌端正的美少年，阻船而問道：世上有比我更美的人嗎？智者說稱：有勝你百萬倍的美人。世上有個智者，奉行諸善，身口意業清淨恒常，敬奉佛、法、僧三寶，命終升天，形貌皎潔，端正無雙，你與之相比如瞎

獼猴比美少女。海神心裏不服，取一掬水問道：一掬水多還是海水多？智者答道：一掬水多，海水少。海雖大，尤有枯日；若以一掬水奉佛，施僧，或供養父母，或救濟貧窮，或予禽獸，此供奉施捨功德，歷劫不盡，一掬水自當多於海水。海神四難船人，皆被智者一一釋解，欽佩不已，即以珍寶相贈，並託付珍寶以贈佛及僧眾。諸商人採足珍寶，啟船歸國，將所有寶物及海神所贈，悉皆奉佛及僧，並願皈依佛門。佛為之說法，開悟其智，諸欲皆淨，均得阿羅漢果。

故事哲理頗深，發人深省。尤其是最後，一掬水大於海水的回答，充滿辯證觀點。此故事畫在85窟、146、55窟皆有所繪，但多殘破或畫面不甚清晰。

五代第98窟南壁屏風畫東起第8屏繪此畫。畫面簡單，左邊為陸地，右邊為海，海中5隻船，船前海水中湧出海神，分別為海神4次詰難和贈珍寶。陸地上，最下圖為智者和商人上岸後騎馬馱寶回舍衛國，以及背寶步行，途中休息等。最上則為智者與商人跪奉珍寶，聆聽佛法，最後得正果。

波斯匿王女金剛緣故事畫

本故事亦稱醜女緣起故事畫，繪於五代第98窟南壁屏風畫第12屏。

故事說，舍衛國波斯匿王生一女名

金剛，膚糙如駱駝皮，髮粗似馬尾，容貌醜陋體態臃腫，長得簡直不像個人樣。國王心煩憂鬱，下令切勿讓外人見到女兒。金剛女日漸長大，應當找駙馬了，國王愁悶不樂，只有秘密授命一臣子，在國內尋一出身高貴，今已貧窮的種姓子弟，許以高官顯爵，招其為駙馬。不久，大臣尋來一青年。國王把實情相告知，將金剛公主許配給他，青年當即應允。國王為之修建7重舍宅的駙馬府，擇吉日出嫁金剛女。婚後，國王告訴駙馬，要自掌鎖匙，勿讓公主外出，更不得讓外人見公主，若駙馬外出定要將公主關在房內，大門上鎖。一切所需，派人送給。隨即封駙馬為大臣，並賜巨額財富。駙馬常与豪富大臣聚會，其他人赴宴，都是夫婦同行，惟獨駙馬隻身前往。眾人心存疑問，要麼是公主美姿絕色，無與倫比，要麼是醜得難以見人，所以不攜公主與會。為解此疑，眾人設計用酒灌醉駙馬，取下鎖匙，選5人前去駙馬府窺視公主容顏。再說駙馬走後，金剛女心底煩惱，自思公主前世有何罪，今為丈夫所憎，常年被幽閉，不見天日。於是焚香祈禱，望得佛祖解脫。佛陀早已知情，見公主自悔自責，一心敬佛，便從地下湧出，用法力使公主成為髮軟纖細，肌柔膚嫩，相貌姣美，體態端嚴的稀世美女。佛陀又說法教化公主，使她盡除諸惡念，而得須陀

洹道。說法之後，佛即隱去。這時，5人來到府宅窺視，見公主端正無雙，世間少有。難怪駙馬不帶公主赴宴。於是速回宴席，轉告眾人，並將鑰匙還繫駙馬身上。駙馬酒醒回家，見一婦人貌美絕倫，驚問何人。婦人答：我即公主，你的妻子，並告知佛陀神力等等。駙馬大喜，夫婦同赴王宮拜見波斯匿王訴說因由。國王、夫人見女兒變美，欣喜異常，率眾人同去祇樹給孤獨園拜見釋迦，敬奉佛陀。佛陀為他們講述公主過去世曾辱罵比丘醜陋，故今世遭此報應。教人注意身、口、意之業報。

第98窟此圖故事情節較集中地描繪了將公主幽禁深宮、招駙馬、宴會醉倒、佛為說法、公主變美、大臣窺視公主等情節。

在第146、55等窟屏風畫中尚殘存此畫。但已模糊不清。

無惱指鬘緣故事畫

本故事亦稱須陀素彌本生故事畫，繪於第98窟北壁屏風畫西起第8、9屏。在第146窟北壁屏風畫中西起第1、2、3屏亦繪此故事，但較模糊。

此故事由6則小故事組成，每則都講述無惱前若干世故事，前後相連，又相對獨立。第98窟共繪4則，本篇僅介紹這4則故事，餘不贅。

第一則指鬘皈佛故事說：舍衛國波

斯匿王輔相之子無惱，身材魁梧，聰明過人，力敵千軍。稍長拜一位婆羅門為師，婆羅門妻見無惱英俊壯美，慾火中燒，因多次引誘他，都被拒絕而生恨，誣陷無惱調戲侮辱她，婆羅門信其言，密計陷害無惱。一日，師對無惱説，你若能在7日內殺1000人，割下他們的手指為鬘（即花環），即可升上梵天。師又授刀念咒，蠱崇無惱。無惱受蠱，喪失本性，6日內殺999人，取指作鬘，人人都害怕他，恐怖地叫他做"指鬘"。母親見兒子失去本性，7日未食，便送食尋子。無惱見母，舉刀欲殺母親以補足1000人1000指之數。佛見其將殺母，即化作比丘，説法引導他，使他恢復本性；無惱聽佛教誨，悔過自責，皈依佛法得羅漢道。

第二則妙音比丘故事畫與上則銜接。故事説：波斯匿王聞知無惱濫殺無辜，領兵捕捉，軍旅路過釋迦祇園精舍，聽到有人頌唱梵唄，音聲清妙和暢，象馬軍眾無不為之動容，止步傾聽。王問釋迦，此人有何宿世因緣而得此妙美諧和之聲。佛説：過去世迦葉佛涅槃後，有國王機里毗欲起塔供養迦葉佛舍利。四龍王願捐金、銀、琉璃、白玉等七寶，建高25里、方圓5里的巨塔。王即派4人分工監造寶塔，限期建成。臨限，3監都功成，1監未就。王責罵，該監日夜勤勞，如期建成。此監見

新塔莊嚴高峻，寶相俱全，深悔自責，獻金鈴以贖前愆。又發誓道：後世願生妙音娛樂眾生並得釋迦脱度生死。此監今世得以度化，已成比丘，故有此妙音。此比丘即大王率軍所要捉拿的無惱指鬘。

第三則毒鳥梟聲故事畫與第二則相接。故事説：波斯匿王隔牆聽見妙音比丘厲聲淒咳，立即想起指鬘的殘暴惡行，因而驚恐昏絕。醒後，佛為他講述前世因緣。佛説，過去婆羅奈國樹林中有一毒鳥，以毒蟲為食，近人人死，靠樹樹枯，眾生皆不得免。白象王路經樹林，聞其鳴咳之聲亦昏絕不醒。此毒鳥即今指鬘，白象王即波斯匿大王。過去你聞其咳聲昏厥，今世也如此。

第四則斑足王聞偈從善故事與第三則相接。故事説：釋迦進一步向波斯匿王説，指鬘不但今世多殺人，被我降服，過去世時亦因此而降服於我。過去久遠世，波羅奈國國王波羅達，入林間遊獵，途遇一發情母獅，強要與王交配，王懼其威，遂與其野合於林。懷胎足月，母獅生一子，人形斑足，知是王種，銜至王前；王知是自己與母獅交合所生，便收養他，取名斑足。斑足成人，才雄志猛，老王去世，繼位為王。一日，因二夫人搗毀天祠，祠神遷怒於斑足，使仙人咒王12年中只食人肉。斑足被咒所蠱，命廚師每日煮小兒肉供他

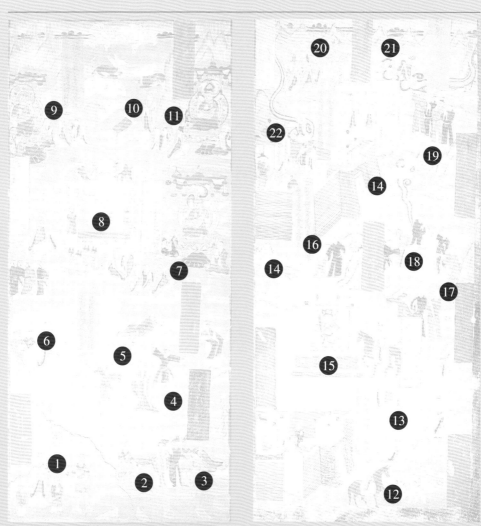

第98窟無惱指鬘緣故事及情節分佈示意圖

無惱指鬘因緣故事繪於第98窟北壁的第8及第9扇屏風上，第8屏有3個故事，第9屏有1個故事，4個故事皆繪出了無惱今生及前世的所作所為，各有幾個情節，並各自獨立，但實際上又是環環相扣，組成一個整體。這是佛經故事的常見形式。

(1～5)　　無惱飯佛故事：畫面可見無惱拜婆羅門為師，師母引誘及誣陷無惱，無惱追殺其母及被佛阻止。

(6～8)　　妙音比丘故事：畫面可見波斯匿王率兵捉無惱，聞比丘妙音，軍隊止足不前。佛為他說前世與無惱的因緣，最後是監守獻鈴於塔的故事。

(9～11)　毒鳥梟聲故事：畫面可見波斯匿王聽到妙音比丘的咳聲後昏厥，醒後佛說他在前生為白象王，並於林間聞毒鳥的咳鳴而昏絕不醒。

(12～22)　斑足王聞偈從善故事：畫面可見波羅奈國王與母獅相遇，後生下斑足。斑足王捉小兒吃，大臣知悉是斑足所為，欲處死他。斑足變羅剎飛走，後又捉1000國王辦人肉宴，經須陀素教化才放走各國王並回國。

食用。廚師每日偷捉孩童供食，國人丟失幼兒漸多，皆驚恐不已。經大臣密查，知道斑足食人肉的惡行，公之於眾。群臣義憤，想趁王洗浴之時殺掉他。斑足苦求留其生路，無效，便借仙人之力立刻變為羅剎，飛升而去，誓稱必吃諸臣妻兒以報仇。斑足食人無數，成為眾羅剎之首。某日，他告訴眾羅剎，欲捉1000國王，設1000王人肉宴；已掠999王，最後掠得須陀素彌王足1000數。須陀素彌王德高心慈，樂善好施，於婆羅門處得人生真諦之偈語，了悉人生如幻，三界苦空，禍福悲樂無常

之道，視死如歸。斑足甚感驚訝。王向斑足轉述偈語並廣說殺人罪惡的業報，慈心救世之得福。斑足聞言，深悔前罪，放還諸王。須陀素彌王亦送斑足回國繼續為王，善治其國。最後釋迦說，昔時的斑足即今無惱指鬘，須陀素彌王即我。斑足所殺的人，即今所殺諸人的前世，我過去世救斑足，今世成佛再救指鬘。

　　類似無惱指鬘這種以一個人為主角一個接一個的故事，在佛經中並不少見。

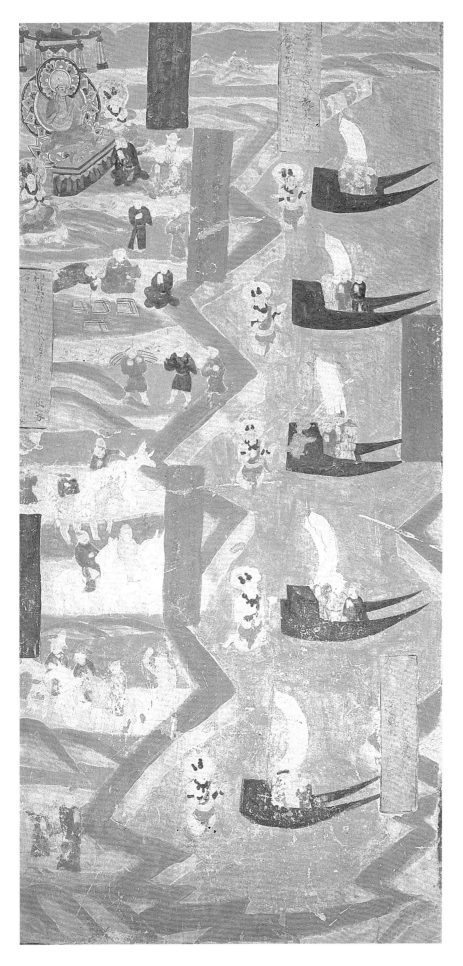

158 海神難問船人緣全圖

圖右半大海中,從上到下畫五隻船,每
船上載數人,船前有海神湧出。前四船
為海神提問詰難諸人阻船前行,皆被智
者一一解答。最下一船為海神佩服智者
所答,贈寶於智者及佛。圖左半陸地
上,智者為眾人採寶後回到陸地,馬馱
肩扛貨物回舍衛國及半途置貨於地休息
畫面。最上一圖為智者及諸商人將海神
所贈財寶奉獻釋迦,並聽法皈依。

五代 賢愚經‧海神難問船人品 莫98 南壁

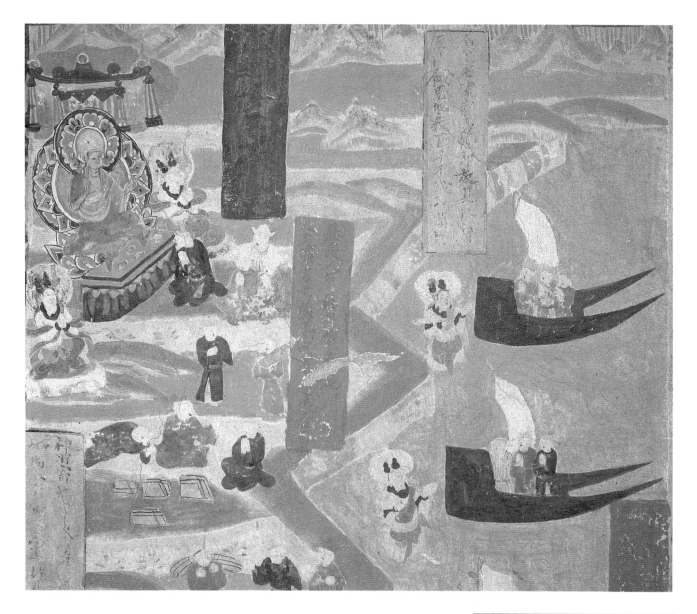

159 海神難問船人

畫中海神，形貌端莊，而無佛經中三變
醜惡、枯瘦、俊美之形。船上三人皆合
十敬禮。

五代 賢愚經‧海神難問船人品 莫98 南壁

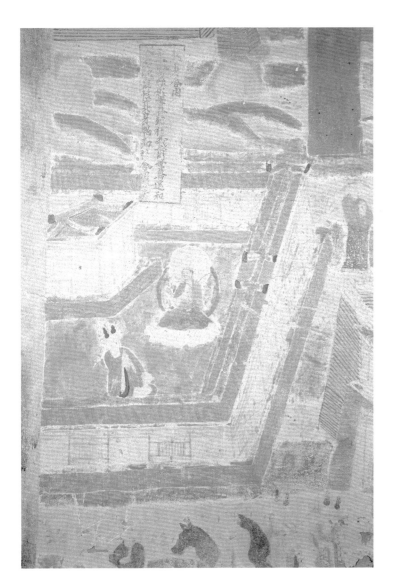

160　佛為金剛女解脫

這是波斯匿王女金剛緣品故事畫的局
部，畫了佛把女金剛由醜女變美的情
節。但本圖並沒有把仍是醜女的金剛繪
出，這是畫家的一種虛化的藏匿手法。

五代　賢愚經·波斯匿王女金剛緣品
莫98　南壁

161　眾大臣計議灌醉駙馬

圖中廳堂內，大臣、豪富均攜女眷赴
宴。按畫面方向男居右，女居左，合古
代右為上、左為下的男尊女卑之制。臥
室中駙馬醉臥於塌。

五代　賢愚經·波斯匿王女金剛緣品
莫98　南壁

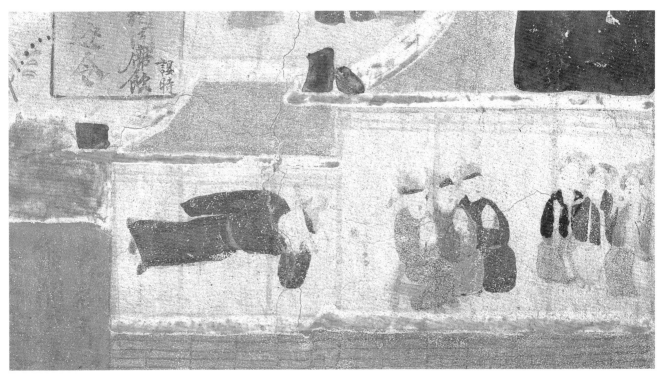

162 無惱指鬘緣之第8屏

五代 賢愚經・無惱指鬘品 莫98 北壁

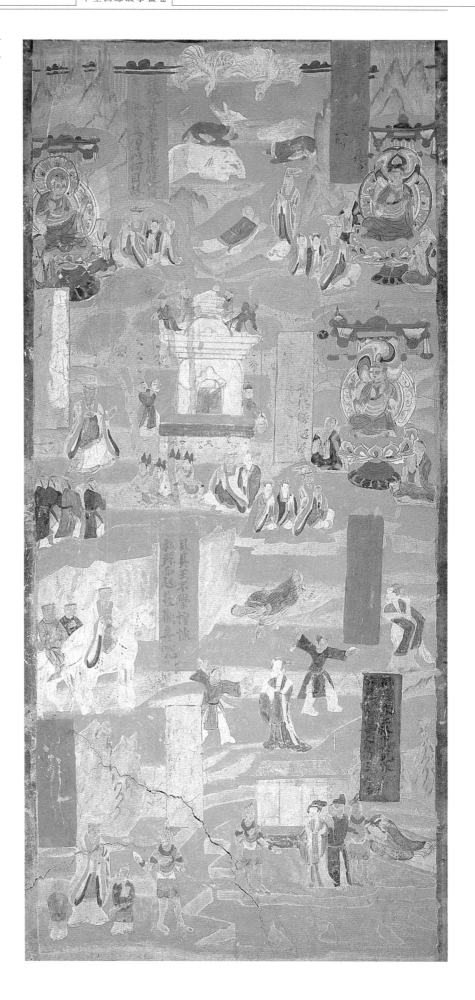

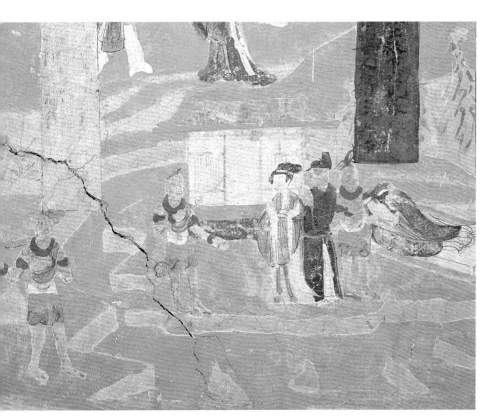

163　無惱投師及遭師母誣陷

圖右見臥床婆羅門妻衣衫不整，向夫誣
告無惱，似潑婦。

五代　賢愚經‧無惱指鬘品
莫98　北壁第8屏

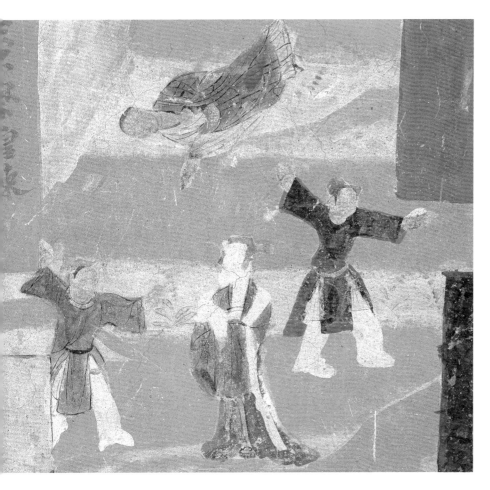

164　佛阻無惱殺母

無惱受蠱惑追殺其母取手指。圖上方比
丘為佛所變，飛身阻止無惱殺母。

五代　賢愚經‧無惱指鬘品
莫98　北壁第8屏

165 妙音比丘故事

這是無惱指鬘因緣的第二部分,位於第8
屏的中段。圖中波斯匿王率兵擬捉無惱
指鬘,但見妙音,軍隊駐足不前,而佛
則為王解說前世因緣。白塔為機里毗國
國王所建,尚有數人在工作。

五代 賢愚經・無惱指鬘品

莫98 北壁第8屏

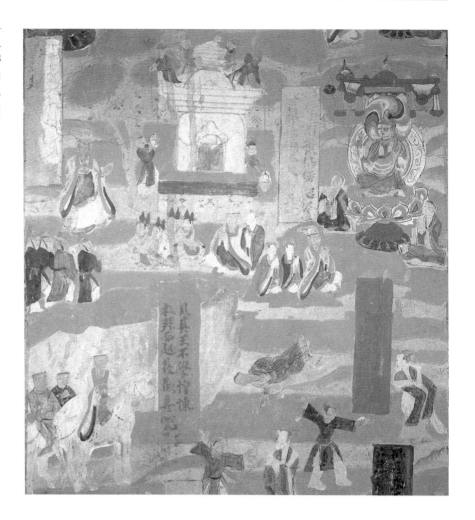

166 毒鳥梟聲故事

這是無惱指鬘因緣的第三部分,繪於第8
屏的上段。圖中的波斯匿王昏倒在地,
因為他聽到妙音比丘的咳聲,其上的白
象王則是他的前世,與數鳥獸同昏厥於
樹林中。

五代 賢愚經・無惱指鬘品

莫98 北壁第8屏

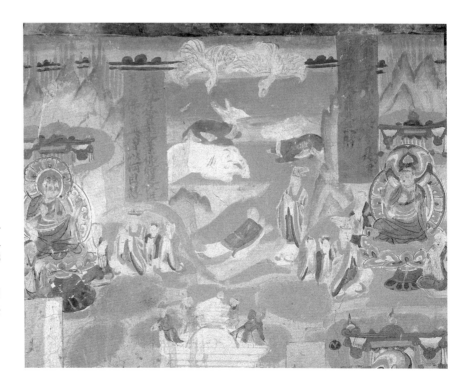

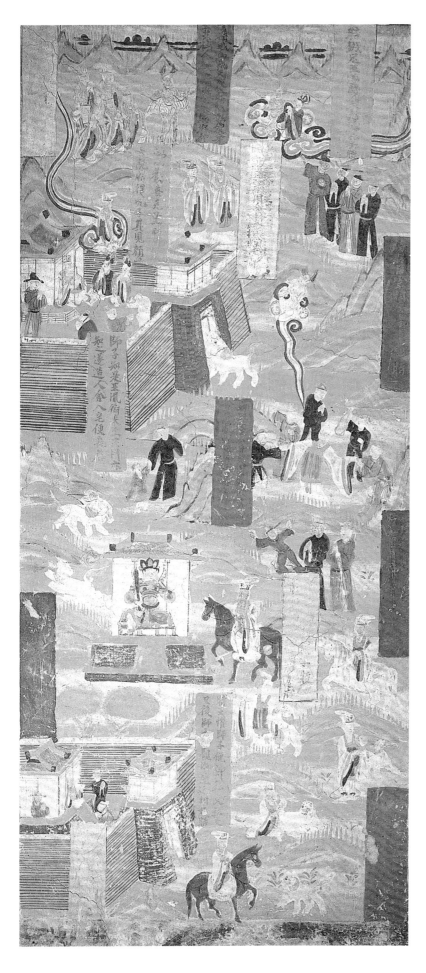

167 無惱指鬘緣之第 9 屏

這是無惱指鬘因緣的第四部分，即斑足
王聞偈從善故事畫，繪於第9屏。其中母
獅子難捨國王離去，是畫家將故事人情
化的手筆。

五代 賢愚經．無惱指鬘品 莫98 北壁

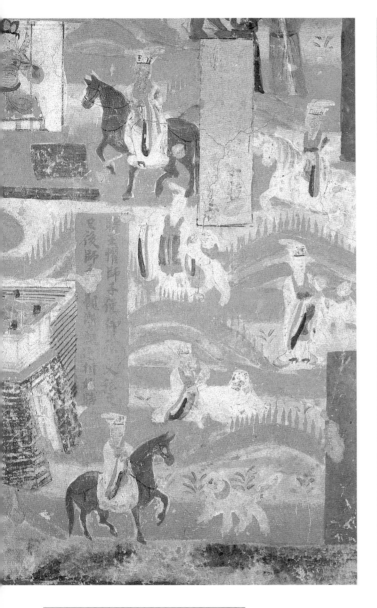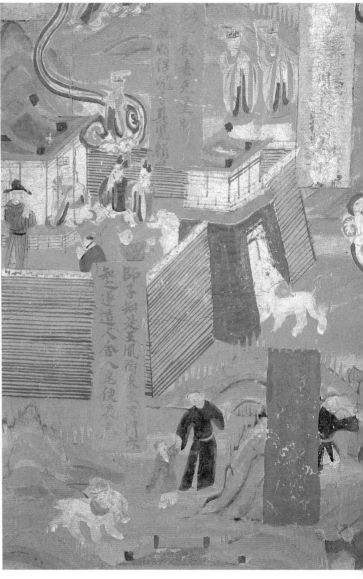

168　國王波羅達出城遇發情母獅

國王波羅達，與母獅交合後，國王騎馬
回城。母獅依依不捨。與國王撲玩，這
是經文中所沒有的。

五代　賢愚經・無惱指鬘品　莫98　北壁

169　母獅銜子

母獅銜子至王城，國王得子歡喜。還有
廚師捉小兒，斑足王悔改後返國乘雲自
天降兩畫面。

五代　賢愚經・無惱指鬘品　莫98　北壁

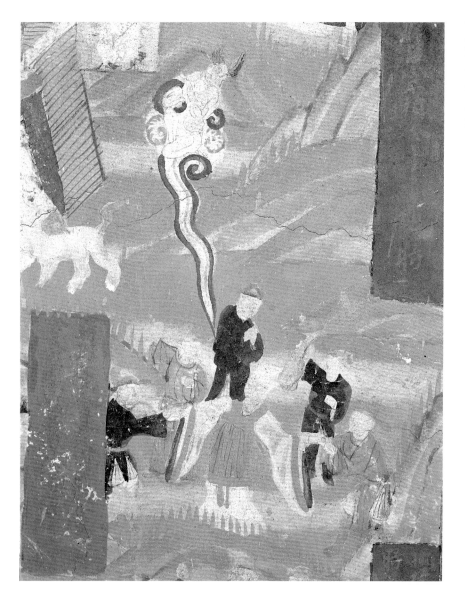

170　大臣捉拿斑足王

斑足王着王服冠戴，四大臣戴幞頭紗帽
着官衣，均合五代時期服制。斑足變羅
刹胡跪於雲端，頭上生角，變羅刹飛去
為古代想像中的妖怪形象。

五代　賢愚經·無惱指鬘品　莫98　北壁

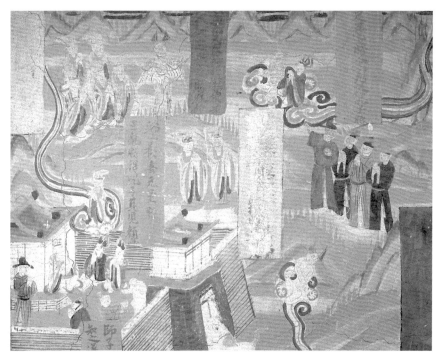

171　斑足王抓千王辦人肉宴

圖左斑足王 (羅刹形) 抓千王辦人肉宴。
圖右斑足王 (羅刹形) 經須陀素彌王教
化，釋放所捉國王。諸王拱手拜別。

五代　賢愚經·無惱指鬘品　莫98　北壁

第二節 誠心向佛 必得善緣

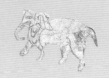

前世虔誠禮佛，今生必得善緣，這是佛教大力宣揚的理念。本節敘述的兩個故事，即充分説明了這一意旨。

恒伽達緣故事畫

繪於第98窟南壁屏風畫東起第9屏內。

故事説，阿闍世王有一輔相，富貴尊榮，老年無子，於是求恒河祠神賜子。恒河祠神上報沙門天王再轉奏帝釋天，帝釋遣一天人投生輔相家，但天人有一願望，要在長成後出家學道，帝釋答應了他的請求。輔相因在恒河祠神求得子，故命名為恒伽達。恒伽達長大後，要求出家學道，輔相不許。該子偷偷地逃出相府，欲捨身以求脱離塵世升天。但從高崖上跳下摔不死，投河自盡水不淹，服毒自殺，毒不發。多次自殺均不奏效，心想只有犯王法，或許會被刑殺。於是趁大王夫人及彩女到園池洗浴時，偷藏於樹林，待諸女脱衣掛於樹上時，抱衣逃去。阿闍世王憤怒萬分，逮其入宮，欲射死恒伽達；可是連射三箭，非但不及其身，反而返轉射回。阿闍世王驚懼異常。問道你是天神？龍王？鬼神？為何有如此神力？恒伽達遂將自己想出家修行，父母不允許以及欲尋死升天的事一一稟告。阿闍世王聽後，准許其出家修行，並帶他到釋迦處，聽佛講其前世因果。佛説過去無數

世，一人因唱歌怒犯國王，被一大臣所救，後出家成辟支佛，盡顯神通，使大臣世世富貴。佛最後説，彼時被大臣所救，後又成辟支佛者，即今之恒伽達。

畫面情節較完整，最吸引人的跳崖、投水、偷衣、射箭不中等離奇情節，盡皆入畫。

象護緣故事畫

繪於五代第98窟北壁屏風畫西起第11屏之下半屏。雖有人認為第12屏亦為此故事，但難與情節吻合，故不介紹。

故事説，舍衛國有一長者，生一兒子。與此同時在庫藏中也有一隻金象與小兒同時出生，故為小兒取名象護，寓有象保護之意。象護漸長，金象亦隨之長大。象護學步，金象亦蹣跚尾隨，出入進止，常不相離。此象特奇，凡大小便都是足金。一日，象護與500長者家兒子一起遊玩，各誇説自己家內奇事，象護便將金象一事説出。當時王子阿闍世亦在場，心想，我若即位，定奪金象。不久，老王去世，阿闍世為王，即召象護領金象同赴王宮。其父憂心不安而象護卻處之泰然，隨父領金象前去。阿闍世告訴象護，你們回去，金象留下。象護欣然應允，與父步出王宮。出宮不久，金象隱遁入地，在宮門外湧出與象護會合，父子二人騎象回家。少頃，象護心想，國王無道，今不得金象，可能

加害於我。經父母同意，便乘金象赴祇
洹精舍，要求出家修行。佛替他落髮剃
度，講説四諦，引其心悟。象護為比丘
後，每與諸比丘在林間思維修道，金象
都陪伴左右。舍衛國人聞有金象，競相
圍觀，妨礙諸比丘修道。佛知此事，勸
諭象護遣走金象；象護無奈，再三勸説
金象速去，金象依依惜別沒入地裏。象
護亦修行證得阿羅漢果。最後佛説，這
都是前緣所定的，昔時一人曾見塔廟中
泥塑白象有少許剝落，取泥敷補，故而
今世而為象護，並得金象維護相隨。

畫面簡單明瞭，只用了半扇屏風，
主要有象護出生，金象與象護形影不
離，入王宮，出宮與金象回家，象護剃
度，金象隨之聽法，金象影響比丘修
行，象護遣金象他去等情節。

此故事在第146窟中亦繪有屏風
畫。

故事中金象與象護感情純真深厚，
相依相隨，形影不離，感人至深。對阿
闍世貪婪心計亦有所譴責。畫中那種
人、象（動物）之間的感情交流，也能為
幼兒所理解，頗具兒童所喜愛的童話意
味。

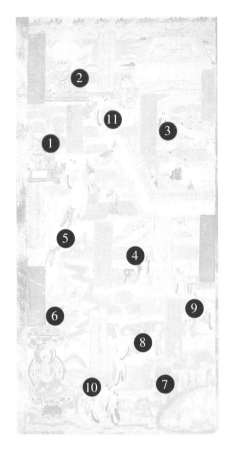

情節示意圖

(1~4) 輔相夫婦求神賜子得償所願，天人投
　　　生成恒伽達。

(5~8) 恒伽達因出家不遂，跳崖投水欲尋死
　　　不果；偷衣被捕，但行刑又三箭不
　　　中。

(9~11) 恒伽達向國王解釋緣由，後見釋迦講
　　　述其前世因緣，最後變成辟支佛大顯
　　　神通。

172 恒伽達因緣全圖

五代　賢愚經·恒伽達緣品　莫98　南壁

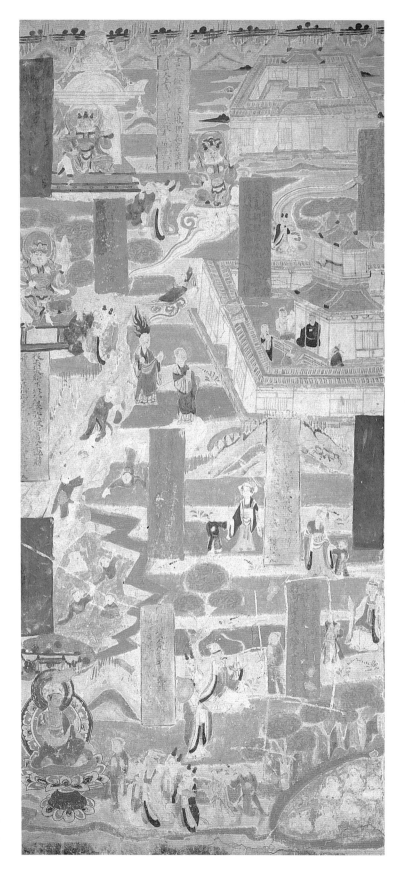

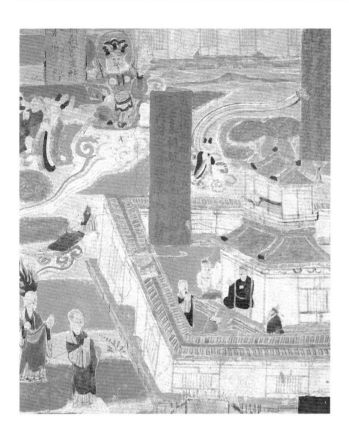

173 輔相得子

圍牆內為輔相家。天人乘雲入城降生。輔
相得子，相師為之相面取名。

五代 賢愚經‧恒伽達緣品 莫98 南壁

174 恒伽達犯王法

左下為水池，后妃在池中洗浴。池前方
二武士逮捕手中抱着衣服的恒伽達；池
上方，左面阿闍世王滿弓射向恒伽達，
右方恒伽達向王述說原由。

五代 賢愚經‧恒伽達緣品 莫98 南壁

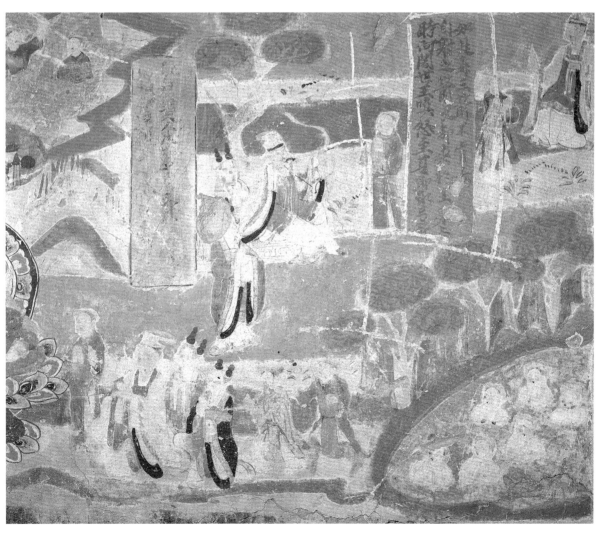

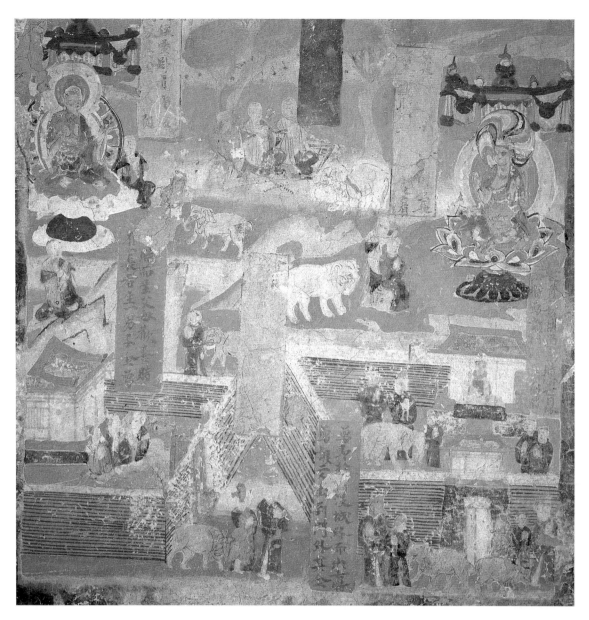

175　象護緣全圖

此畫共7情節，象護與金象一起長大，感
情之深厚於畫幅中流露。

五代　賢愚經‧象護品　莫98　北壁

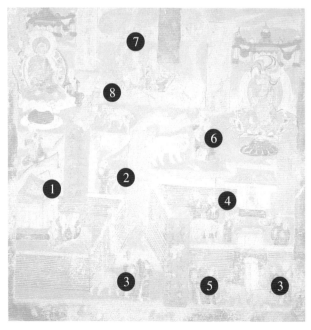

情節示意圖

(1~2) 象護出生，與金象形影不離。

(3~5) 象護父子領金象入城，金象被扣留，但
　　　父子出城卻見金象已在城外等候。

(6~8) 象護剃度修行，金象亦陪伴在側。最後
　　　象護遣走金象。

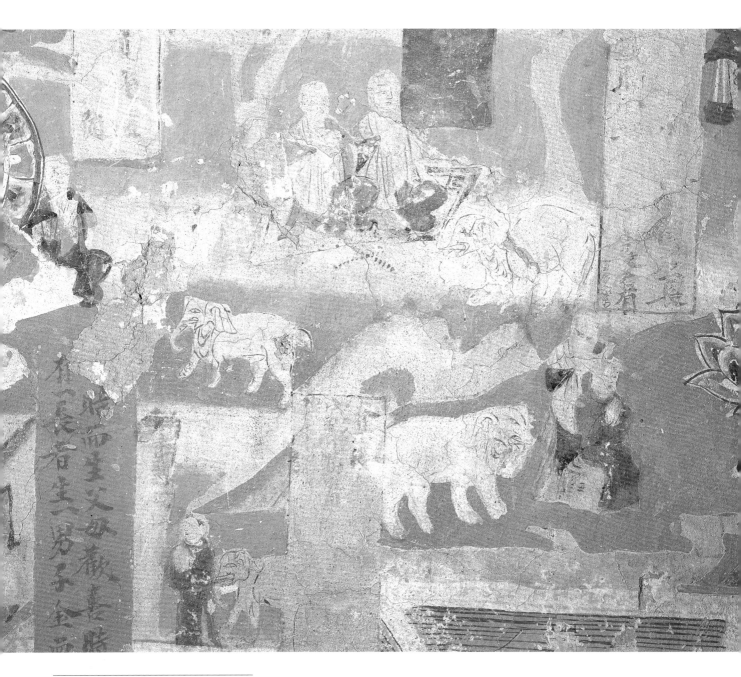

176 象護與金象

象護剃度出家與諸比丘修行,象護最後
遣走金象。金象與象護依依惜別,都頗
具感情色彩。

五代 賢愚經‧象護品 莫98 北壁

第三節　捨身濟世　終成正果

本節所收三個故事畫，在前面都已敘述過，因其具有這一時期的特色，所以舊畫重提；但故事不再重複介紹。

虔闍尼婆梨王本生故事畫

繪於第85窟及98窟南壁第2扇屏風上。

故事已於第三章介紹，不再重複。

第85窟畫只剩上半，但其畫面清楚，情節明晰，圖中奉命乘大象詔告全國前來觀看捨身和聽法的使者及象轎均極新穎。此象轎在北周第296窟雖有描繪，但綫條退沒較多，此處可補其不足。圖中國王在城廓內的王宮內與后妃大臣商議，與北涼、隋代窟畫面中僅只一個剜身情節大不一樣，故事已向較完整情節的方向發展。另外，此圖中的勞度叉，亦與早期畫面不同，毫無奸詐凶狠模樣而是一個孩童形象，是否與此時畫家對勞度叉這個人物的理解有關。在佛經中，勞度叉雖為外道，且提出可怕的令人難以置信的剜身燃燈的殘忍要求，但最後仍以法偈教諭虔闍尼婆梨王和會眾，而國王身體最後亦復原。也許因此不完全以反面人物形象描繪勞度叉。

第98窟畫面下半剝損較多。此圖中國王與大臣議論求法及在城外聽法的大臣都整齊排列，衣着一致，較真實地描繪了宮廷中朝臣禮儀形式，圖中勞度叉形象亦與晚唐第85窟大致相同。

薩埵太子本生故事畫

繪於五代第72窟西壁佛龕的南、西、北屏風畫內。龕內共8扇屏風畫，南壁第1扇為尸毗王本生（大部被清塑天王遮擋），北壁最東邊1扇為鹿母夫人故事畫。其餘南壁第2、3兩扇，西壁南北兩頭各1扇，北壁兩扇均繪薩埵太子本生故事畫。

故事內容已於第一章第二節介紹。

此窟薩埵太子本生故事畫在情節方面還加繪佛救母子2人，及薩埵死後，在天上勸慰父母等情節（現只餘榜題）。頭尾完整地將《賢愚經·摩訶薩埵以身施虎品》表現出來（由此可知第254窟、428窟是據《金光明經》繪製）。這兩情節的畫面在其他中外遺存中都未發現，可能均是據《金光明經》繪製的緣故。

此圖人物畫像雖小，但綫條清晰，形象逼真，佛的莊嚴、弟子的謙和、國王的虔敬、薩埵的鎮靜，都有較合情理的表現。

善事太子入海本生故事畫

繪於第98窟北壁西起第4、5、6等3扇屏風畫內。

故事已於北周第296窟中介紹。

本窟善事太子入海本生故事畫，在

情節上與第296窟不同之處在於畫面沒有大王求子、觀相、造三時宮情節，從善事太子出遊見耕獵場面開始。而最後，則較完整，有太子返國，供如意寶珠施捨財物等。

　　善事太子入海本生故事畫，早期窟僅北周第296窟1幅，而到中、晚唐、五代、宋則逐漸增多，除《賢愚經》屏風畫外，還有《大方便佛報恩經》中的〈惡友品〉。故事內容兩者完全一致。因其表現忠孝仁悌的思想而曲折地反映了人們對吐蕃統治的不滿，對中原王朝的思念及不忘唐宗漢祖的民族意識，成為當時敦煌民眾所喜愛的故事之一，所以彩繪畫較多。在《賢愚經》屏風畫中除98窟外，目前能根據模糊圖像斷定的還有第146窟。第85、108、55等窟因壁畫殘損太多，難以斷定。

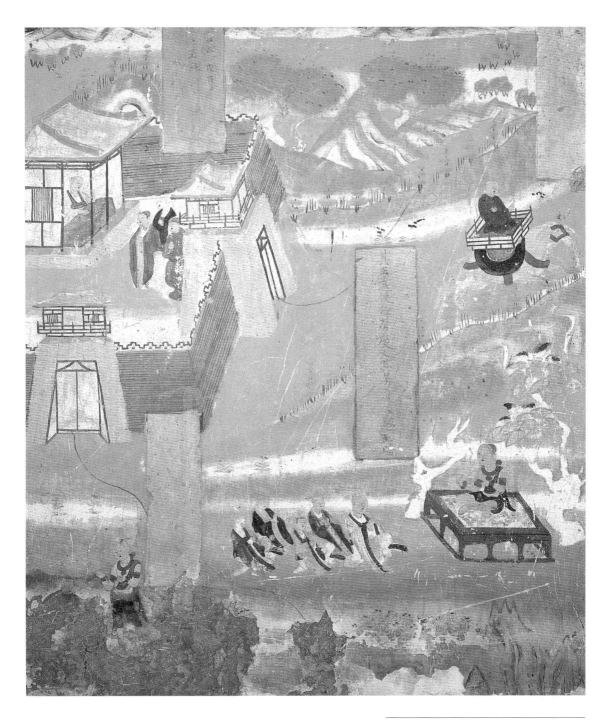

177　虔闍尼婆梨王本生全圖

此故事畫與第98窟相似，由於下部漫
漶，故不見國王剜身燃千燈。圖左的王
城，見國王與大臣議論，使者受命乘象
詔告全國以求正法。右下角勞度叉升座
説偈，並有大臣聽法，餘皆已剝落。

五代　賢愚經・梵天請法六事品　莫85　南壁

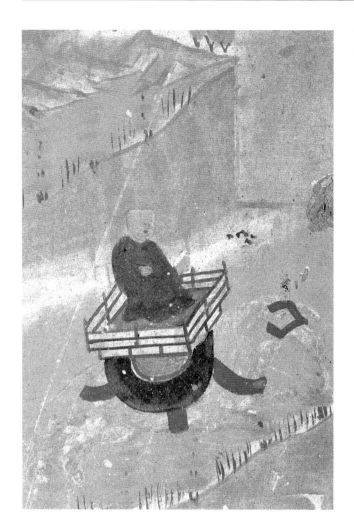

178 使者騎象宣示國王詔書

使者所乘之象轎簡樸,但時隔數百年,
現今印度象轎形式變化不大,分別僅在
是否有轎棚及華麗裝飾。

晚唐 賢愚經·梵天請法六事品 莫85 南壁

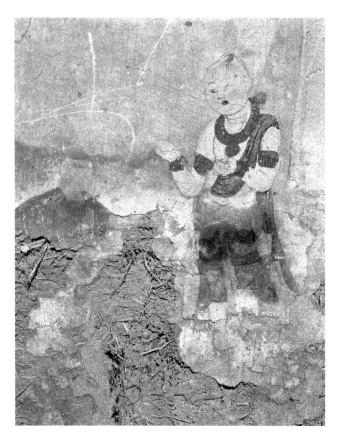

179 勞度叉形象

圖中使臣(只餘上半身,下半身剝落)跪
請勞度叉,勞度叉講述説偈語之條件——
——國王需剎身以燃千燈。勞度叉形似孩
兒,毫無兇殘之相。

晚唐 賢愚經·梵天請法六事品 莫85 南壁

180 虔闍尼婆梨王本生全圖

此本生故事情節簡單。國王在王城內與
大臣商議求法,勞度叉在王城外升座説
上半偈語;在圖中的王城之下,國王剎
身燃千燈,然後勞度叉升座再説下半偈
語。畫中的國王剎身場面,兩位立於王
前的刀手和燃燈手的情態,似謙謙君
子,無半點兇殘氣。

晚唐 賢愚經·梵天請法六事品 莫98 南壁

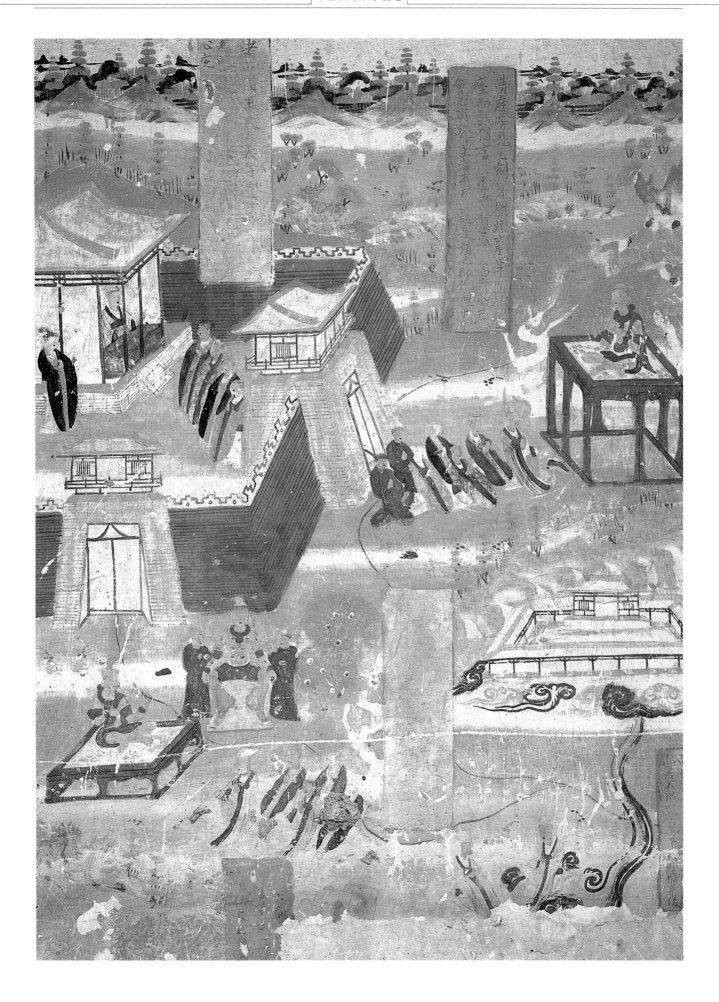

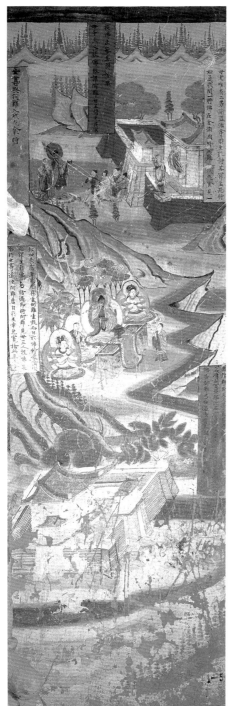

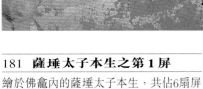

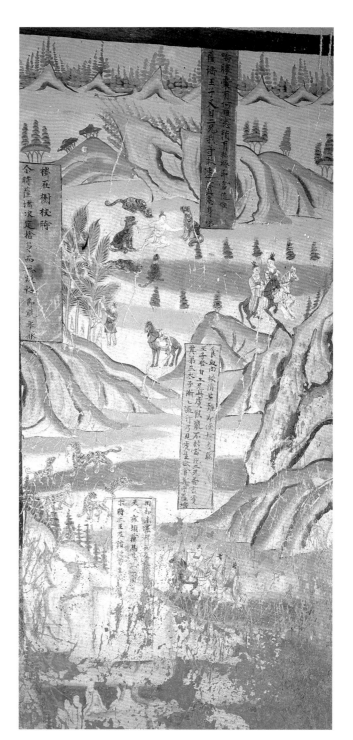

181　薩埵太子本生之第 1 屏

繪於佛龕內的薩埵太子本生，共佔6扇屏
風，每屏有數個情節，雖有些壁面剝
落，但情節完整而詳細。第1屏由上到
下，講前世佛救盜賊母子，梵天不解，
佛為之說因由；下部是國王、王后及三
位王子出遊。

五代　賢愚經‧摩訶薩埵以身施虎品
莫72　西龕內

182　薩埵太子本生之第 2 屏

由下而上：先是國王及王后途中小憩，
三位王子繼續前行，遇上餓虎；薩埵在
二兄走後，把衣服掛於樹上，並坐於群
虎之間。

五代　賢愚經‧摩訶薩埵以身施虎品
莫72　西龕內

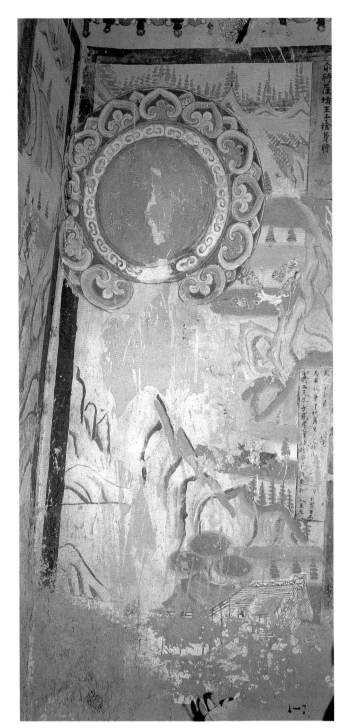

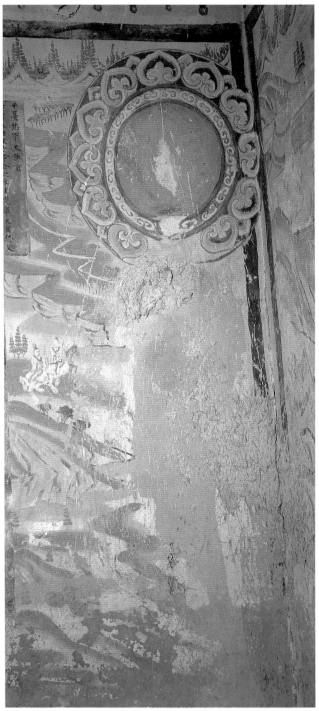

183 薩埵太子本生之第3屏

從上到下：薩埵爬上山崖，群虎圍食薩
埵；中部漫漶，但按情節發展應為二兄
長見薩埵屍骨；下見兄長策騎回宮報告
噩耗，及國王派使者外出尋找薩埵。

五代 賢愚經·摩訶薩埵以身施虎品

莫72 西龕內

184 薩埵太子本生之第4屏

此扇屏畫只有戴王子冠二人結轡緩行於
山林間，不知其是何情節。其上有榜題
謂薩埵太子在兜率天上勸慰父母，但無
畫面。

五代 賢愚經·摩訶薩埵以身施虎品

莫72 西龕內

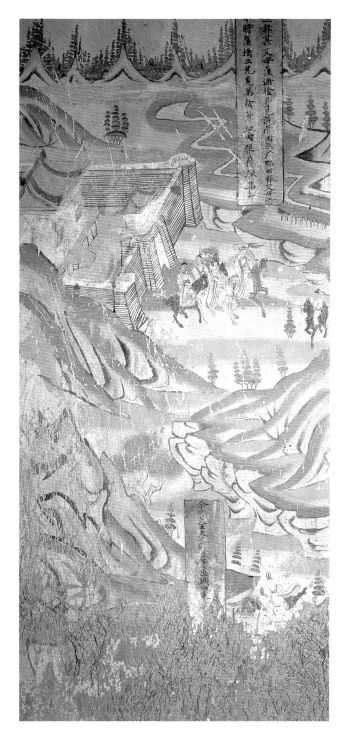

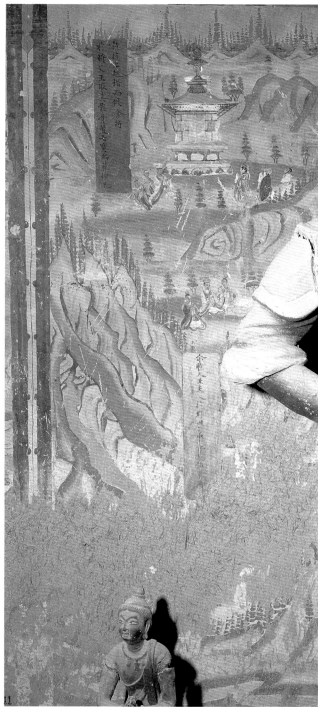

185 薩埵太子本生之第5屏

畫面只餘國王、王后及大臣出城前赴薩
埵捨身處。

五代 賢愚經·摩訶薩埵以身施虎品

莫72 西龕內

186 薩埵太子本生之第6屏

畫面下部不清；中部是國王及王子在山
野中見薩埵屍骨；最上部是起塔供養。

五代 賢愚經·摩訶薩埵以身施虎品

莫72 西龕內

187 釋迦救盜竊的母子

釋迦在城外托缽行乞，母子二人正遭公差押解出城行刑，見佛即趨前求救。城內是阿難奉佛旨，請求舍衛國國王赦免母子盜竊之罪。

五代 賢愚經·摩訶薩埵以身施虎品

莫72 西壁內

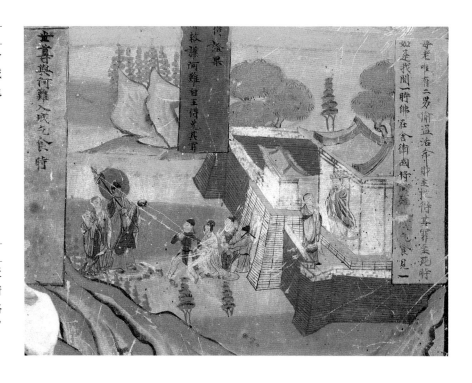

188 阿難問佛母子三人因緣

圖中釋迦為梵天及阿難釋疑。兩側梵天都虔誠聆聽，釋迦右側之梵天眉目清秀。阿難立於壇下，雙手合十，頭部略揚，面帶狐疑之狀。頗合佛經有"疑難"之容。

五代 賢愚經·摩訶薩埵以身施虎品

莫72 西龕內

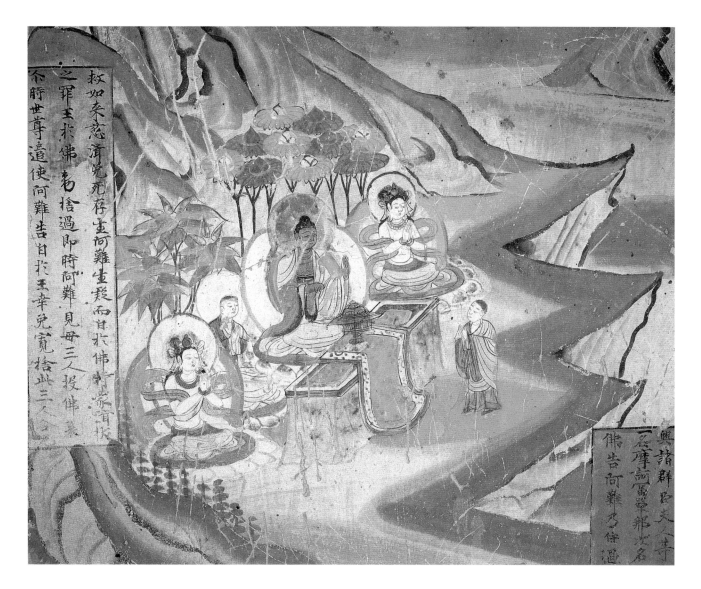

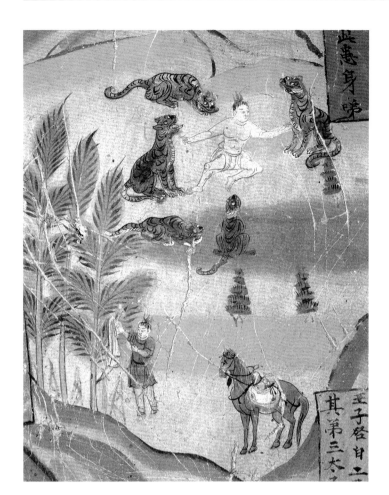

189 薩埵脫衣掛於樹上及飼虎

五代 賢愚經‧摩訶薩埵以身施虎品
莫72 西窟內

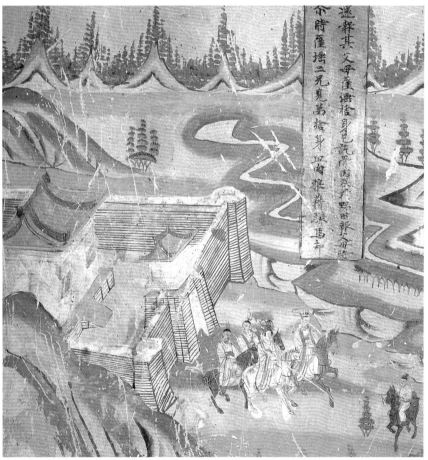

190 王、夫人及二位王子赴薩埵捨身處

王及王后騎馬行於前，兩位王子乘騎隨
後，騎馬的官吏向國王報告薩埵犧牲。
圖中國王戴通天冠，王后梳雙髻，王子
戴太子冠，王、后及太子均着寬袍大袖
的王家服裝，官吏戴幞頭，這些均合五
代時期冠服制度，是可信的歷史資料。

五代 賢愚經‧摩訶薩埵以身施虎品
莫72 西龕內

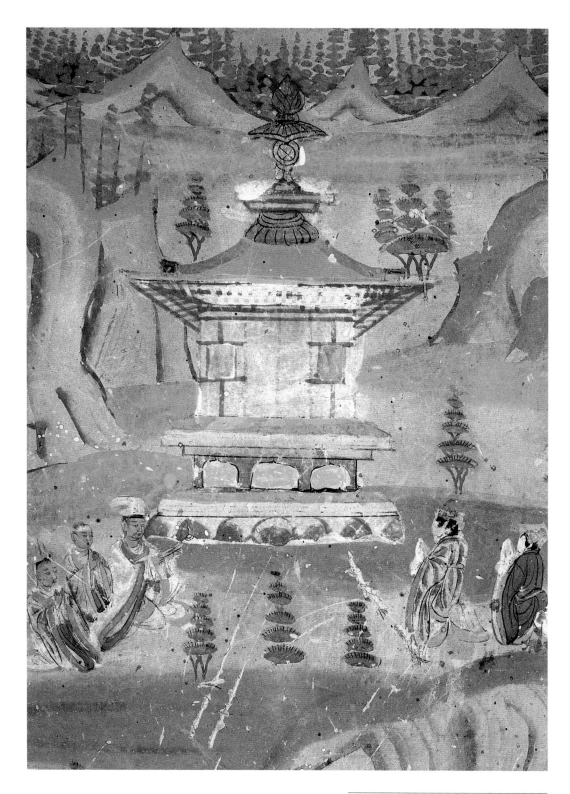

191　起塔供養

王、夫人及王子專為薩埵起塔供養。此
圖供養塔是晚唐、五代時較典型的塔形
建築。下為須彌座。塔形方正，頂翹四
角，有疊澀出檐，拱椽相接，頂上有攢
頂及塔剎，最上塑刻摩尼寶珠。塔形與
早期覆鉢形不同，基本走向漢化。

五代　賢愚經·摩訶薩埵以身施虎品
莫72　西龕內

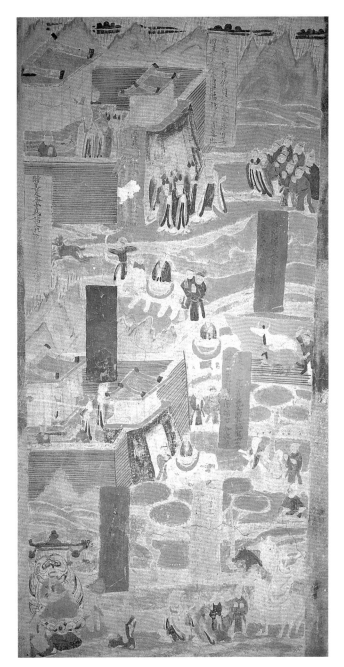

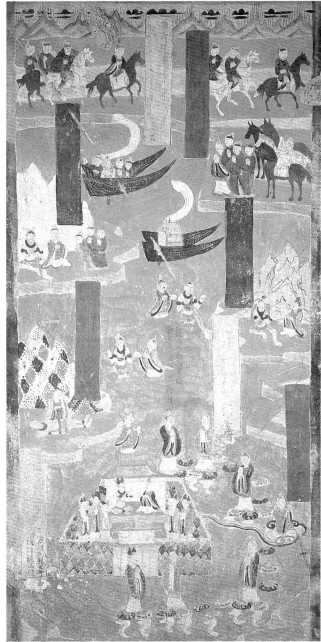

192 善事太子本生之第 1 屏

此圖由佛説引出善事入海故事,到善事起行共8情節。其中太子見屠戶殺豬羊、見漁夫網魚,見農人犁地鏟死蛙蟲;見獵戶射殺羊鹿,着墨最多,共佔4畫面。

五代 賢愚經·善事太子入海品
莫98 北壁

情節分佈圖

(1) 佛説善事太子入海事。

(2~3) 寶鎧王求子,善事出城。

(4~7) 善事出遊見屠夫、漁夫、農夫和獵人殺牲。

(8) 在城外,善事太子出海尋寶。

193 善事太子本生之第 2 屏

此圖由善事成行及取得寶珠共6情節。

五代 賢愚經·善事太子入海品
莫98 北壁

情節分佈圖

(1~2) 善事一行乘馬於途及乘船入海。

(3~4) 眾人在銀山取寶,只有善事與嚮導涉海到金山。

(5~6) 嚮導去世,善事獨自一人前往七寶城,取寶後乘祥雲回船隊。

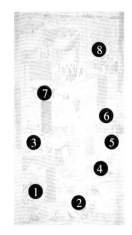

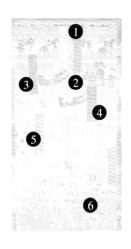

194 善事太子本生之第3屏

此圖由善事遭弟刺盲到回國施寶共9情
節，其中寶鎧夫人放雁尋善事及如意寶
珠施財為前代此本生故事畫中沒有。

五代 賢愚經·善事太子入海品 莫98 北壁

情節分佈圖

(1)　惡事刺善事。

(2~5)　牛王替善事舐出毒刺，善事乞討及操琴
維生。守王園時彈琴，公主聆聽。

(6)　寶鎧王后放白雁尋找善事。

(7~9)　善事偕公主回國，眾人城外相迎，如意
寶珠變化衣物財寶。

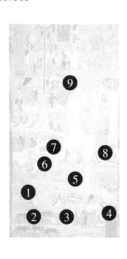

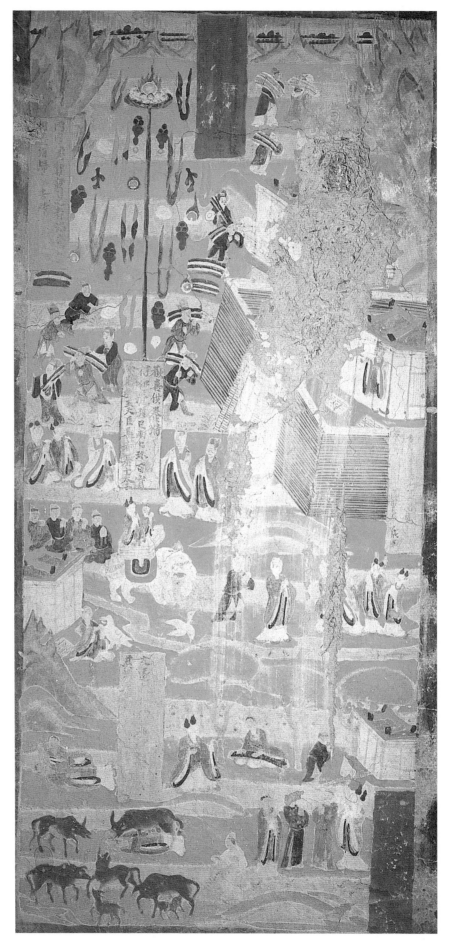

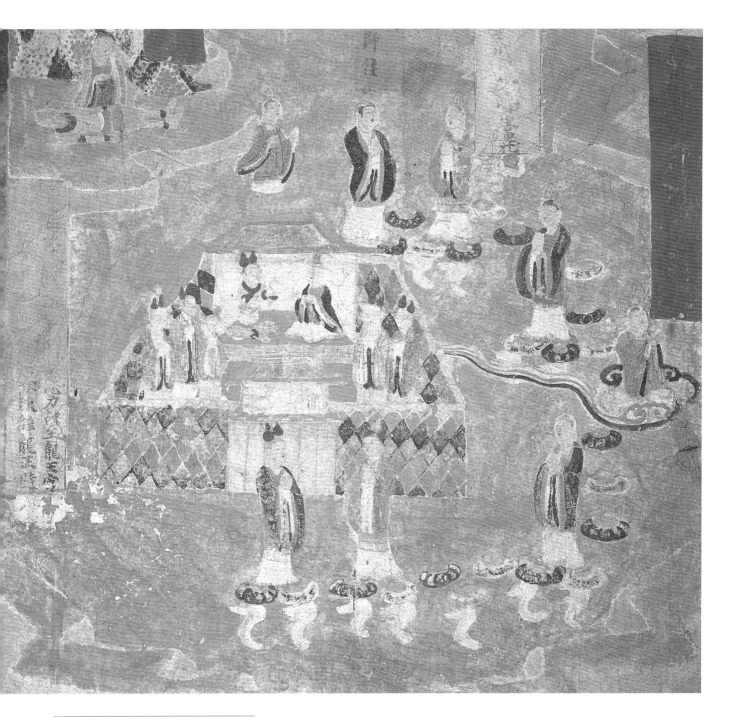

195 天女步步生蓮

城內太子與天人生於塌上，兩側有天女
侍奉，此即太子向天人索取寶珠場面。
城外，在城上方為太子求天女領其入七
寶城取寶，天女在海上每行一步，生蓮
一朵，太子踏蓮入城。在天女領太子行
走路綫的半途有從城內伸出的一朵瑞
雲，雲端坐善事太子，此為太子得寶珠
後，天人、天女用祥雲送太子上岸。

五代　賢愚經·善事太子入海品
莫98　北壁第2屏

196 寶珠雨寶施予民眾

善事把如意寶珠置於高竿上，圓盤中蓮
花內一寶珠，光焰升騰，無數衣物財寶
似雨般下落。竿下有人拾取衣物財寶並
肩扛、懷抱而去。

五代　賢愚經·善事太子入海品
莫98　北壁第3屏

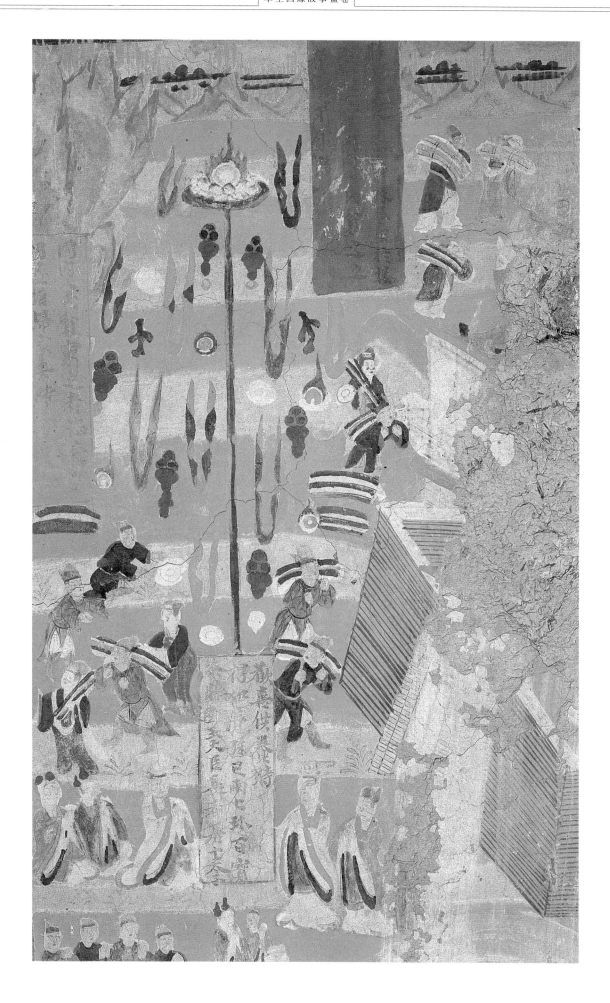

第四節　心地純正　佛必賜福

佛教的諸多故事都説明，只要心存仁厚，純正善良，不為奸宄之行，勿做不良之事，即使不是智能之士，甚至是近似愚鈍的人，佛陀也會賜福給他。本節所講檀膩𦏰故事，就是這類故事中的一個。

檀膩𦏰緣故事畫

本故事亦稱端正王本生故事畫，繪於第98窟北壁西起第10扇屏風畫內。

故事説，佛在舍衛國給獨孤園時，有一婆羅門名賓頭盧埵闍，其妻醜惡，7女及她們的夫婿也刁鑽惡勞，賓頭盧埵闍時受他們欺凌，心地煩惱，被佛化度解脱成為阿羅漢。阿難不解，詳問其由。佛曰：過去久遠世，有大國國王，名端正，以道化治國，不亂取民財。國中有一婆羅門名檀膩𦏰，向鄰居借牛碾穀，歸還時，未向牛主聲明還牛，牛主雖見牛，但以為檀膩𦏰還要用牛而未驅牛入圈。待牛主去檀膩𦏰家索牛時，牛已跑失；檀説牛已歸還，失主説未交付其家，亦未説明還牛，相互指責，最後扭赴國王處請求決斷。途中，見國王馬吏追喚逃跑的馬匹，請檀擋馬，檀膩𦏰拾石趕馬，擲石打斷馬腳，馬吏扭檀見國王向檀索賠。3人行到河邊，見1木工，塞衣挽褲，口啣砍斧，渡水而來，檀即問木工渡口在何處，木工張口答話，砍斧墜入水中，遍尋不得，又扭檀赴王城請王斷賠。檀膩𦏰在一日之間數案纏身，又未進食，飢渴難

忍，遂於途中小酒店沽酒，坐床上自飲；不意又壓死床上的嬰兒，兒母要檀膩𦏰賠其兒子。於是牛主、牧人、木工、兒母一行同扭檀赴王宮。快到王城，檀靜心思忖，眾案盡集於我，若至王宮，定死無疑；於是行至牆邊時，擺脱眾人翻牆而過，誰知又壓死牆下一織布老人；老人兒子又扭其赴端正王處。5位事主和檀等一行6人漸次向王宮行去，途中遇一雉鳥，知檀去王宮後，請檀向國王代問為何它在此樹上鳴聲和美響亮，而在其它樹上則鳴聲陰沉不美。又遇一毒蛇，亦請檀代向國王詢問為何清晨出穴，身體柔軟不痛，晚上返穴，身體粗腫疼痛，難以入穴。再遇一婦女，請檀訊問端正王，為何我在夫家想念父母，而回娘家又思念夫家。6人到了王宮，事主均一一向端正王稟述檀膩𦏰的過失，檀膩𦏰亦一一作了解釋。端正王聽後，逐一決斷謂：眾人皆有不是，均應判刑；檀膩𦏰不説明還牛，應截舌，牛主見牛不收圈，應剜眼；馬吏叫檀堵馬，應斷舌，檀拾石打馬應砍手；木工失斧，檀應割舌，木工不用手拿斧斤，而用口啣，於理不合，應打折門齒；酒家婦置嬰兒於客人坐處，自己亦有過失，今既然幼兒已死，叫檀膩𦏰與你婚配，共生兒子；織布老人之子失去父親，實可同情，今以檀膩𦏰當你父親好了。眾事主聽判，雖檀膩𦏰受罰，而於自己亦大不利，尤其是酒家婦及織布老人之子，不僅一無所

得,反將自己賠檀作妻、作子,本息倒折。於是眾人盡皆撤訴返家。檀膩㻡尚未退走,見2母共爭1子,皆說子為己出,應歸己。王見2婦各執一理,難以斷決,遂告訴2婦人說,將子置於中間,你2人各挽子1手用力拖拽,誰能將兒拉到自己身邊,即是其生母。兩婦拽子,生母恐傷子,不肯用力,另一婦不顧兒痛將子拽入懷中。端正王說,愛惜親子人之常情,不忍用力者是生母,於是將子判給該婦。另一婦亦實告自己騙子之心。王遂將2人皆放走。又有2人共爭白氈,皆說氈為己所有,王亦以爭子之法試之,確定真實主人。檀膩㻡見王判案精明,遂將途中所遇雉、蛇、婦人所問之事呈述國王,端正王一一作答曰:蛇晨出穴,心情柔和,無眾煩惱,身亦如此,故能順出;整日在外,嗔恚甚多,蛇身粗大,故入時礙難亦多;若在外心靜不嗔,則出入皆同。婦人在夫家,心想娘家情人,故想返娘家;而到娘家與情人住久,則又厭情人而思夫家。你可耳語相告:若持正心,去邪意則可免此煩惱。雉鳥居樹上鳴聲美好,是因該樹下有一大甕,滿盛赤金,回聲共

鳴故音美好。國王告訴檀膩㻡:「你家貧困苦,我放你回家,樹下赤金原是我有,亦賞賜與你。」檀膩㻡得金後購置田業,盡享人間快樂富足。最後佛陀稱,彼時端正王即我,檀膩㻡即今之賓頭盧埵闍;我過去曾解其厄難,救其貧窮,今世亦解其世間苦難以法教度。

第146窟北壁屏風畫西起第4屏亦繪此故事畫,但色綵褪沒較多。

故事中的端正王判案,猶如糊塗官判糊塗案;但仔細思量,又覺得這是對這類事、這類人無可奈何的最佳判決辦法。故事中"二母爭子"一節,畫面簡單,卻是一個在古今中外從東方到西方的文藝作品中的熱門話題。基督教《舊約全書》〈列王記〉,中國東漢《風俗通義》、元代李潛夫雜劇《包待制智勘灰欄記》、法國近代作家布來希特戲劇《高加索灰欄記》都是反映"二母爭子"主題的,處理親子方法都與檀膩㻡故事相同。檀膩㻡這個人物,塑造得熱情可愛。他傻而不呆,愚而不癡,傻楞中有些"狡點",愚笨中有點"心計"。故事荒誕可笑,人物傻冒得令人可氣又可愛。

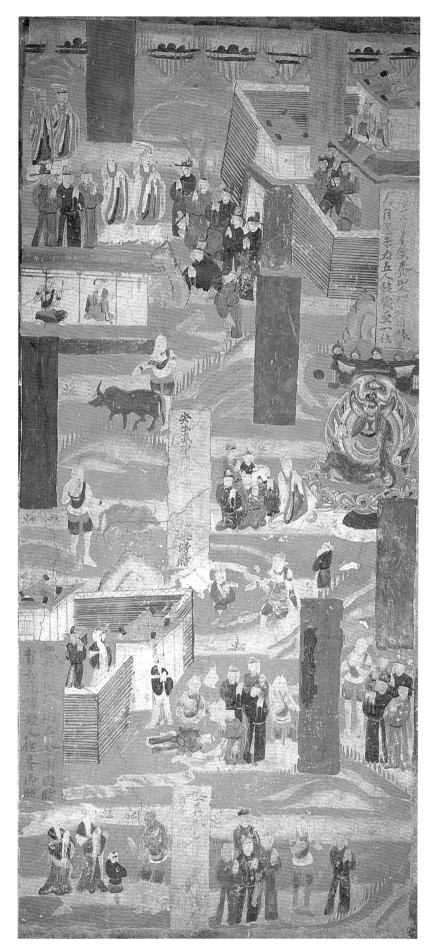

197 檀膩䩭因緣全圖

此故事畫共繪9情節，但無擲石斷馬腿畫面。圖中檀膩䩭（立於牛後及牛下者）穿短褲，上身半裸，一副傻、大、粗形象，與佛經中描述的性格相吻合。

五代 賢愚經·檀膩䩭品 莫98 北壁

情節分佈圖

(1)　佛説法。

(2~7)　檀膩䩭借牛、問渡口、到酒店飲酒、壓死織布老人等經過；眾案苦主扭檀到王城；端正王判案。

(8)　二母爭子。

(9)　眾大臣勸阻阿闍世王皈佛出家。

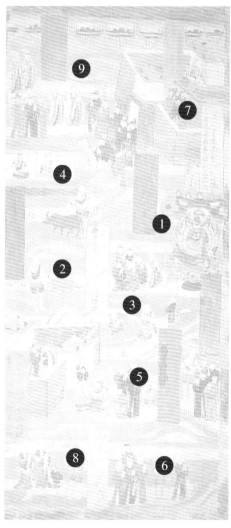

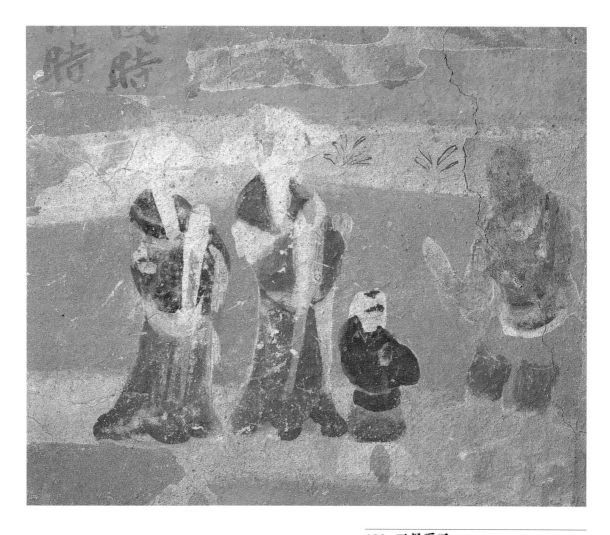

198 二母爭子

五代 賢愚經·檀膩鞬品 莫98 北壁

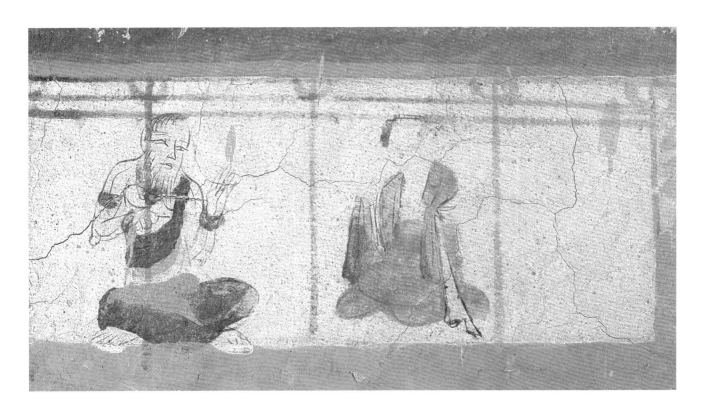

199 檀膩齮在酒店

檀膩齮在酒店中，面帶愁容，與之對坐
者便是酒店的女主人，即被壓死的嬰兒
之母。畫師在繪畫檀膩齮時，曾經修改
綫描，肩手的原綫描部分尚存。以檀膩
齮頭部的大小觀察，修改後的體形大小
比例合適。

五代 賢愚經‧檀膩齮品 莫98 北壁

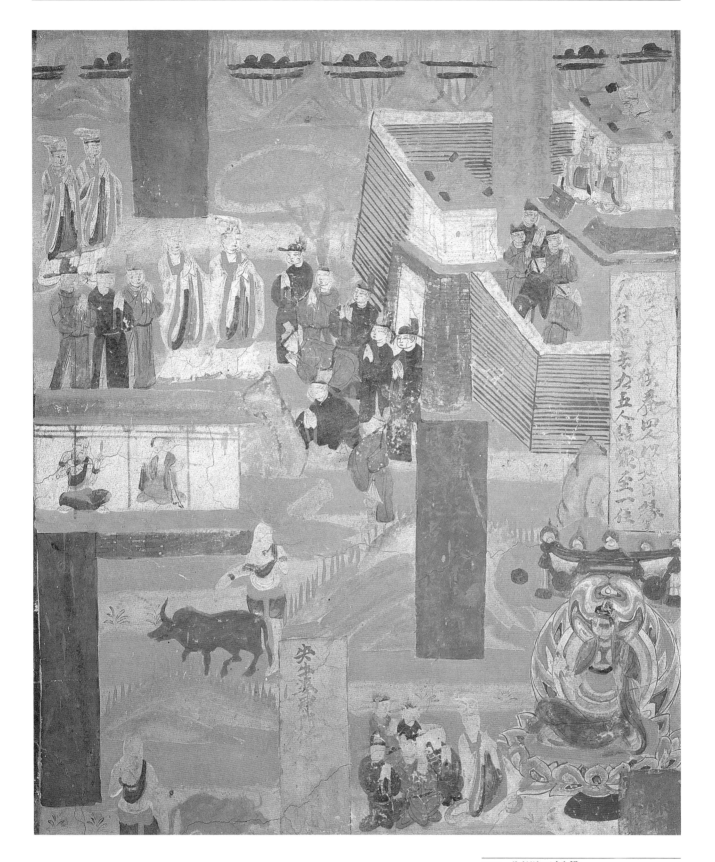

200　阿闍王飯佛

城內的阿闍王願飯佛出家，城外眾大臣
勸阻，這情節在原經中沒有，當為佛徒
所加繪。

五代　莫98　北壁

附錄：敦煌本生因緣故事畫時代及洞窟位置分佈表

故事名稱	北涼	北魏		西魏	北周						
	莫275	莫254	莫257	莫285	莫428	莫296	莫299	莫301	莫461	西12	莫30
毗楞竭梨王本生	北壁										窟頂人東坡
月光王本生	北壁										窟頂人東坡
薩埵太子本生		南壁			東壁門南壁		窟頂西、南坡	窟頂南、東坡			窟頂人西_
尸毗王本生	北壁	北壁									窟頂人東坡
難陀出家緣		北壁									
沙彌守戒自殺緣			南壁	南壁							
須摩提女因緣			西、北壁								
九色鹿本生			西壁								
五百強盜成佛緣				南壁		南壁					
婆羅門聞偈捨身本生				南壁							窟頂人東_
須闍提太子本生						北壁					
善事太子入海本生						窟頂西、南、東坡					
睒子本生							窟頂西、北坡	窟頂北、東坡	龕楣	南壁門西	窟頂人東坡
須達拏太子本生					東壁門北壁						
快目王本生	北壁										窟頂人東坡
虔闍尼婆梨王本生	北壁										窟頂人東坡
微妙比丘尼因緣						窟頂西、北坡					
獨角仙人本生					東壁門南壁						
梵志夫婦摘花墜命因緣					東壁門南壁						
海神難問船人緣											
波斯匿王女金剛緣											
無惱指鬘緣											
恒伽達緣											
象護緣											
檀膩䩭緣											
修樓婆王求法本生											
曇摩鉗投火坑求法本生											
罽多羅本生											

隋代				晚唐	五代				北宋	所據佛經
莫423	莫417	莫419	莫427	莫85	莫72	莫98	莫108	莫146	莫55	
				南壁東起第3屏		南壁東起第3屏	南壁東起第2屏	南壁東起第3屏		賢愚經·梵天請法六事品
						西壁南起第11、12屏				賢愚經·月光頭施緣品
	窟頂人字坡東坡	窟頂人字坡東西兩坡下段		南壁東起第7、8、9屏	西龕内南、西北壁	南壁東起第5、6屏	南壁東起第5、6屏	南壁東起第5、6屏	南壁第10、11、12屏，西壁第1、2屏	金光明經·捨身品 賢愚經·摩訶薩埵以身施虎品
				南壁東起第6屏		南壁東起第4屏	南壁東起第4屏		南壁東起第9屏	大智度論·初品菩薩釋論
										雜寶藏經·佛弟子難陀為佛所逼出家得道緣
						西壁南起第15屏下				賢愚經·沙彌守戒自殺品
										須摩提女經
										佛説九色鹿經
										大般涅槃經·梵行品
										大般涅槃經·聖行品
						南壁東起第10、11屏		西壁南起第3屏	北壁西起第2~4屏	賢愚經·須闍提品
						北壁西起第4~6屏		西壁南起第8~10屏		賢愚經·善事太子入海品
	窟頂人字坡東坡									佛説睒子經
窟頂人字坡東坡		窟頂人字坡東坡上三段	中心柱腰沿	北壁西起第5、6屏						太子須達拏經
										賢愚經·快目王施眼緣品
				南壁東起第2屏		南壁東起第2屏				賢愚經·梵天請法六事品
										賢愚經·微妙比丘尼品
										大智度論·釋初品
										法句譬喻經·生死品
				南壁東起第12屏		南壁東起第8屏		西壁南起第1屏	西壁南起第8屏	賢愚經·海神難問船人品
						南壁東起第12屏		西壁南起第5屏		賢愚經·波斯匿王女金剛緣品
						北壁西起第8、9屏		北壁西起第1、2、3屏		賢愚經·無惱指鬘品
				南壁東起第13、14屏		南壁東起第9屏		西壁南起第2屏	西壁南起第9屏	賢愚經·恒伽達緣品
						北壁西起第12屏		北壁西起第6屏		賢愚經·象護品
						北壁西起第10屏		北壁西起第4屏		賢愚經·檀膩䩭品
				南壁東起第1屏		南壁東起第1屏				賢愚經·梵天請法六事品
				南壁東起第4屏		南壁東起第3屏	南壁東起第3屏	南壁東起第3屏		賢愚經·梵天請法六事品
				南壁東起第5屏		南壁東起第4屏			南壁東起第8屏	賢愚經·梵天請法六事品

故事名稱	北涼	北魏		西魏	北周						莫3
	莫275	莫254	莫257	莫285	莫428	莫296	莫299	莫301	莫461	西12	
二梵志受齋緣											
波羅奈人身貧供養緣											
金財因緣											
華天因緣											
慈力王施血緣											
釋迦降六師緣											
七瓶金施緣											
貧女難陀緣											
大光明始發道緣											
摩訶斯那優婆夷緣											
出家功德尸利苾提緣											
迦旃延教老母賣貧緣											
金天緣											
散檀寧緣											
五百盲兒往返逐佛緣											
富那奇緣											
大劫賓寧緣											
梨耆彌七子緣											
設頭羅健寧緣											
蓋事因緣											
淨居天請佛洗緣											
善求惡求緣											
師質子摩頭羅世質緣											
波婆離緣											
沙彌均提緣											

隋代				晚唐	五代				北宋	所據佛經
莫423	莫417	莫419	莫427	莫85	莫72	莫98	莫108	莫146	莫55	
				南壁東起第10屏		南壁東起第7屏		南壁東起第7屏		賢愚經·二梵志受齋緣品
				南壁東起第11屏						賢愚經·波羅奈人身貧供養緣品
						南壁東起第13屏				賢愚經·金財因緣品
						西壁南起第1屏				賢愚經·華天因緣品
						西壁南起第2屏下				賢愚經·慈力王施血緣品
						西壁南起第2上~7屏				賢愚經·降六師緣品
				北壁西起第10屏						賢愚經·七瓶金施緣品
						北壁西起第10屏下				賢愚經·貧女難陀品
				北壁西起第2屏						賢愚經·大光明始發道品
				北壁西起第3屏		西壁南起第8屏				賢愚經·摩訶斯那優婆夷品
						西壁南起第15屏上				賢愚經·出家功德尸利苾提品
						北壁西起第1屏				賢愚經·迦旃延教老母賣貧品
				北壁西起第11、12屏						賢愚經·金天緣品
				北壁西起第13屏		西壁南起第9、10屏		西壁南起第7屏		賢愚經·散檀寧緣品
						西壁南起第13屏				賢愚經·五百盲兒往返逐佛緣品
						西壁南起第14屏				賢愚經·富那奇緣品
				北壁西起第4屏						賢愚經·大劫賓寧緣品
				北壁西起第7、8屏						賢愚經·梨耆彌七子緣品
				北壁西起第9屏						賢愚經·設頭羅健寧品
						北壁西起第2屏		西壁南起第4屏		賢愚經·蓋事因緣品
						北壁西起第7屏				賢愚經·淨天居請佛洗品
						北壁西起第3屏				賢愚經·善求惡求緣品
						北壁西起第11屏	北壁西起第2屏	北壁西起第5屏		賢愚經·師質子摩頭羅世質緣品
						北壁西起第13屏	北壁西起第4屏	北壁西起第7屏		賢愚經·波婆離品
				北壁西起第14屏						賢愚經·沙彌均提品

圖版索引

圖號	圖名	窟號	頁碼
第一章			
1	第275窟內景	莫275	17
2	本生故事聯幅畫	莫275	18
3	對稱佈局圖式	莫254	18
4	人大於山	莫257	20
5	榜題	莫257	21
6	天人	莫254	22
7	天人與婆羅門	莫254	23
8	毗楞竭梨王本生全圖	莫275	26
9	驚恐的勞度叉	莫275	26
10	月光王本生全圖	莫275	27
11	大臣大月呈七寶頭	莫275	29
12	月光王和操刀手	莫275	29
13	第254窟內景	莫254	35
14	尸毗王本生全圖	莫275	36
15	尸毗王	莫275	37
16	尸毗王本生全圖	莫254	38
17	尸毗王像	莫254	38
18	白鷹	莫254	40
19	第85窟尸毗王本生故事畫中的餓鷹	莫85	40
20	尸毗王的三位后妃	莫254	41
21	二天人	莫254	42
22	飛天	莫254	42
23	婆羅門	莫254	43
24	薩埵太子本生全圖	莫254	45
25	刺頸、跳崖	莫254	46
26	飼虎	莫254	46
27	二兄長	莫275	47
28	王后與薩埵頭部特寫	莫254	47
29	難陀出家緣全圖	莫254	52
30	釋迦像	莫254	53
31	難陀夫婦與佛使者	莫254	54
32	難陀與孫陀利別離	莫254	54
33	菩薩禪僧及婆羅門	莫254	55
34	菩薩及禪僧	莫254	56
35	禪僧	莫254	56
36	戒師	莫254	57
37	金剛	莫254	57
38	沙彌守戒自殺緣全圖	莫257	58
39	沙彌遇少女	莫257	58
40	悲號的少女	莫257	59
41	少女向父親哭訴	莫257	60
42	國王	莫257	61
43	須摩提女因緣全圖	莫257	65
44	滿財長者安撫外道	莫257	66
45	須摩提女焚香請佛	莫257	67
46	滿財長者及眾人迎佛	莫257	67
47	滿財長者的眷屬	莫257	68
48	水池	莫257	68
49	沙彌均頭乘樹來	莫257	69
50	大迦旃延及500鵠	莫257	70
51	阿那律及500獅	莫257	71
52	大目犍連及500六牙白象	莫257	71
53	佛陀及屙從赴齋會	莫257	72
54	九色鹿本生全圖	莫257	77
55	溺人跪謝九色鹿	莫257	79
56	國王與王后	莫257	80
57	藍色馬	莫257	81
58	九色鹿直對國王	莫257	82
59	溺人遭報應生瘡	莫257	82
第二章			
60	第285窟內景	莫285	87
61	五百強盜成佛緣全圖	莫285	92
62	官兵與盜賊鏖戰	莫285	94
63	審訊、挖眼	莫285	94
64	殿堂	莫285	95
65	王臣及已被挖眼的二盜	莫285	96
66	五百強盜被放逐深山	莫285	97
67	放逐深山的兩強盜	莫285	97
68	聆聽佛法	莫285	98
69	皈依後的強盜	莫285	99
70	深山修行	莫285	100
71	靜修禪行	莫285	101
72	對坐詰辯	莫285	101
73	思慮佛理	莫285	101
74	五百強盜成佛全圖	莫296	102
75	官兵征剿	莫296	104
76	強盜遭押解受審	莫296	105
77	皈依修行	莫296	107
78	婆羅門聞偈捨身本生全圖	莫285	110
79	婆羅門結廬修行	莫285	111
80	婆羅門捨身	莫285	111
81	婆羅門聞偈捨身本生全圖	莫302	112
82	沙彌守戒自殺緣之一	莫285	114
83	沙彌守戒自殺緣之二	莫285	115
84	沙彌守戒自殺緣之三	莫285	115
85	剃度出家	莫285	116
86	沙彌與少女	莫285	116
87	少女向清信士哭訴	莫285	117
88	哭訴的少女	莫285	117
89	清信士向國王交納罰金	莫285	118
第三章			
90	第428窟外景		124
91	第428窟內景	莫428	125
92	第428窟東壁	莫428	126
93	第296窟內景	莫296	127
94	第302窟人字坡頂本生故事	莫302	129
95	第302窟東坡本生故事畫	莫302	129
96	人物造形——薩埵兄長	莫428	130
97	睒子本生故事中的馬	莫302	130
98	太子小息圖	莫419	131
99	驚見飼虎的小黃羊	莫302	132
100	須闍提太子本生全圖	莫296	139
101	須闍提出逃	莫296	140
102	軍隊出征	莫296	141
103	善事太子本生故事畫	莫296	142
104	善事太子本生故事畫之西坡	莫296	142
105	善事太子本生故事畫之南坡	莫296	144
106	屠宰、耕作、獵鹿、網魚	莫296	145
107	善事太子本生故事畫之東坡	莫296	147
108	運輸隊及建築物	莫296	147
109	善事流落利師跋陀國	莫296	148
110	睒子本生全圖	莫299	149
111	國王告別老王夫婦	莫299	150
112	迦夷國王與侍者	莫299	151
113	國王誤射睒子	莫299	150
114	國王見睒子盲父母	莫299	152
115	梵天飛下救睒子	莫299	153
116	國王與侍從	莫302	155
117	國王誤射睒子	莫302	155
118	國王向盲父母跪告惡訊	莫302	155
119	國王向盲父母告別	莫302	156
120	第428窟東壁門北內景	莫428	163
121	須達拏太子本生全圖	莫428	165
122	婆羅門索白象	莫428	165
123	婆羅門騎象而去	莫428	166
124	須達拏赴檀特山前最後施捨	莫428	166
125	婆羅門騎馬而去	莫428	167
126	婆羅門求車、求衣	莫428	167
127	婆羅門挑衣	莫428	168
128	須達拏夫婦負子過城	莫428	169
129	須達拏在檀特山修行	莫428	169
130	須達拏太子本生全圖	莫423	170
131	須達拏一行前往檀特山	莫423	172
132	婆羅門妻訴說遭調戲	莫423	173
133	須達拏太子本生全圖	莫419	174
134	宮廷建築	莫419	176
135	須達拏太子施車	莫419	176
136	須達拏太子結廬修行	莫419	177
137	婆羅門美妻遭調戲	莫419	178
138	婆羅門驅趕二子	莫419	179
139	薩埵太子本生全圖	莫428	180
140	王子們乘馬出遊	莫428	182
141	薩埵太子刺頸、投崖、飼虎	莫428	182
142	二兄長疾馳回宮報信	莫428	183
143	二兄圍繞屍骨奔號	莫428	183
144	快目王本生故事畫	莫302	184
145	虔睒尼婆梨王本生故事畫	莫302	184
146	尸毗王本生故事畫	莫302	185
147	微妙比丘尼因緣之西坡	莫296	190
148	微妙比丘尼因緣之北坡	莫296	193
149	微妙一家前往娘家途中遇難	莫296	194
150	微妙遭第二任丈夫虐待	莫296	194
151	微妙兩次陪葬及佛陀說過去世業緣	莫296	195
152	獨角仙人本生全圖	莫428	196
153	梵志夫婦摘花墮命因緣全圖	莫428	196
第四章			
154	第98窟內景	莫98	201
155	聯屏與經變畫	莫85	202
156	第98窟聯屏屏風畫	莫98	203
157	佛龕內的屏風畫	莫72	204
158	海神難問船人緣全圖	莫98	210
159	海神難問船人	莫98	211
160	佛為金剛女解脫	莫98	212
161	眾大臣計議灌醉駙馬	莫98	212
162	無惱指鬘緣之第8屏	莫98	213
163	無惱投師及遭師母誣陷	莫98	214
164	佛阻無惱殺母	莫98	214
165	妙音比丘故事	莫98	215
166	毒鳥梟聲故事	莫98	215
167	無惱指鬘緣之第9屏	莫98	216
168	國王波羅達出城遇發情母獅	莫98	217
169	母獅索偶	莫98	217
170	大臣捉拿斑足王	莫98	218
171	斑足王抓千王辦人肉宴	莫98	218
172	恒伽達因緣全圖	莫98	221
173	輔相得子	莫98	222
174	恒伽達犯王法	莫98	222
175	象護緣全圖	莫98	223
176	象護與金象	莫98	224
177	虔闍尼婆梨王本生全圖	莫85	227

圖號	圖名	窟號	頁碼
178	使者騎象宣示國王詔書	莫85	228
179	勞度叉形象	莫85	228
180	虔闍尼婆梨王本生全圖	莫98	228
181	薩埵太子本生之第1屏	莫72	230
182	薩埵太子本生之第2屏	莫72	230
183	薩埵太子本生之第3屏	莫72	231
184	薩埵太子本生之第4屏	莫72	231
185	薩埵太子本生之第5屏	莫72	232
186	薩埵太子本生之第6屏	莫72	232
187	釋迦救盜竊的母子	莫72	233
188	阿難問佛母子三人因緣	莫72	233
189	薩埵脫衣掛於樹上及飼虎	莫72	234
190	王、夫人及二位王子出城赴薩埵捨身處	莫72	234
191	起塔供養	莫72	235
192	善事太子本生之第1屏	莫98	236
193	善事太子本生之第2屏	莫98	236
194	善事太子本生之第3屏	莫98	237
195	天女步步生蓮	莫98	238
196	寶珠雨寶施予民眾	莫98	238
197	檀膩䩭因緣全圖	莫98	242
198	二母爭子	莫98	243
199	檀膩䩭在酒店	莫98	244
200	阿闍王皈佛	莫98	245

插圖索引

北涼北魏第254、257、275窟位置圖	12
克孜爾石窟第38窟毗楞竭梨王本生故事畫	24
克孜爾石窟第178窟月光王本生故事畫	25
克孜爾石窟第114窟尸毗王本生故事畫	30
大英博物館藏尸毗王本生故事石刻	31
克孜爾石窟第178窟薩埵太子本生故事畫	32
第254窟薩埵太子本生單幅多情節示意圖	33
克孜爾石窟第69窟沙彌守戒自殺緣故事畫	49
第257窟沙彌守戒自殺緣連幅畫構圖示意圖	49
克孜爾石窟第224窟須摩提女因緣故事畫的羅雲及孔雀、優毗迦葉及七首龍	62
克孜爾石窟第224窟須摩提女因緣故事畫的阿那律、大目犍連及白象	63
印度巴爾胡特九色鹿本生故事圓形浮雕	73
克孜爾石窟第175窟九色鹿本生故事畫	74
第257窟九色鹿本生向心式構圖示意圖	74
西魏第285窟位置圖	85
第285窟立體圖	88
第296窟五百強盜成佛緣情節分佈圖	103
第285窟婆羅門聞偈捨身本生故事情節分佈圖	108
第285窟沙彌守戒自殺緣構圖示意圖	113
北周、隋代第296、299、302、419、423、428窟位置圖	121
克孜爾石窟第17窟睒子本生故事畫	135
麥積山石窟第127窟睒子本生故事畫	136
第296窟善事太子入海本生西坡情節示意圖	143
第296窟善事太子入海本生南坡情節示意圖	144
第296窟善事太子入海本生東坡情節示意圖	146
第419窟須達拏太子本生"S"形構圖示意圖	159
伽瑪魯卡里須達拏太子本生石刻殘片	160
龍門石窟賓陽洞須達拏太子本生故事畫浮雕	160
克孜爾石窟第38窟須達拏太子本生圖	161
克孜爾石窟第38窟快目王本生故事畫	162
第423窟須達拏太子本生情節分佈圖	170
第419窟須達拏太子本生情節分佈圖	175
第428窟薩埵太子本生情節分佈圖	181
第296窟微妙比丘尼因緣犬牙式構圖示意圖	187
第296窟微妙比丘尼因緣西坡情節分佈圖	191
第296窟微妙比丘尼因緣北坡情節分佈圖	193
晚唐五代第72、85、98窟位置圖	199
第98窟無惱指鬘緣故事及情節分佈示意圖	208
第98窟恒伽達緣情節示意圖	221
第98窟象護緣情節示意圖	223
第98窟善事太子入海本生第1屏情節分佈圖	236
第98窟善事太子入海本生第2屏情節分佈圖	236
第98窟善事太子入海本生第3屏情節分佈圖	237
第98窟檀膩䩭緣情節分佈圖	242

敦煌石窟分佈圖

本全集所用洞窟簡稱：莫即莫高窟，榆即榆林窟，東即東千佛洞，西即西千佛洞，五即五個廟石窟。

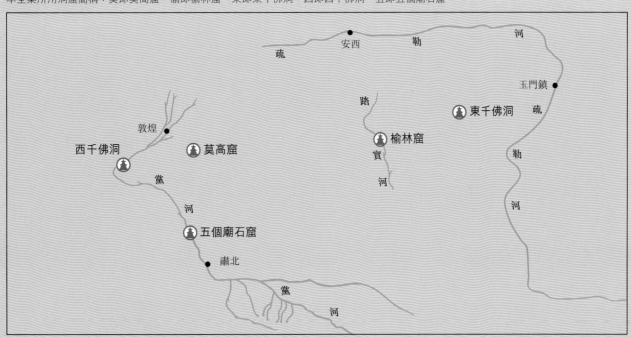

敦煌歷史年表

歷史時代	起止年代	統治王朝及年代	行政建置	備 注
漢	公元前 111～公元 219	西漢 公元前 111～公元 8 新 公元 9～23 東漢 公元 23～219	敦煌郡敦煌縣 敦德郡敦德亭 敦煌郡	公元前 111 年敦煌始設郡 公元 23 年隗囂反新莽；公元 25 年竇融據河西復敦煌郡名
三國	公元 220～265	曹魏 公元 220～265	敦煌郡	
西晉	公元 266～316	西晉 公元 266～316	敦煌郡	
十六國	公元 317～439	前涼 公元 317～376 前秦 公元 376～385 後涼 公元 386～400 西涼 公元 400～421 北涼 公元 421～439	沙州、敦煌郡 敦煌郡 敦煌郡 敦煌郡 敦煌郡	公元 336 年始置沙州； 公元 366 年敦煌莫高窟始建窟 公元 400 至 405 年為西涼國都
北朝	公元 439～581	北魏 公元 439～535 西魏 公元 535～557 北周 公元 557～581	沙州、敦煌鎮、 義州、瓜州 瓜州 沙州鳴沙縣	公元 444 年置鎮，公元 516 年 罷，為義州；公元 524 年復瓜州 公元 563 年改鳴沙縣，至北周末
隋	公元 581～618	隋 公元 581～618	瓜州敦煌郡	
唐	公元 619～781	唐 公元 619～781	沙州、敦煌郡	公元 622 年設西沙州，公元 633 年改沙州；公元 740 年改郡， 公元 758 年復為沙洲
吐蕃	公元 781～848	吐蕃 公元 781～848	沙州敦煌縣	
張氏歸義軍	公元 848～910	唐 公元 848～907	沙州敦煌縣	公元 907 年唐亡後，張氏 歸義軍仍奉唐正朔
西漢金山國	公元 910～914		國都	
曹氏歸義軍	公元 914～1036	後梁 公元 914～923 後唐 公元 923～936 後晉 公元 936～946 後漢 公元 947～950 後周 公元 951～960 宋 公元 960～1036	沙州敦煌縣 沙州敦煌縣 沙州敦煌縣 沙州敦煌縣 沙州敦煌縣 沙州敦煌縣	
西夏	公元 1036～1227	西夏 公元 1036～1227 蒙古 公元 1227～1271	沙州 沙州路	
蒙元	公元 1227～1402	元 公元 1271～1368 北元 公元 1368～1402	沙州路 沙州路	
明	公元 1402～1644	明 公元 1404～1524	沙州衛、罕東街	公元 1516 年吐魯番佔；公元 1524 年關閉嘉峪關後，敦煌凋零
清	公元 1644～1911	清 公元 1715～1911	敦煌縣	公元 1715 年清兵出嘉峪關收 復敦煌一帶，公元 1724 年 築城置縣

資料來源：史葦湘《敦煌歷史大事年表》等；製表：《敦煌石窟全集》編輯委員會（馬德執筆）